普通高等教育大数据管理与应用专业系列教材

大数据时代的 ERP

霍灵瑜　田志勇　王　烨　编

机械工业出版社

大数据时代是管理与技术不断革新的时代，不仅出现了三级火箭、智能商业、众筹、社交电商等全新的商业模式，而且出现了三浪叠加和分型创新的商业战略和计算广告、酬众等全新的变现方式，还涌现了诸多大数据技术。

本书系统地阐述了大数据时代 ERP 出现的革命性变化。ERP 的集成范围由内部集成拓展到与外部商业集成、与全新的企业战略相匹配，构建系统化、模型化的业务架构，帮助企业完成业务蓝图设计和业务流程再造。大数据时代全新的管理思想与技术为企业 ERP 系统集成扩展了更多功能，为企业 IT 治理提供了思路和方法，解决了 ERP 实施过程中出现的一系列问题，进一步确保了企业 ERP 系统的应用成功。大数据时代的 ERP 提升了企业的数据分析管理能力，能够更好地促进企业不断创收、降本、避险、提效。

本书适合作为信息管理、电子商务、大数据管理类专业以及 MBA 的教材或参考用书，也可供企业管理人员及相关 IT 技术人员阅读。

图书在版编目（CIP）数据

大数据时代的 ERP / 霍灵瑜，田志勇，王烨编. —北京：机械工业出版社，2022.12
普通高等教育大数据管理与应用专业系列教材
ISBN 978-7-111-72311-0

Ⅰ. ①大… Ⅱ. ①霍… ②田… ③王… Ⅲ. ①企业管理—计算机管理系统—高等学校—教材 Ⅳ. ① F270.7

中国版本图书馆 CIP 数据核字（2022）第 253006 号

机械工业出版社（北京市百万庄大街 22 号　邮政编码 100037）
策划编辑：王玉鑫　　　　　责任编辑：王玉鑫　马新娟
责任校对：张昕妍　李　婷　　封面设计：张　静
责任印制：李　昂
北京中科印刷有限公司印刷
2023 年 3 月第 1 版第 1 次印刷
184mm×260mm・13 印张・287 千字
标准书号：ISBN 978-7-111-72311-0
定价：49.00 元

电话服务　　　　　　　　　　网络服务
客服电话：010-88361066　　　机　工　官　网：www.cmpbook.com
　　　　　010-88379833　　　机　工　官　博：weibo.com/cmp1952
　　　　　010-68326294　　　金　书　网：www.golden-book.com
封底无防伪标均为盗版　　　　机工教育服务网：www.cmpedu.com

前　言

大数据时代是管理与技术不断革新的时代。大数据时代诞生了三级火箭、智能商业、众筹、社交电商等全新商业模式，出现了三浪叠加和分型创新两个商业战略，提出了4R、4S、4V等全新的市场营销理论，实现了计算广告、酬众等全新的变现方式，还涌现了诸如Zookeeper、Hadoop、Nginx等大数据技术。

ERP（enterprise resources planning，企业资源计划）系统作为集信息技术与管理思想于一体的管理系统，在大数据时代出现了革命性的变化。

企业需要使用ERP系统对企业数据进行集成与处理，为企业分析市场数据，帮助企业制定商业模式与营销战略。随着越来越多大数据技术的涌现，大数据时代的ERP比传统的ERP在集成范围、IT架构能力、数据处理能力和数据分析管理能力方面都有大幅度提升，可以更好地应用大数据进行创收、降本、避险、提效。

企业需要不断适应大数据时代的战略思想和实施方法论，使企业ERP系统的建设和实施变得更加系统化、标准化，让ERP与全新的企业战略相匹配，为企业提供更加科学稳定的战略匹配模型。在企业运营方面，需要系统化、模型化的业务架构，为企业提供更多业务模型与设计蓝图，帮助企业完成ERP系统的业务蓝图设计和业务流程再造。

大数据时代全新的管理思想与技术为企业ERP系统集成扩展了更多功能，为企业ERP的IT治理提供了思路和方法，解决了ERP实施过程中出现的一系列问题，进一步确保了企业ERP系统的成功实施。

本书可以帮助读者了解大数据时代ERP出现的变化，掌握大数据时代IT治理与ERP实施的相关理论与方法。希望本书可以为想要从事大数据时代ERP工作的读者提供一定的帮助。

本书在编写过程中参考了许多与大数据技术和ERP有关的书籍，借鉴了许多专家的观点和思路，在此特向相关文献的作者表示诚挚的谢意。

编　者

目 录

前言

第 1 章 大数据时代的商业变化 1

1.1 大数据时代的商业模式 1
- 1.1.1 商业模式概述 1
- 1.1.2 商业模式的特点 2
- 1.1.3 不同的商业模式 2
- 1.1.4 商业战略 6

1.2 大数据下的众筹与酬众 7
- 1.2.1 众筹 7
- 1.2.2 酬众 10

1.3 市场营销理论的变迁 12
- 1.3.1 市场营销 12
- 1.3.2 营销策略的变迁 13
- 1.3.3 4P 营销理论 13
- 1.3.4 4C 营销理论 14
- 1.3.5 4R 营销理论 15
- 1.3.6 4S 营销理论 16
- 1.3.7 4V 营销组合理论 16

1.4 计算广告的兴起 17
- 1.4.1 计算广告的概念 17
- 1.4.2 计算广告的优势 18
- 1.4.3 计算广告的计费与变现 18
- 1.4.4 计算广告系统架构 19

1.5 本章小结 21

第 2 章 ERP 与集成 22

2.1 ERP 概述 22
- 2.1.1 ERP 的内涵 22
- 2.1.2 ERP 系统 22
- 2.1.3 ERP 的管理思想 24
- 2.1.4 ERP 的发展历程 24

2.2 ERP 的发展与信息集成范围的扩展 26
- 2.2.1 信息集成 26
- 2.2.2 物料信息集成 28
- 2.2.3 物流与资金流的信息集成 34
- 2.2.4 供需链中五种流的集成 41
- 2.2.5 协同商务 44

2.3 本章小结 46

第 3 章 ERP 实施方法论 47

3.1 ERP 实施概述 47
- 3.1.1 实施 ERP 系统的方法 47
- 3.1.2 信息系统开发与 ERP 实施的区别 49
- 3.1.3 ERP 系统实施的必要性 49

3.2 ERP 实施方法论 50
- 3.2.1 ERP 实施方法论的定义 50
- 3.2.2 ERP 实施统一过程 51
- 3.2.3 ERP IUP 的阶段与里程碑 52
- 3.2.4 ERP IUP 的核心工作流 56
- 3.2.5 ERP IUP 模型的裁剪 59

3.2.6 ERP 实施的关键成功因素 62

3.3 本章小结 66

第 4 章 ERP 实施与战略匹配 67

4.1 ERP 实施的匹配模型 67
    4.1.1 战略匹配循环 67
    4.1.2 战略—技术匹配的五因素模型 67
    4.1.3 战略匹配模型 68
    4.1.4 三系统匹配模型 69
    4.1.5 业务—IT 匹配模型 70

4.2 企业战略与 ERP 实施策略 71
    4.2.1 企业战略 71
    4.2.2 ERP 与企业战略的匹配模式 72
    4.2.3 企业架构 74
    4.2.4 控制范围与控制策略 75
    4.2.5 业务变革方式 75
    4.2.6 投资及其优先级 76
    4.2.7 进度与资金策略 79

4.3 本章小结 80

第 5 章 企业业务架构与企业 IT 架构 81

5.1 企业业务架构 81
    5.1.1 业务范围重新定义 81
    5.1.2 价值网络设计 84
    5.1.3 绩效考核 88
    5.1.4 业务架构治理 89

5.2 企业 IT 架构 89
    5.2.1 数据架构 89
    5.2.2 应用架构 94
    5.2.3 技术架构 100

5.3 本章小结 105

第 6 章 ERP 业务蓝图设计 106

6.1 系统分析 106
    6.1.1 调查研究 106
    6.1.2 不同类型企业的 ERP 系统需求 ... 109
    6.1.3 业务需求分析工具 111

6.2 企业建模与蓝图设计 114
    6.2.1 业务工程 114
    6.2.2 企业建模常用的方法 116
    6.2.3 EPC 模型 119
    6.2.4 价值链与 EPC 模型 122
    6.2.5 蓝图设计 124

6.3 本章小结 126

第 7 章 ERP 业务流程再造 127

7.1 业务流程再造的发展历程 127

7.2 业务流程再造的相关概念 129
    7.2.1 流程 129
    7.2.2 业务流程与管理流程 131
    7.2.3 业务流程再造 132

7.3 业务流程再造的方法与阶段 135
    7.3.1 业务流程再造的方法 135
    7.3.2 业务流程再造的阶段 139

7.4 组织变革 142
    7.4.1 组织结构与企业价值的关系 142
    7.4.2 企业发展阶段与组织变革 143
    7.4.3 组织变革的考虑因素 143
    7.4.4 典型的组织结构 145
    7.4.5 组织结构与 ERP 实施 146

7.5 业务流程再造与 ERP 的关系 148

7.6 本章小结 150

第 8 章 数据管理 151

8.1 基础数据 151
- 8.1.1 数据的规范性与准确性 151
- 8.1.2 数据类型 152
- 8.1.3 主数据 153

8.2 编码方法 153
- 8.2.1 数据编码原则 153
- 8.2.2 内部编码 154
- 8.2.3 外部编码 156

8.3 数据准备方法 157
- 8.3.1 数据准备的步骤 157
- 8.3.2 数据加载方法 160
- 8.3.3 数据准备注意事项 162

8.4 编制物料清单 163
- 8.4.1 物料特性 163
- 8.4.2 物料清单的作用 163
- 8.4.3 编制物料清单的顺序 164

8.5 本章小结 167

第 9 章 ERP 系统集成与扩展 168

9.1 ERP 系统集成与扩展概述 168
- 9.1.1 ERP 内部集成的扩展功能 168
- 9.1.2 ERP 外部集成的扩展功能 170
- 9.1.3 大集成趋势 171

9.2 ERP 系统集成与扩展专题 172
- 9.2.1 基于 RFID 实现拉式生产 172
- 9.2.2 商业智能系统 176
- 9.2.3 企业电子商务系统规划 180

9.3 企业集成 184
- 9.3.1 企业集成的基本概念 185
- 9.3.2 企业集成化运行 185

9.4 大数据时代技术 186

9.5 本章小结 189

第 10 章 ERP 实施的 IT 治理 190

10.1 IT 治理 190
- 10.1.1 IT 治理的定义 190
- 10.1.2 IT 治理的领域 191
- 10.1.3 IT 治理机制 191

10.2 ERP 实施的 IT 治理框架 192
- 10.2.1 IT 治理环境 193
- 10.2.2 ERP 实施的战略与准则 195
- 10.2.3 ERP 实施的组织结构 196
- 10.2.4 ERP 实施的治理机制 197
- 10.2.5 ERP 实施的重点关注 199

10.3 本章小结 200

参考文献 201

第 1 章
大数据时代的商业变化

1.1 大数据时代的商业模式

现代社会高速发展，科技发达，信息流通，人们之间的交流越来越密切，生活也越来越方便，大数据（big data）就是这个高科技时代的产物。

随着云时代的来临，大数据吸引了越来越多的关注。大数据通常用来形容一个公司创造的大量非结构化和半结构化数据，这些数据在下载到关系型数据库中并将其用于分析时会花费过多的时间和金钱。大数据分析常和云计算联系到一起，因为实时的大型数据集分析需要向数十、数百甚至数千的计算机分配工作。

随着大数据时代的到来，新兴的商业模式如雨后春笋般纷纷涌现，很多公司将以往的商业模式进行了一定的改变以应对大数据的快速发展。基于大数据时代的商业模式，商家对于消费者行为的判断、产品销售量的预测、精确营销范围的确定，以及存货的补给得到了一定程度的改善与优化。

1.1.1 商业模式概述

商业模式已经成为企业家和投资者的口头禅。一个好的商业模式是成功的一半。商业模式是一种概念性工具，它包含了一系列要素，用于说明特定实体的业务逻辑。

为了实现客户价值的最大化，企业可以将内外部要素进行整合，形成一个完整、高效、具有独特核心竞争力的运营体系，进而满足客户需求，实现可持续盈利目标。泰莫斯将商业模式定义为一个完整的集产品、服务和信息流于一体的系统，包括每一个参与者及其在系统中的角色，以及每一个参与者的潜在利益和相应的收入来源与方法。在分析商业模式的过程中，我们主要关注企业与市场上的客户、供应商等合作机构之间的关系，特别是它们之间的物流、信息流和资金流关系。企业与客户、供应商之间的关系如图 1-1 所示。

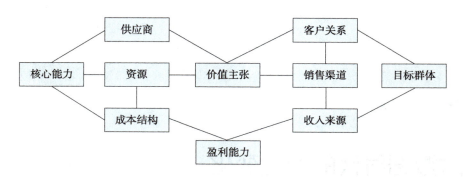

图 1-1 企业与客户、供应商之间的关系

1.1.2 商业模式的特点

商业模式是一个整体的、系统的概念，而不是单一要素的组成。收入模式（广告收入、注册费、服务费）、提供给客户的价值（价格竞争、质量竞争）、组织结构（自给自足的业务单元、综合网络能力），这些都是商业模式的重要组成部分，但不是全部。

商业模式的组成部分之间必须有内部联系，这种内部联系将所有的组成部分有机地连接起来，使它们相互支持，共同影响，形成一个良性循环。

商业模式有两种形式。

第一种是运营性商业模式，关注企业与环境的互动，包括与产业价值链的互动。运营性商业模式创造了企业的核心优势、能力、关系和知识，主要包括产业价值链定位和盈利模式设计两个部分。

产业价值链定位指的是企业处于什么样的产业链中，在产业链中处于什么位置，如何根据自身的资源条件和发展战略进行定位；盈利模式设计指的是企业从何处获得收入，以何种形式获得收入，收入分配在产业链中以何种形式和比例分配，企业对这种分配是否有发言权。

第二种是策略性商业模式。策略性商业模式是对运营性商业模式的扩展和利用。策略性商业模式涉及企业生产管理的各个方面，包括业务模式、渠道模式、组织模型等。业务模式指的是企业为客户提供什么样的价值和利益，包括品牌、产品等；渠道模式指的是企业如何向客户传递业务和价值，包括渠道倍增、渠道集中/压缩等；组织模型指的是企业如何建立先进的管理控制模型，例如建立以客户为导向的组织结构，通过企业信息系统建立数字化组织等。

每一种新商业模式的出现，都意味着一种创新和一个新的商业机会的出现。谁能率先抓住这个商机，谁就能在商业竞争中领先。

1.1.3 不同的商业模式

1. 三级火箭

"三级火箭"是完美世界控股集团有限公司董事、纵横文学 CEO（首席执行官）张云帆提出的一种商业模式。"三级火箭"的实现主要分为 3 步，首先搭建头部流量，然后延伸出某种高黏性场景，最后变现。通过这种模式，企业可以快速抢占市场、建立壁垒，在企业占据的市场份额足够大、入行门槛足够高之后，就可以开始变现盈利了。

"三级火箭"模式主要分为以下三个阶段：

第一级火箭用来打造高频的头部流量，建立势能。打造高频头部流量有很多不同的策略，例如360通过360安全助手免费下载很快就获得了很多用户；又如瑞幸咖啡，通过海量推广和补贴战法抢占市场，迅速获得了大量用户的支持。所以，打造高频的头部流量，有各种不同的策略。第一级火箭主要目的是以一种方式积累用户，这种方式既要解决用户日常的需求，也要让用户的获取没有难度，这样才能很快地积累用户，建立势能。

第二级火箭用来延伸出某种高黏度场景。延伸出的某种高黏度场景，使得用户对某种产品或品牌产生依赖性。

第三级火箭用来变现。之前的两个阶段，不仅为公司获得了大量的客户、用户群体，而且他们对产品有一定的依赖性。

例如，360公司创始人周鸿祎过去为别人打工时，杀毒软件还是收费的，市场由瑞星等公司主导。但周鸿祎不受行业规则的束缚，推出不收费的360安全助手，开创了杀毒软件免费模式，一下子获得了数亿次安装量，在占据了大量的市场份额之后击垮了他的竞争对手。

周鸿祎"三级火箭"模式的第一级火箭就是360安全助手免费下载使用。因为免费，他不仅没有赚钱，为了维持运营，还消耗了大量的投资资金。接着他开启了第二级火箭——软件管家。当时的网络环境很差，一些"流氓软件""流氓网页"携带各种病毒，计算机很容易中招。在这样的网络环境下，周鸿祎推出360软件管家，提供净化后的软件供用户下载。与此同时，他找到了一种通过浏览器创造利润的方式，那就是导航和搜索。于是，他消耗大量的资金做了360自己的浏览器——360浏览器。360浏览器默认以360导航为首页，广告和搜索是其主要收入来源。360公司的"三级火箭"就此打造成功。

通过这种模式，360迅速抢占市场，奠定了用户基础。一旦公司占据的市场份额足够大，就可以开始利用用户黏性进行变现赚钱。

2. 社交电商

雅虎于2005年第一次提出"社交电商"的概念。社交电商是指基于个人关系网络，利用互联网社交软件，实现电子商务的产品展示、产品推广、产品销售中间的一个或多个环节，发生间接或直接交易行为的在线经营活动。许多电子商务专业学者认为社交电商是电子商务在社交网络服务方面的延伸，社交电商是一种融合了社交元素的特殊电商。也有人认为社交电商是利用社交网络影响用户做出购买决策的过程，应重点关注社交网络对电子商务活动的影响。

传统的电子商务由顾客来寻找所需的商品，这种需求导向型的电子商务的消费体量在现在的网络环境中已呈下降之势。而社交电商重新定义了消费者与商品的关系，为消费者带来了独特的发现式购物体验。魏英华在《浅谈移动互联网下社交电商的发展》一文中指出，传统电商平台的电商转化率只有1%，而社交电商的转化率可以达到10%，有的甚至可以达到20%。去中心化的电商模式虽然产品种类比较单一，但由于目标客户比较集中，仍然可以实现惊人的转化率，同时更有助于专注打通品牌在互联网上的知名度。与传统电商相比，社交电商运营成本低，时效高。

耿爽爽在《移动互联网时代下社交电商发展模式及典型代表分析研究》一文中将社交电商分为以下4类：

1）拼购类社交电商。拼购类社交电商是指通过社交媒体分享的方式，两人及以上用户进行自发组团传播，享受低价优惠，这是一种基于社交关系的低价团购和自主分享型电商。平台只需花费一次成本，便可实现传播次数和订单数量的裂变式增长。例如，拼多多、京东拼购、苏宁拼购等。

2）会员制社交电商。会员制社交电商是指让销售平台连接上游供应方，为个人店主提供货源、供应链及售后服务等，店主不介入供应链，仅需负责商品销售和顾客流量的获取与维护的电商模式。会员制社交电商是个人微商的进化版，店主利用社交关系进行销售。例如，贝店、云集、爱库存等。

3）社区团购。社区团购是指以社区为单位，用户加入社区群后通过微信小程序等社交工具下单，之后团购平台会将产品统一配送至管理员处，用户上门自取或由管理员完成最后的配送的电商模式。例如，兴盛优选、邻邻壹、考拉精选等。

4）内容类社交电商。内容类社交电商是指通过图文、直播、短视频等内容引导用户进行购物，实现输出内容与销售商品的产业链协同化发展，从而提升营销效果的一种电商模式。它在消费者和商品之间建立了一种链接，使得电商转化率有效提高。例如，小红书、蘑菇街、快手电商等。

社交电商之所以能获得成功主要因为以下3个因素：

1）精准销售。由于社交电商可以做到筛选顾客，也就是说有相同需求、相同兴趣、相同品味与消费水平的顾客会被吸引到一起。因此，社交电商可以通过预测消费者的兴趣点来进行针对营销，这样就使得社交电商转化率比传统电商要高，是一种高效的销售方式。

2）用户下沉，扩大消费者群体。李珊珊在《传统零售转型背景下社交电商的发展现状及前景展望》一文中指出，拼多多的女性用户占比70%以上，65%的用户群体来自三四线城市，而一线城市用户占比仅7.5%。由于社交商务的拼团模式可以大大降低商品价格，而三四线城市的消费者往往对于价格十分敏感，所以即使是拼团砍价这种最简单的营销方法也能吸引庞大的用户群体，得到高回报。

3）心理需求。同样以拼多多为例，拼多多之所以可以广泛传播并不是因为它的价格多么便宜，而是消费者感到在拼单的过程中自己得到了很大的优惠，这种趋向优惠的思维推动了一部分销售，使拼多多取得了成功。

3. 智能商业

在互联网高速发展的时代，传统商业在某些方面已经落后于时代的发展，于是衍生出了新的商业模式——智能商业。

传统商业利用规模优势对消费者进行分类，占据头部资源，为不同类型的消费者提供有限的多种选择，帮助企业实现增长。互联网时代的智能商业，就是打通所有数据，在广告、推荐、电商、社交等所有平台上，致力于为每一位用户呈现更"精准"的选择，为每一位用户提供个性化的服务，并持续维护企业与用户的关系。

在现在这个时代，互联网无疑是一场重要的技术革命，它在根本上改变了这个时代的一切，无论是商业、技术、产品和经济，大众已经离不开互联网带来的各项便利。在互联网带来的各项技术的结合上衍生出来的新型商业模式就是智能商业。

那么智能商业和传统商业到底有什么区别呢？总结来说主要在一个词上：精准。那么什么是精准？

精准广告、精准零售、精准交通、精准医疗是当下热词，如何提供精准服务成为企业无法回避的话题。以谷歌为例，谷歌是人类历史上第一家开创以大数据驱动精准服务的公司，谷歌精准广告的核心是根据场景推送相关广告。谷歌抓住了"广告"的命脉，通过关键词匹配开发精准广告，成功颠覆了传统的广告模式。以淘宝为例，淘宝是通过对客户的浏览痕迹、搜索的商品、每一页的浏览时间等具体信息进行数据收集，分析各客户的特征，将客户感兴趣的商品信息标签化，以此来精准地推荐那些可以吸引客户的商品页面。传统的线下零售行业，无论多么强大、从业人员多么多，都无法实现这种高效的信息反馈。

精，是指精确，是指通过网络在不同数据平台上协同扩展的过程，以求在不同场景下逐步对客户群体有更深入的了解。

在传统的商业和工业时代，个性化是人们追求的最高目标之一。但在新的商业时代，个性化是基础和起点，精确拓展必须基于个性化，不仅要根据客户的个性化需求提供服务，还要知道什么时候、什么地点、什么场景需要什么服务。精确所要追求的方向是在不同的时间和地点客户不同的心情和不同的状态所带来的不同需求，找到具体的需求时间点。

实现精确的核心是通过网络协同在不同数据平台的扩张，进而知道一个人在不同时间地点的不同状态带来的不同数据，全面立体地理解客户，就更加能了解客户在瞬时间所想要的需求和服务。

准，是指准确。在当前互联网时代的背景下，我们更应该关心与挖掘客户的潜在需求，而不是盲目地制定一个标准化的公式来满足广告需求。

未来服务的准确性在于发现潜在需求，我们需要用一套新的方法论来引导这种思维。而这种方法论必须成为一套完整的操作系统、业务流程，甚至是一个基于互联网的支持系统，才能提供精准的服务。

目前挖掘潜在需求效率最高的办法就是数据智能。通过持续的互动和优化，把商家和潜在的客户连接起来形成一个产业链，通过各种方式反馈，最终完成匹配形成最优服务，并不断地根据客户需求进行改进，这些是仅靠人力无法完成的事情，需要通过数据智能系统在背后支持,用机器决策代替人工决策,才能在足够短的时间内快速了解和掌握潜在客户的需求。

1.1.4 商业战略

1. 分形创新

分形创新是指从原有成熟的产品、项目的第一曲线中的某个要素发展为新的第二曲线的创新方法,如图1-2所示。

分形创新是一种符合达尔文"遗传+变异+市场选择"的生物进化理论的创新方法。分形创新在今天的中国经济中具有独特的意义。许多优秀的企业发展到一定规模,拥有了一定的资源并打下了良好的基础。然而,市场环境正在发生变化,政策、供应商、渠道、消费者需求和技术都发生了变化,如果企业不能及时跟上变化,就会被市场淘汰。

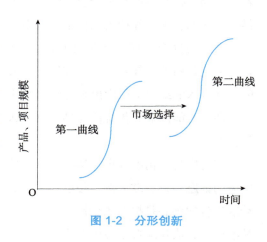

图1-2 分形创新

分形创新首先把第一曲线中的要素拆解,然后用组合创新的方式在内部做MVP(最小可行化产品),通过市场选择选出其中做10倍增长的要素,然后把MVP中的第一要素最大化,使其成长为新的第二曲线。

分形创新是从第一曲线中发展出来的。例如:美团从团购业务中发展出美团外卖;字节跳动从今日头条中发展出抖音;阿里从淘宝的业务中发展出支付宝;建业地产中孕育出了建业新生活。

这种创新具备以下三个特点:

1)第二曲线(产品)原本是第一曲线中的某一个要素;
2)该要素遇到了市场10倍速增长的红利;
3)该要素通过创新+市场选择成长为新的第二曲线。

2. 三浪叠加

三浪叠加最早由阿里巴巴集团学术委员会主席曾鸣提出,它指的是在商业和交易过程中出现的过去、现在、未来三种经营模式叠加并存,从而推进经济发展的三个浪潮。

以零售业为例,近十几年来,零售业发展迅速。2008年,淘宝的年零售额达到999亿元,当年最大的三大零售企业国美、苏宁和百联的零售额均超过1000亿元,要高于淘宝。在这个时候,大型百货等传统零售行业被称为1.0模式,国美和苏宁被称为2.0模式,淘宝是3.0模式,那么传统零售1.0模式发展得很好;国美、苏宁的2.0模式如火如荼,正在超高速扩张;淘宝的零售额虽然每年都在翻倍增长,但毕竟总量还是很小。传统零售业、新型零售业和线上零售业并存,构成了零售业的三浪叠加。

任何时候,当3.0模式出现后,那些还停留在1.0模式的企业都会面临危机。虽然看起来发展空间还不错，但很可能会突然出现断崖式的困难期。

处于2.0模式的企业实际上也别无选择。这时候，2.0模式的企业风头正盛，即使找到了潜在的挑战者，他们也不会放在眼里。因为绝大多数企业不会放弃这样的良好增长而进行战略转型。虽然在2.0模式企业工作的人比企业有更大的选择空间，但只有极少数人会选择加入3.0模式团队。一方面，这种有预见性的人并不多；另一方面，他们的机会成本很高，很难放弃原有的行业地位。

3.0模式下所有创业者要做的就是勇往直前。因为从0到0.1，到1，再到10，每一步都是一个巨大的挑战。虽然很多人相信3.0模式是未来，但觉得距离太远，或者2.0模式的利益太大，必须先把握住。不过，在3.0模式初期，能看清的利益肯定还不够大，如果过早地追求2.0模式的利益，可能会错过未来真正有价值的机会。

1.2 大数据下的众筹与酬众

1.2.1 众筹

众筹（crowdfunding）是指大众筹资或群众筹资，是一种大数据时代新兴的融资型商业模式。

世界闻名的自由女神像曾因为资金短缺问题而无法顺利安置在纽约港口，正是依靠大众筹资才能获得充足的款项，得以在1886年10月23日竣工，并最终成为美国的地标。

在没有资金支持自由女神像的创作时，作者巴托尔迪与朋友成立了筹资委员会，制定了分级的众筹方案，筹到了完成雕像所需要的75万美元。但没有资金建雕像底座，著名的新闻家普利策得知后，在《纽约世界报》上宣布将把每一位给自由女神像捐款人的名字印在报纸上，哪怕只是一分钱。这个众筹项目大概运行了六个月，得到了12.5万人的支持，将最终获得的款项换算成当下市值约为220万美元。这样的众筹金额即便是在今天也是一次惊人的成功。

1. 众筹的类别

众筹目前主要分为以下五个类别：

1）股权众筹。投资者对项目或公司进行投资，获得其一定比例的股权，可以简单理解为"我给你钱，你给我公司股份"。广义的股权众筹是指通过中介机构撮合融资企业和投资者的权益性融资方式。狭义的股权众筹是指创新创业者或微小企业通过股权众筹融资中介机构互联网平台公开募集股本的活动，具有"公开、小额、大众"的特征。

2）实物众筹。投资者对项目或公司进行投资，获得产品或服务，可以简单理解为"我给你钱，你给我产品或服务"。广义的实物众筹还包括物权众筹，而狭义的实物众筹一般是指通过"团购+预购"的形式，筹资人在项目完成后给予投资人一定形式的回馈品或纪念品作为奖励，因此又称为奖励式众筹（reward-based crowdfunding）、产品众筹或权益众筹。实物众筹中新产品的设计是基于顾客需求的,通过满足支持者的需求,达到一定的预订量并收到了预订的款项后,才会进行生产。

3)物权众筹。通过互联网向大众筹集资金,用于收购实物资产,通过资产升值变现获取利润,其回报可分为经营分红、租金分红以及物权的未来增值收益等。

4)债权众筹。投资者借钱给一个项目或企业,取得其一定比例的债权,以期获取利息收益并收回本金。债权众筹可以简单理解为"我给你钱,你之后还我本金和利息"。

5)公益众筹。公益众筹又称为捐赠众筹,是指投资者以捐款、慈善、赞助的形式为项目或企业提供财务资助,不求实质性财务回报。公益众筹可以简单理解为"我给你钱,你什么都不用给我"。

2. 众筹平台

目前世界上有很多众筹平台,其中两个比较大的众筹平台是 Kickstarter 和 Indiegogo。

Kickstarter 是互联网上最热门的众筹平台。Kickstarter 的全部活动总计已经筹集了超过 40 亿美元。它主持了 15.8 万个成功的项目,共有 1600 万支持者,其中三分之一的支持者支持了不止一个活动。目前已有超过 300 个活动打破了 100 万美元的筹款纪录。Kickstarter 共有 15 个活动类别。电影、视频、音乐和出版类是最受欢迎的,但真正让支持者感兴趣的是游戏、技术和设计类。Kickstarter 以推出创新和绝妙创意而闻名,得到了媒体的广泛报道。

另一个众筹平台是 Indiegogo,Indiegogo 也是产品众筹平台,他们的目标是成为大型多元的投资公司,他们不限定客户类型,不对发布到他们网站的项目进行审查。支持者承诺支付的资金将会直接分配给项目创始人。如果项目没有达到预定筹资目标,则由项目发起人决定是否退还已筹资金。它日常有大约 7000 个进行中的众筹活动,并且平均每天主持 260 个新活动。在 Kickstarter 上约有 36% 的活动发起人筹款成功,而 Indiegogo 的筹款成功率则在 17% ~ 18% 之间。Indiegogo 灵活的筹款计划意味着即便没有达到筹款目标也能拿到已经筹得的资金,此外,在 Indiegogo 筹款成功的活动发起人表示,Indiegogo 的支持者快速而及时。

3. 众筹发起流程

互联网众筹由项目发起人、众筹平台和支持者三个部分构成。实物众筹是我们生活中最常接触的一种众筹模式,京东、淘宝等平台推出的预售商品模式就是实物众筹。下面以实物众筹为例,介绍众筹模式流程。

首先团队要有一个好玩、有趣、容易实现的商业创意或样品。之后设计实物众筹方案,对众筹商品的融资及支持回报的分层进行设计。其次签订意向书,与未来能实现该商业创意的生产单位达成合作意向。再次是宣传推广,团队要与传媒机构达成合作协议,编写能够"打动人心"的实物众筹项目宣传文案。最后是产品上线,团队要与众筹平台签订合作协议,使产品上线。

当众筹达到预定目标后,团队和支持者需要签订产品预购协议或劳务协议。并且吸收支持者对产品的改进意见,进而生产出产品。最后交付产品或服务并听取反馈。

4. 众筹的优缺点

众筹主要有以下 5 方面优点：

1）市场调研及验证。众筹其实算是一种免费的市场调研，众筹社区将帮项目发起人评估产品需求。如果一个点子没有获得什么支持者，那就说明它没有市场。同样的产品，如果采用传统的融资方式，最终的结果可能是产品生产出来却没人买，只能堆放在仓库里。

2）反馈。许多支持者非常喜欢表达意见，他们会指明喜欢产品的哪些方面，并指出如何对产品进行改进。支持者投资的是项目发起人的创意，他们不是什么普通客户，而是会将自己的努力视作项目的一部分，会为项目的成功感到自豪，而且比起传统的消费者，他们更有可能帮项目做宣传。

3）公共关系。媒体喜欢众筹。对于一个普通的记者来说，众筹充满了独特的、鼓舞人心的人文故事。在这里，项目发起人可以找到创新者、企业家和未来趋势。每个人都想成为成功故事的一部分，如果项目的故事有足够的新闻价值，那么将获得免费的公关和大量热情的支持者。

4）口碑营销。通过传统营销方式来培养成千上万的用户，并使之分享项目产品或服务是极其困难的。但是众筹不存在商业形象，所以每个人都有可能愿意提供帮助。如果有足够多的人分享，众筹项目可能会疯狂传播，这意味着将有更多的支持者、作为研究对象的更大社区和更多吸引媒体注意的机会。

5）对投资者的吸引力。如果有很多人对项目感兴趣，那可能会得到一笔很大的众筹资金，也能够向投资者显示出项目的市场吸引力和支持人群。Oculus Rift 就是最好的例子，2012 年 9 月，Oculus Rift 的项目发起人通过 Kickstarter 网站筹集了 240 万美元，仅仅 6 个月后 Facebook 就以 20 亿美元的价格收购了他们。

众筹也并不完美，它有以下 3 个不足之处：

1）造成了生产压力。根据众筹平台的普遍规则，如果项目筹资成功，那么就必须要在规定时间内完成产品的开发与制造，实现对支持者的承诺。所以众筹在让项目发起人筹到钱的同时也带来了订单压力。因为这些钱是来自消费者一端，相当于是直接订购。这种压力尤其彰显在实体产品项目上。

2）与传统 VC 相比，众筹缺乏创业指导。在众筹平台上的支持者们是不可能提供给你统一、有建设性的建议的。一个好的 VC 能让项目少走很多弯路，尤其是在产品的推广阶段。项目发起人可能善于研发产品，但不一定会推广销售产品。

3）众筹平台上的投资人不够专一。众筹平台能帮项目发起人快速筹到用于产品研发和生产的资金，但不能保证项目发起人今后的资金链保持完整。传统的 VC 在提供早期投资后，如果项目发展顺利，项目发起人还有机会获得后续的 A、B、C 轮融资。而在众筹平台上，支持者很可能早已把注意力转向了其他新奇的发明。

1.2.2 酬众

酬众（pay for performance，P4P），是指通过记录商业信息传播行为路径，允许商家根据各个商品信息传播渠道，对最终销售结果的贡献，对渠道依据事先设定好的规则，进行按效果付费的报酬，它是大数据时代新出现的变现方式。

淘宝、京东等平台有分享好友店铺返优惠券的活动，包括游戏中也有邀请码以及类似的酬众模式。如果消费者成功将店铺或游戏推广给他人，就能够获得相应的奖励，店家也得到了推广。

还有许多购物群也是酬众模式。消费者通过推广者发出的链接购买物品就能得到优惠，推广者也根据成交量获得相应酬金。

在酬众模式中有两个重要名词，酬客和酬金。

酬客是酬众模式中传播价值的主要角色，是分销群体，可分为专业分销群体或业余分销群体，酬客可以是一家合规公司，也可以是个人。酬客通过有价传播使得在线商品达成交易，并获得酬金。

酬金是商家或营销组织自愿决定支出的佣金，用于激励、帮助与消费者建立联系并达成销售订单的行为。

酬众模式是由商家在每笔销售额中，提出一定比例的利润，奖励在渠道中帮助推广下载及最终达成交易行为的酬客。

1. 实现效果

酬众模式实现了原有渠道或广告媒体的数字化，酬众模式将传统渠道改为了价值传播渠道，有着更加精准的评估广告媒体的效果，可以利用精准营销数据，将先付费的广告变为按绩效后付费的价值分享。

酬众模式同时也增加了新的价值传播渠道，通过后付费方式吸引新的渠道或广告媒体加入价值传播，降低渠道建设的固定成本。

酬众模式可以跨渠道、跨平台地实现与消费者的互动。

酬众模式还可以实现消费者的"再生产"，当消费者分享体验时，也会存在价值传播，增加新的消费者。

2. 酬众模式的优势

酬众模式有着广泛的经营效益和创业环境，利用酬众模式，可以帮助"一带一路"合作伙伴中各个国家的好产品、好品牌、好企业建立国际销售渠道，同时也为服务业和个人参与者（酬客）提供了广泛的经营效益和创业环境。

酬众模式可以帮助商家用最低的成本且最有效的方式找到消费者，为消费者提供零假货且价更低的购物场所，消费者推荐好东西给朋友，还帮双方获得额外酬金。

酬众模式的传播不受限，可传播范围更加广泛，进行转发链接或扫码等简易操作就能够加入价值传播链。

3. 区块链技术在酬众模式中的应用

酬众模式需要记录所有有用的信息，但如何保证在去中心化的条件下保证信息的真实性，还能够合理分配每个酬客获得的酬金呢？这就是酬众模式所面对的挑战。而这些问题都可以被区块链技术解决。

区块链是借由密码学串接并保护内容的串联交易记录，是分布式数据存储、点对点传输、共识机制、加密算法等计算机技术的新型应用模式。

区块链由一串使用密码学算法产生的区块连接而成，每一个区块上都写满了交易记录，区块按顺序相连形成链状结构，在形成一个新区块时，需要根据前一个区块的哈希值、新交易区块和随机数来计算新的哈希值和随机数，也就是说每一个区块都是在前一个区块数据的基础上生成的。这样的机制保证了区块链数据的唯一性，因为细微的变化也会彻底改变哈希值的结果。

以比特币为例，每个区块内都记载了区块头、交易详情、交易计数器、区块大小。区块头是每个区块的前八十个字节，包括上一区块哈希值、时间戳、随机数、难度目标；交易详情详细记录了每笔交易的所有信息；交易计数器表述每个区块包含交易的数量；区块大小表示每个区块数据的大小。

4. 区块链的核心算法

（1）拜占庭协定。拜占庭的故事大概是这样的：拜占庭帝国拥有巨大的财富，周围10个邻邦垂涎已久，但拜占庭高墙耸立，固若金汤，没有一个单独的邻邦能够成功入侵。任何单个邻邦入侵的都会失败，同时也有可能自身被其他9个邻邦入侵。拜占庭帝国防御能力如此之强，至少要有10个邻邦中的一半以上同时进攻，才有可能攻破。然而，如果其中的1个或者几个邻邦本身答应好一起进攻，但实际过程出现背叛，那么入侵者可能都会被歼灭。于是每一方都小心行事，不敢轻易相信邻国。

在这个分布式网络里：每个将军都有一份实时与其他将军同步的消息账本。账本里有每个将军的签名都是可以验证身份的。如果有哪些消息不一致，可以知道消息不一致的是哪些将军。尽管有消息不一致的，只要超过半数同意进攻，少数服从多数，达成共识。

由此，在一个分布式的系统中，尽管有坏人，坏人可以做任意事情，比如不响应、发送错误信息、对不同节点发送不同决定、不同错误节点联合起来干坏事等等。但是，只要大多数人是好人，就完全有可能去中心化地实现共识。

（2）非对称加密技术。在上述拜占庭协定中，如果10个将军中的几个同时发起消息，势必会造成系统的混乱，造成各说各的攻击时间方案，行动难以一致。谁都可以发起进攻的信息，但由谁来发出呢？其实这只要加入一个制约条件就可以了，即：一段时间内只有一个节点可以传播信息。当某个节点发出统一进攻的消息后，各个节点收到发起者的消息必须签名盖章，确认各自的身份。

在如今看来，非对称加密技术完全可以解决这个签名问题。非对称加密算法的加密和解密使用不同的两个密钥，这两个密钥就是我们经常听到的公钥和私钥。公钥和私钥一般成对出现，如果消息使用公钥加密，那么需要该公钥对应的私钥才能解密；同样，如果消息使用私钥加密，那么需要该私钥对应的公钥才能解密。

（3）容错问题。我们假设在此网络中，消息可能会被丢失、损坏、延迟、重复发送，并且接受的顺序与发送的顺序不一致。此外，节点的行为可以是任意的：可以随时加入、退出网络，可以丢弃消息、伪造消息、停止工作等，还可能发生各种人为或非人为的故障。我们的算法对由共识节点组成的共识系统，提供的容错能力，这种容错能力同时包含安全性和可用性，并适用于任何网络环境。

（4）Paxos算法（一致性算法）。Paxos算法解决的问题是一个分布式系统如何就某个值达成一致。一个典型的场景是，在一个分布式数据库系统中，如果各节点的初始状态一致，每个节点都执行相同的操作序列，那么他们最后能达到一个一致的状态。为保证每个节点执行相同的命令序列，需要在每一条指令上执行一个Paxos算法以保证每个节点看到的指令一致。一个通用的一致性算法可以应用在许多场景中，是分布式计算中的重要问题。节点通信存在两种模型：共享内存和消息传递。Paxos算法就是一种基于消息传递模型的一致性算法。

（5）共识机制。区块链共识算法主要用于工作量证明和权益证明。拿比特币来说，其实从技术角度来看可以把工作量证明看作重复使用的哈西现金（即计算所需要付出的cpu），生成工作量证明在概率上来说是一个随机的过程。开采新的机密货币，生成区块时，必须得到所有参与者的同意，那矿工必须得到区块中所有数据的工作量证明。与此同时，矿工还要时时观察调整这项工作的难度，因为对网络要求是平均每10分钟生成一个区块。

（6）分布式存储。分布式存储是一种数据存储技术，通过网络使用每台机器上的磁盘空间，并将这些分散的存储资源构成一个虚拟的存储设备，数据分散地存储在网络中的各个角落。所以，分布式存储技术并不是每台计算机都存放完整的数据，而是把数据切割后存放在不同的计算机里。就像存放100个鸡蛋，不是放在同一个篮子里，而是分开放在不同的地方，加起来的总和是100个。

综上所述，区块链具有信息公开透明、不可篡改、全球联通、交易成本低等特点。正是因为区块链的构成方式、核心算法，使得酬众模式在去中心化的趋势下仍能保证公平性，保证能够记录所有有用的信息，也保证酬金的合理分配。

1.3　市场营销理论的变迁

1.3.1　市场营销

市场营销（marketing）又称为市场学、市场行销或行销学。它是指个人或团体将其创造的产品或价值进行交易，以获得所需的东西，从而实现双赢或多赢的过程。

市场营销包含两层意思，一是动词的理解，指的是企业的具体活动或行为，此时称为市场营销或市场经营；二是名词的理解，是指研究公司营销活动或行为的学科，称为市场营销学、营销学或市场学等。在现代市场营销中，它被定义为：人类在交换过程中致力于满足需要和欲望的活动。

美国营销协会定义市场营销是一种组织职能和过程，它为客户创造、交流和交付价值，并管理客户关系以使组织及其利益相关者受益。菲利普·科特勒给出的定义强调营销的价值取向：营销是指个人和集体创造并与他人交换产品和价值以满足需要和欲望的社会和管理过程。格隆罗斯给出的定义强调营销的目的：营销是指通过相互交流和承诺来实现各方的目标，以建立、维护和巩固与消费者和其他参与者的关系的过程。

近50年来，营销理念发生了翻天覆地的变化。在东京举行的世界营销峰会上，现代营销学之父菲利普·科特勒将其标志性的意识形态贡献与西方市场的演变相结合，分为以下六个阶段：战后时期（20世纪50—60年代）、高速增长时期（20世纪60—70年代）、市场动荡时期（20世纪70—80年代）、市场混乱时期（20世纪80—90年代）、一对一时期（20世纪90年代至2010年）和价值与大数据时期（2010年至今）。

在不同的阶段，他都列举了重要的营销理论，如市场选择、定位、4P、服务营销、营销投资回报、客户关系营销、近期社交营销、大数据营销、营销3.0等。

1.3.2 营销策略的变迁

营销是企业经营和运作的一项重要内容。制定合理的营销策略是企业将自己的产品或技术转化为市场所需商品的一种努力，实现其劳动价值和目的是企业的一项非常重要的任务。营销管理是指分析市场机会、研究和选择目标市场、制定营销策略、设计部署营销战术和实施与控制营销的行为。

1.3.3 4P营销理论

1953年，美国营销学者鲍顿提出了市场营销组（marketing mix）的概念；1960年，由密歇根大学教授杰罗姆·麦卡锡博士在《营销学》中第一次提出了营销组合的4P策略。

4P营销理论被归结为4个基本策略的组合，即产品策略（product strategy）、价格策略（price strategy）、促销策略（promotion strategy）、渠道策略（place strategy）。

4P营销理论实际上是从管理决策的角度来研究市场营销问题。从管理决策的角度看，影响企业市场营销活动的各种因素（变数）可以分为两大类：一是企业不可控因素，即营销者本身不可控制的营销环境，包括微观环境和宏观环境；二是可控因素，即营销者自己可以控制的产品、商标、品牌、价格、广告、渠道等，而4P就是对各种可控因素的归纳。4P营销理论的4个基本策略如下：

1）产品策略。产品策略主要是指企业以向目标市场提供各种满足消费者需求的有形和无形产品的方式来实现其营销目标的策略。其中包括对产品的品种、规格、式样、质量、包装、特色、商标、品牌以及各种服务措施等可控因素的组合和运用。

2）价格策略。价格策略主要是指企业按照市场规律，通过制定价格和变动价格等方式来实现其营销目标的策略，其中包括对与定价有关的基本价格、折扣价格、津贴、付款期限、商业信用以及各种定价方法和定价技巧等可控因素的组合和运用。

3）促销策略。促销策略主要是指企业通过利用各种信息传播手段刺激消费者的购买欲望，促进产品销售的方式来实现其营销目标的策略，其中包括对与促销有关的广告、人员推销、营业推广、公共关系等可控因素的组合和运用。

4）渠道策略。渠道策略主要是指企业以合理地选择分销渠道和组织商品实体流通的方式来实现其营销目标的策略，其中包括对与分销有关的渠道覆盖面、商品流转环节、中间商、网点设置以及储存运输等可控因素的组合和运用。

4P 营销理论的伟大之处在于它把营销简化并便于记忆和传播。

产品包含核心产品、实体产品和延伸产品。广义的产品可以是有形的实体，也可以是无形的服务、技术、知识或智慧等。

价格的制定手段很多，例如竞争比较法、成本加成法、目标利润法、市场空隙法，这些方法的目标是使产品成为可交换的商品。企业以盈利为目标，所以定价要具有兼顾销售效率和企业效益的双重考虑，打价格战是一种定价和竞争策略，但由于信息不对称的存在，导致价格低并非总是奏效。信息不对称，使价格中蕴涵了太多的附加臆测信息，品质、期限、真伪、质量、效用，价格不仅与产品本身相关联，也与品牌的附加内涵和价值相关联，与市场的供求关系相关联，与所选择的购物场所的信誉相联系。

传统意义的促销是指人员推广、广告、攻关活动和销售促进。这些方式在营销过程中有着非常广泛的应用。

渠道是指产品从生产方到消费者终端所经历的销售路径，不同的渠道对应不同的销售模式。普通消费品会经过代理商、批发商、商场或零售店的环节。B2C 模式中也有电话直销、电视直销、网络直销、人员直销、专卖店直销等模式。直销模式大大缩减了从厂家到买家的中间环节，将中间利润让渡给消费者或作为新的营销模式所产生的额外费用的补偿。B2B 模式中也可能采取厂家对厂家的直接销售或选取代理商的中间销售模式。

1.3.4 4C 营销理论

4C 营销组合策略于 1990 年由美国营销专家劳特朋教授（R.F Lauterbon）提出，它以消费者需求为导向，重新设定了市场营销组合的 4 个基本要素：顾客（consumer）、成本（cost）、便利（convenience）和沟通（communication）。它强调企业首先应该把追求顾客满意放在第一位，其次是努力降低顾客的购买成本，然后要充分注意到顾客购买过程中的便利性，而不是从企业的角度来决定销售渠道策略，最后还应以消费者为中心实施有效的营销沟通。与产品导向的 4P 营销理论相比，4C 营销理论有了很大的进步和发展，它重视顾客导向，以追求顾客满意为目标，这实际上是当今消费者在营销中越来越占据主动地位的市场对企业的必然要求。

4C 营销理论的主要内容如下：

1）顾客。主要是指顾客的需求。企业必须首先了解和研究顾客，根据顾客的需求来提供产品。同时，企业提供的不仅仅是产品和服务，更重要的是由此产生的客户价值（customer value）。

2）成本。成本不单是企业的生产成本，或者说 4P 中的价格（price），它还包括顾客的购买成本，同时也意味着产品定价的理想情况。产品理想中的定价应该既低于顾客的心理价格，也能够让企业有所盈利。此外，这中间的顾客购买成本不仅包括其货币支出，还包括其为此耗费的时间，消耗的体力和精力，以及购买风险。

3）便利。主要是指为顾客提供最大的购物和使用便利。4C 营销理论强调企业在制订分销策略时，要更多地考虑顾客的方便，而不是企业自己方便。要通过好的售前、售中和售后服务来让顾客在购物的同时，也享受到了便利。便利是客户价值不可或缺的一部分。

4）沟通。沟通被用以取代 4P 中对应的促销（promotion）。4C 营销理论认为，企业应通过同顾客进行积极有效的双向沟通，建立基于共同利益的新型企业/顾客关系。这不再是企业单向的促销和劝导顾客，而是在双方的沟通中找到能同时实现各自目标的途径。

1.3.5 4R 营销理论

4R 营销理论是由美国整合营销传播理论的鼻祖唐·舒尔茨（Don E.Schuhz）2001 年在 4C 营销理论的基础上提出的新营销理论。4R 分别指关联（relevance）、反应（reaction）、关系（relationship）和回报（reward）。该营销理论认为，随着市场的发展，企业需要从更高层次上以更有效的方式在企业与顾客之间建立起有别于传统的新型的主动性关系。

4R 理论的营销理论主要涉及以下 4 个要素：

1）关联。即认为企业与顾客是一个命运共同体。建立并发展与顾客之间的长期关系是企业经营的核心理念和最重要的内容。

2）反应。在相互影响的市场中，对经营者来说最难实现的问题不在于如何控制、制订和实施计划，而在于如何站在顾客的角度及时地倾听，使企业从推测性商业模式转移成为高度回应需求的商业模式。

3）关系。在企业与顾客的关系发生了本质性变化的市场环境中，抢占市场的关键已转变为与顾客建立长期而稳固的关系。与此相适应产生了 5 个转向：①从一次性交易转向强调建立长期友好合作关系；②从着眼于短期利益转向重视长期利益；③从顾客被动适应企业单一销售转向顾客主动参与到生产过程中来；④从相互的利益冲突转向共同的和谐发展；⑤从管理营销组合转向管理企业与顾客的互动关系。

4）回报。任何交易与合作关系的巩固和发展，都是经济利益问题。因此，一定的合理回报既是正确处理营销活动中各种矛盾的出发点，也是营销的落脚点。

以顾客战略为核心的 4C 营销理论随着时代的发展，也显现了其局限性。当顾客需求与社会原则相冲突时，顾客战略也是不适应的。例如，在倡导节约型社会的背景下，部分顾客的奢侈需求是否要被满足。这不仅是企业营销问题，更成为社会道德范畴问题。同样，建别墅与国家节能省地的战略要求也相背离。于是 2001 年，美国的唐·舒尔茨（Don E.Schultz），又提出了关系（relationship）、节省（retrenchment）、关联（relevance）和报酬（reward）的 4R 营销理论新说，他表示："侧重于用更有效的方式在企业和顾客之间建立起有别于传统的新型关系"。

4R 营销理论的最大特点是以竞争为导向，在新的层次上概括了营销的新框架，根据市场不断成熟和竞争日趋激烈的形势，着眼于企业与顾客的互动与双赢，不仅积极地适应顾客的需求，而且主动地创造需求，运用优化和系统的思想去整合营销，通过关联、关系、反应等形式与顾客形成独特的关系，把企业与顾客联系在一起，形成竞争优势。其反应机制为互动与双赢、建立关联提供了基础和保证，同时也延伸和升华了便利性。回报兼容了成本和双赢两方面的内容，追求回报，企业必然实施低成本战略，充分考虑顾客愿意付出的成本，实现成本的最小化，并在此基础上获得更多的市场份额，形成规模效益。这样，企业为顾客提供价值和追求回报相辅相成。

1.3.6　4S 营销理论

2002 年，康斯坦丁尼德斯（E.Constantinides）针对电子网络营销的特殊性，提出了 4S 营销理论。4S 营销理论主要涉及以下 4 个要素：

1）满意（satisfaction）。是指顾客满意，强调以顾客需求为导向，以顾客满意为中心，站在顾客的立场上考虑和解决问题。

2）服务（service）。是指随时以笑脸相迎客人。因为微笑是诚意最好的象征。

3）速度（speed）。是指不让顾客久等，能迅速地接待顾客、办理相关业务。

4）诚意（sincerity）。是指以具体化的微笑与速度行动来服务客人。

在通晓 4P、4C、4R 营销理论之后，进一步以 4S 营销理论来深化营销思维及相关知识。4S 营销理论主要强调从消费者的需求出发，建立起一种"消费者有"的导向。它要求企业针对消费者的满意程度对产品、服务、品牌不断进行改进，从而达到企业服务品质最优化、消费者满意度最大化的目标，进而使消费者对企业产品产生强黏性。

1.3.7　4V 营销组合理论

进入 21 世纪以来，高科技产业迅速崛起，高科技企业、高技术产品与服务不断涌现，互联网、移动通信工具、发达的交通工具和先进的信息技术快速发展，整个世界的面貌焕然一新，使得企业和消费者之间信息不对称的现象得到改善，沟通的渠道多元化，越来越多的跨国公司开始在全球范围进行资源整合。

在这种背景下，4V营销组合理论应运而生。4V营销组合理论首先强调企业要实施差异化营销，一方面使自己与竞争对手区别开来，树立自己独特形象；另一方面也使消费者相互区别，满足消费者个性化的需求。其次，4V营销组合理论要求产品或服务有更大的柔性，能够针对消费者具体需求进行组合。最后，4V营销组合理论更加重视产品或服务中的无形要素，通过品牌、文化等以满足消费者的情感需求。

2001年，中南大学吴金明提出了适用于高科技产业的4V营销组合理论。

4V营销组合理论是指同时运用差异化（variation）、功能化（versatility）、附加价值（value）、共鸣（vibration）的营销理论。

1.4 计算广告的兴起

互联网的快速发展改变了整个世界。从门户网站到搜索引擎、从社交网络到电子商务，层出不穷的在线服务不仅方便了人们的生活，甚至颠覆了原有的产业。而且更为神奇的是，这些服务大多是免费的。在今天，"互联网思维"这个名词被越来越多互联网行业内外的人们追捧和畏惧，而这么多免费的服务是如何获得收入，乃至赚得盆盈钵满的呢？

实际上，如果把多样的互联网产品或服务看成各式硬币的正面，那么我们会发现，其中许多硬币的背面都有着一样的图案，这就是以广告为核心的后向变现体系。正面的免费服务是为了获得流量和数据，而背面的广告业务则是将这些流量和数据变成金钱，这就是互联网最关键的思维模式之一。

互联网商业变现的技术之一就是计算广告。

1.4.1 计算广告的概念

广告是由已确定的出资人通过各种媒介进行的有关产品（商品、服务和观点等）的信息传播活动，通常是有偿的、有组织的、综合的、劝服性的非人员的。出资人、媒体和受众这三者的利益博弈关系是广告活动永远的主线，这一主线将贯穿于商业和产品形态的整个演化过程。广告的目的是品牌触达，创造独特良好的品牌形象，提升长时期的转化率与利润。最直接的效果是有短期内明确用户转化行为诉求。

计算广告（computational advertising）也称为网络广告、互联网广告，顾名思义，指的是在线媒体上投放的广告。计算广告是目前大数据思维与技术发展最成熟、市场规模最大的应用领域。计算广告所致力于解决的核心问题是广告、场景、用户三者之间的最优匹配。从这一核心问题出发，计算广告的承载形式就不仅仅局限于互联网广告，任何能够促进广告、场景、用户三者之间达成最优匹配的广告形式都可以纳入到计算广告的范畴之内。也就是说所有的以数据和算法为底层技术的广告模式都可以称为计算广告。

从整个互联网的角度来讲，计算广告市场是十分广阔、丰富的。整个互联网行业绝大部分收入都是来源于计算广告。Google、Facebook等国外互联网巨头90%的收入直接来源于广告；在国内，百度收入的68.1%来源于广告，字节跳动有77%的收入由广告来拉动。

1.4.2 计算广告的优势

相比于传统广告，计算广告有如下3种巨大优势：

1）快速准确接触目标受众。计算广告是技术型投放，即使用户数据十分庞大，计算广告依旧可以快速处理大量数据，通过大数据等方式提供个性化服务。广告能使企业接触大量用户，宣传品牌形象，提升中长期购买率与利润，或是短期带来大量购买或其他转换行为。

2）多种贴合实际的模式。在线广告产品大约有4种，分别是合约广告、搜索与竞价广告、信息流广告和程序化广告。合约广告的优势在于受众定向，流量可预测、塑形、分配，例如百度信息流。搜索与竞价广告，搜索广告几乎全是竞价广告，其优势在于变现效力高、精准定向、搜索广告的展示形式与自然结果的展示形式非常接近，以竞价交易为模式，国内有百度、淘宝直通车，国外有Google等企业应用这种模式。信息流广告兴起于移动社交平台，如Facebook、微信、今日头条等，特点是产品、售卖形式丰富、流量大、多样性强、可以承载几乎所有的广告类型和交易形式。程序化广告是以实时竞价为核心的程序化交易，使广告市场更透明，用RTB的方式实时得到广告候选，并按照其出价简单完成投资决策。这4种模式的在线广告产品各具优势，可选择的形式多，且覆盖业务面广。

3）变现能力强。计算广告的变现能力是十分强大的。以吉利剃须刀的广告为例，广告位价值一万元，是流量的价值，每来一个人，就要支付1块钱的广告费，计算广告的特性之一在于可以针对用户特性有效推荐商品，吉利的产品主要销售对象是男性用户，而对于女性用户就可以将广告位卖给化妆品商。对于广告主来说，产品推荐的效率提高了，宣传费用也更加合理。而对于媒体来说，投入产出比就提高了，从一位广告主到多位广告主，广告收入从一份变为多份，这些多出来的钱就是数据变现的价值。

1.4.3 计算广告的计费与变现

计算广告可以快速准确地接触目标受众，这样大大提高了广告主的回报率。计算广告的计费模式主要有以下4种：

1）CPM（cost per mille）结算：按照千次展示结算，常用于互联网品牌广告。

2）CPC（cost per cost）结算：按点击结算，常用于效果广告。

3）CPS（cost per sale）/CPA（cost per action）/ROI（return on investment）结算：按照销售订单数、转化行为数或投入产出比结算，常用于垂直广告网络（vertical ad network）。

4）CPT（cost per time）结算：针对大品牌广告主特定的广告活动，将某个广告位以独占的方式交给某广告主，并按其独占的时间段收取费用。

以上模式各有优劣，但CPS的计费模式更为划算，只有将路人转化为客户以后广告主才需要付费，提高了广告的有效性，同时也提高了广告主的回报率。

计算广告的核心问题是为一系列用户与环境的组合找到最合适的广告投放策略，以优化整体广告活动的利润，也就是变现问题。其中，品牌变现是根据用户熟悉的印象提高付款内容关注程度；数据变现是根据用户偏好提高付费内容投放效率；流量变现是在正常内容里夹带付费内容。

1.4.4 计算广告系统架构

计算广告是根据个体用户信息投送个性化内容的典型系统之一。使用开源工具搭建计算广告系统涉及很多技术，图 1-3 中标示出了计算广告系统需要经常使用的一些开源工具。

计算广告系统架构如图 1-3 所示，主要由以下 4 个主要部分构成：

1）用于实时响应请求，完成决策的在线投放系统，例如广告投放机。
2）离线的分布式计算数据处理平台。
3）用于在线实时反馈的流计算平台。
4）连接和运转以上 3 部分数据流的数据高速公路。

在线投放系统的日志接入数据高速公路，再由数据高速公路将其快速转运到离线的分布式计算数据处理平台和流计算平台，分布式计算数据处理平台周期性地以批处理方式加工过去一段时间的数据，得到用户标签、CTR 模型与特征、分配方案等参数，存放在缓存中，供在线投放系统决策时使用。与此相对应的，流计算平台则负责处理最近一小段时间的数据，得到实时用户标签和实时点击率特征等，也放到缓存中，供在线投放系统决策时使用，流计算平台是对分布式计算数据处理平台处理结果的即时补充与调整。

在一个完整的广告系统架构中，数据的记录、交易、流转、建模和使用是广告系统最核心的驱动力，也从本质上决定着广告产品的变现能力和利润空间。

1. 数据高速公路

将在线投放的数据实时传输到离线的分布式计算平台与流计算平台，供后续处理和建模使用。由于在进行受众定向建模时需要用到广告系统以外的其他用户产品日志或者第三方提供的数据，因此数据高速公路也担负着收集这些数据源的任务。

2. 离线的分布式计算数据处理平台

离线数据处理有两个输出目标：一是统计日志得到报表、仪表盘等，供人进行决策时作为参考；二是利用数据挖掘、机器学习技术进行受众定向、点击率预估、分配策略规划等，为在线的机器决策提供支持。离线数据处理主要集中在以下几个模块：

1）用户会话日志生成。从各个渠道收集来的日志，先整理成以用户 ID 为键的统一存储格式，把这样的日志称为用户会话日志。

2）行为定向。完成挖掘用户日志，根据日志中的行为给用户打上结构化标签库中的某些标签，并将结果存储在用户标签的在线缓存中，供广告投放机使用。

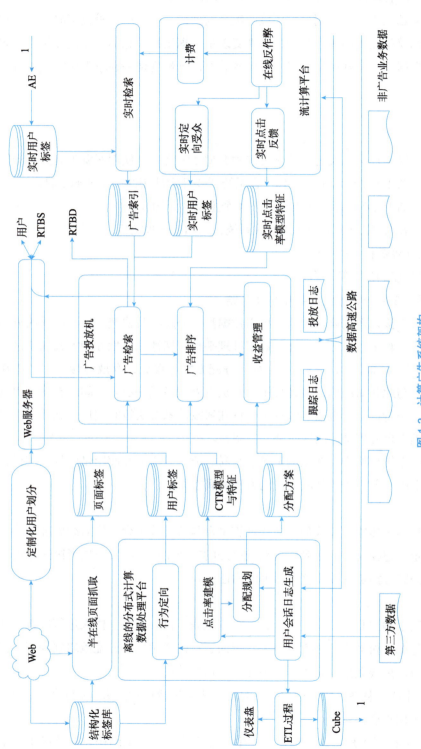

图1-3 计算广告系统架构

3）上下文定向。这部分包括半在线页面抓取和页面标签的缓存，这部分与行为定向互相配合，负责给上下文页面打上标签，用于在线的广告投放。

4）点击率建模。在分布式计算数据处理平台上训练得到点击率的模型参数和相应特征，加载到缓存中供线上投放系统决策时使用。

5）分配规划。为在线的收益管理模块提供服务，它根据广告系统全局优化的具体需求，利用离线日志数据进行规划，得到适合线上执行的分配方案。

6）商业智能系统。包括ETL过程、仪表盘和Cube。这些是所有以人为最终接口的数据处理和分析流程的总括，担负着对外信息交流的任务。

7）广告管理系统。广告操作者，即用户执行（AE）与广告系统的接口。AE通过广告管理系统定制和调整广告投放，并且与数据仓库交互，获得投放统计数据以支持投放系统的决策。

3. 在线数据处理

在线数据处理可以认为是离线数据处理的镜像功能，它是为了满足广告系统对实时数据反馈的要求，解决那些离线的分布式计算数据处理平台无法快速响应的计算问题，其功能由流计算平台实现。它包含以下4个主要模块：

1）在线反作弊。实时判断流量来源中是否有作弊流量，并将这部分流量从后续的计价和统计中去除掉，是广告业务非常重要的部分，是所有后续在线数据处理必须经过的前置模块。

2）计费。

3）在线行为反馈。包括实时受众定向和实时点击反馈等部分。这部分是将短时内发生的用户行为和广告日志及时地加工成实时用户标签和实时点击率模型特征。

4）实时索引。实时接受广告投放数据，建立倒排索引。

1.5 本章小结

本章主要讲述了在大数据时代来临后，市场商业模式的变化和孕育而生的新技术。本章解释了什么是商业模式，并说明了如三级火箭、智能商业等大数据时代出现的全新商业模式，阐述了分型创新和三浪叠加两个全新的商业模式规律。

同时，对于与商业模式紧密相连的市场营销理论的发展进行了说明，并解释了如今适应大数据时代的全新的4R、4S、4V等营销理论的概念与发展。

最后本章引出了对于目前大数据时代市场最具影响力的产品——计算广告，讲明了计算广告的特点与优势，并展示了计算广告在大数据时代强大的应用和变现能力，阐明计算广告系统架构和计算广告系统不同模块的作用。

第 2 章

ERP 与集成

2.1 ERP 概述

2.1.1 ERP 的内涵

企业资源计划（enterprise resources planning，ERP）是由美国著名 IT 咨询公司加特纳公司（Gartner Group Inc）在 20 世纪 90 年代初根据当时计算机信息处理技术的发展和企业对供需链管理的需要，预测在信息时代，制造业管理 ERP 系统的发展趋势和即将发生的变革提出的。Gartner 在一份名为 *ERP: A Vision of the Next-Generation MRP II* 的报告中提到了两个集成——内部集成和外部集成。

1）内部集成（internal integration）。它是指实现产品研发、核心业务和数据采集的集成。

2）外部集成（external integration）。它是指实现企业与供需链上所有合作伙伴的集成。

可以看出，集成是 ERP 的精髓。而后，Gartner 又发表了一系列关于 ERP 的研究报告，如 *ERP Functionality*，*Making the jump from MRP II to ERP*，*Quantifying the Vision* 等。通过这一系列的报告可以总结出 Gartner 认为 ERP 内涵为：打破企业四壁，把信息集成的范围扩展到企业的上下游，管理整个供需链，实现供需链的管理。

2.1.2 ERP 系统

ERP 系统是一个集成的、企业级的管理信息系统。作为通用软件，它通过一系列有序的模型从不同的视角描述了企业特征，并最终组成一个完整的用于信息系统建模的企业模型。通用的 ERP 系统层次模型如图 2-1 所示。

ERP 系统中的企业数据模型和对象模型管理是通用模型，已经定义在系统之内。企业的个性主要体现在企业结构模型和工作流模型中。

企业结构模型由于描述一个多点分布的环境企业的地理位置分布，可作为模型的整体浏览和创建基础，并可实现系统的多点异地应用。

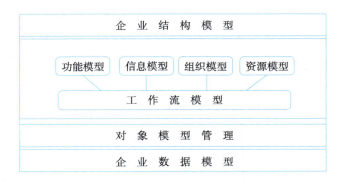

图 2-1　通用的 ERP 系统层次模型

工作流模型是指通过定义组成活动及活动之间逻辑关系来描述工作流的模型，它描述企业业务过程、产品开发过程和制造过程中各种活动及它们之间的逻辑关系。

功能模型描述组织的职能在系统中的映射，包括布局、菜单和用户操作等方面。

信息模型从信息的角度对企业进行描述，主要用于处理企业的信息流，其中有些信息流需要存储在系统中。

组织模型描述组织机构树、团队、能力、角色和权限等，包括企业的逻辑组织部门及人力资源。同时，组织模型对软件系统角色和企业职能角色都有定义。

资源模型描述企业的各种资源实体，包括资源的分类、特性、数量、金额等。

从管理的角度来看，ERP 系统被称为企业系统。企业系统是指采用先进的计算机技术，满足企业中不同管理人员需要的集成管理应用软件系统。这种面向组织甚至跨组织的业务过程的集成企业应用系统，具有如下特点：

1）集成性。企业系统对公司的财务、人力资源、制造、营销等方面的信息进行无缝连接。这种连接和管理，要求对企业各方面信息模块、组件或系统之间的连接进行合理的设计，以达到集成的效果。

2）重构性。企业系统的基本要素是对应企业业务的，所以企业系统的要素可以细分为企业的业务流程中的具体活动。企业组织会随着环境的变化而变化，企业的业务流程也会随着管理的需要不断变化，企业系统需要能够重构，以适应这些变化。

3）配置性。除可通过重构来适应企业的变化外，还可通过参数的配置，来适应企业内各部门不同的要求。这样可以针对不同的企业情况来进行设置，使 ERP 适应各个行业的企业运作。

4）扩展性。随着企业自身和计算机技术的发展，企业系统也需要进行相应的演变和发展，企业系统必须能满足这一要求。同时，企业系统还可以集成企业中现有的系统、充分利用企业现有系统资源和保护企业投资。

2.1.3 ERP 的管理思想

ERP 管理思想的核心就是实现对整个供需链的有效管理,主要体现在以下 3 个方面:

1)对整个供需链进行管理的思想。在知识经济时代企业仅靠自身资源不可能有效地参与市场竞争,还必须把经营过程中的有关各方如供应商、制造工厂、分销网络、客户等纳入一个紧密的供需链中,才能有效地安排企业的产、供、销活动,满足企业利用各种资源快速高效地进行生产经营的需求,以期进一步提高效率和在市场上获得竞争优势。换句话说,现代企业竞争不是单一企业与单一企业间的竞争,而是一个企业供需链与另一个企业供需链之间的竞争。ERP 系统实现了对整个企业供需链的管理,适应企业在知识经济时代市场竞争的需要。

2)精益生产、敏捷制造的思想。ERP 系统支持对混合型生产方式的管理,其管理思想表现在两个方面:①精益生产(lean production,LP)的思想。它是由美国麻省理工学院(MIT)提出的一种企业经营战略体系。企业按大批量生产方式组织生产时,把客户、销售代理商、供应商、协作单位纳入生产体系,企业同销售代理、客户和供应商的关系,已不再是简单的业务往来关系,而是利益共享的合作伙伴关系,这种合作伙伴关系组成了一个企业的供需链,这就是精益生产的核心思想。②敏捷制造(agile manufacturing)的思想。当市场发生变化、企业遇到新的特定市场和产品需求时,企业的基本合作伙伴不一定能满足新产品开发生产的要求,这时,企业会组织一个由特定的供应商和销售渠道组成的短期或一次性供需链,形成虚拟工厂,把供应和协作单位看作企业的一个组成部分,运用同步工程(SE)组织生产,用最短的时间将新产品打入市场,时刻保持产品的高质量、多样化和灵活性,这就是敏捷制造的核心思想。

3)事先计划与事中控制的思想。ERP 系统中的计划体系主要包括主生产计划、物料需求计划、能力计划、采购计划、销售执行计划、利润计划、财务预算和人力资源计划等,而且这些计划功能与价值控制功能已完全集成到整个供需链系统中。

我们可以从管理思想、软件产品、管理系统 3 个层次描述 ERP:

1)管理思想层次。ERP 是由美国著名的计算机技术咨询和评估集团加特纳公司提出的一整套企业管理系统体系标准,其实质是在制造资源计划(manufacturing resource planning,MRP Ⅱ)基础上进一步发展而成的面向供需链的管理思想。

2)软件产品层次。ERP 是综合应用了客户机/服务器体系、关系数据库结构、面向对象技术、图形用户界面、第四代语言(4GL)、网络通信等信息产业成果,以 ERP 管理思想为灵魂的软件产品。

3)管理系统层次。ERP 是集企业管理理念、业务流程、基础数据、人力物力、计算机硬件和软件于一体的企业资源管理系统。

2.1.4 ERP 的发展历程

ERP 经历了 MRP、闭环 MRP、MRP Ⅱ、ERP、大数据时代 ERP(ERP Ⅱ)等几个阶段,

ERP 的发展历程如图 2-2 所示。

大数据时代ERP（ERP Ⅱ）（21世纪）
协同商务
ERP（20世纪90年代）
enterprise resource planning
面向供需链
MRP Ⅱ（20世纪70年代末 80年代初）
manufacture resource planning
面向企业
MRP（闭环MRP）（20世纪60年代至70年代）
material requirements planning
物料信息集成
物料/资金信息集成
需求市场/制造企业/供应市场信息集成

图 2-2　ERP 的发展历程

1）MRP（material requirements planning）。MRP 出现在 20 世纪 60 年代，早期的 MRP 是基于物料信息集成的生产管理系统。在当时，MRP 系统的目标是：围绕所要生产的产品，应当在正确的时间、正确的地点、按照规定的数量得到真正需要的物料；通过按照各种物料真正需要的时间来确定订货与生产日期，以避免造成库存积压。

2）闭环 MRP（close MRP）。20 世纪 70 年代，MRP 经过发展形成了闭环 MRP 生产计划与控制系统。闭环 MRP 的基本原理是：将企业产品中的各种物料分为独立物料和相关物料，并按时间段确定不同时期的物料需求；基于产品结构的物料需求组织生产，根据产品完工日期和产品结构规定生产计划；从而解决库存物料订货与组织生产问题。闭环 MRP 以物料为中心的组织生产模式体现了为顾客服务、按需定产的宗旨，生产计划统一且可行，并且借助计算机系统实现了对生产的闭环控制。

3）MRP Ⅱ（manufacture resource planning）。20 世纪 70 年代末 80 年代初，物料需求计划（MRP）经过发展和扩充逐步形成了制造资源计划（MRP Ⅱ）的生产管理方式。MRP Ⅱ的基本思想是：基于企业经营目标制订生产计划，围绕物料转化组织制造资源，实现按需按时进行生产。MRP Ⅱ主要环节涉及经营规划、销售与运作计划、主生产计划、物料清单与物料需求计划、能力需求计划、车间作业管理、物料管理（库存管理与采购管理）、产品成本管理、财务管理等。从一定意义上讲，MRP Ⅱ系统实现了物流、信息流与资金流在企业管理方面的集成。

4）ERP（enterprise resource planning）。20 世纪 90 年代以来，MRP Ⅱ经过进一步发展完

善，形成了企业资源计划（ERP）系统。与 MRP Ⅱ 相比，ERP 不仅包括和加强了 MRP Ⅱ 各种功能，还面向全球市场，功能更为强大，所管理的企业资源更多，支持混合式生产方式，管理覆盖面更宽，并涉及企业供需链管理，从企业全局角度进行经营与生产计划，是制造企业的综合集成经营系统。ERP 所采用的计算机技术也更加先进，形成了集成化的企业管理软件系统。

5）大数据时代 ERP（ERP Ⅱ）。进入 21 世纪后，随着管理思想的日益成熟以及人们对 ERP 认识的不断加深，企业实施 ERP 变得更加理智且具有前瞻性，除了考量 ERP 的功能外，更多地会思考如何更好地发挥 ERP 的作用。大数据时代的到来产生了全新的商业模式、市场营销理论和大数据时代全新技术。这些新鲜理论和技术的出现，也让 ERP 在大数据时代大放异彩。

随着大数据时代的到来和 4R、4C、4V 等营销理论的发展，企业的管理需求不断深化，不再局限于传统优化内部业务流程、提升运营效率的层面上，而是聚焦于企业管理系统能否提供有价值的商业信息，以便管理层进行科学决策。运转多年的 EPR 系统积累了大量的行业数据，这些数据对于企业的经营决策和预测来说意义重大。如何确保这些数据的安全存储和及时运用，将影响到企业能否最大化地发挥 ERP 的价值。大数据技术如 Nginx、Thrift、Zookeeper、Hadoop 等，让 ERP 的数据安全得到保护，数据读取和应用更加高效。伴随着种种大数据时代的理论和技术的开发，ERP 技术实现了在大数据层面的高效的进步。可以说，大数据时代的 ERP，数据的深度应用和分析将是企业管理的焦点。未来，实时商业分析、实施大数据处理会有巨大的市场机会。因此，这个阶段也被称为 ERP Ⅱ。

2.2　ERP 的发展与信息集成范围的扩展

2.2.1　信息集成

1. 信息

1948 年，美国数学家、信息论的创始人克劳德·艾尔伍德·香农（Claude Elwood Shannon）在题为"通讯的数学理论"的论文中指出："信息是用来消除随机不定性的东西"。1948 年，美国著名数学家、控制论的创始人诺伯特·维纳（Norbert Wiener）在《控制论》一书中指出："信息就是信息，既非物质，也非能量。"结合以上两位大家的观点，可以给出信息定义：信息是确定性的增加，即肯定性的确认。信息是物质、能量、信息及其属性的标示。信息具有可感知、可存储、可加工、可传递和可再生等自然属性，信息也是社会上各行各业不可缺少的、具有社会属性的资源。

1）数据与信息。数据是描述现实世界事物的符号记录，是指用物理符号记录下来的可以鉴别的信息。物理符号包括数字、文字、图形、图像、声音及其他特殊符号。数据的多种表现形式，都可以经过数字化后存入计算机。

数据和信息这两个概念既有联系又有区别。数据是信息的符号表示，或称载体；信息是数据的内涵，是数据的语义解释。数据是信息存在的一种形式，只有通过解释或处理才能成为有用的信息。数据可用不同的形式表示，而信息不会随数据不同的形式而改变。

2）信息的价值。信息的 4 个基本维度反映了信息的价值，这些维度是信息的价值所在。

①相关性。信息的重要性在与问题相关时凸显出来，管理者应该可以选择信息，而不是被大量无关信息困扰。

②准确性。比较理想的情况是所有的信息都是准确的，但提高信息的准确性会增加成本。信息的准确程度应根据业务对信息的敏感程度来确定。

③及时性。要在危机发生或机会失去之前得到信息，管理者需要获得的信息，除了过去发生的以外，还需要现在正在发生的。

④完整性。管理者应该获得一个问题或措施的完整视图，但不应该使管理者陷入海量的信息当中。

2. 信息集成概述

信息集成（information integration）是指系统中各子系统和用户的信息采用统一的标准进行规范和编码，实现全系统信息共享，进而可实现相关软件间的交互和有序工作。任何一项数据或信息，都由一个专门的人员负责，在规定的时间内录入到系统里去，根据业务流程的要求处理加工该信息，其他部门可以在授权范围内共享该信息。同样的信息只能由权威部门录入一次，保证信息来源的唯一性。只有信息来源可靠，内容准确无误，发布传递及时，才能保证系统的集成。

实现信息集成并不是轻而易举能做到的，要有一定的条件，以下是其中最基本的三条：

1）信息必须规范化。信息的规范通常是指数据的名称、代码和定义必须明确一致。

2）信息流程必须规范。信息的流程取决于业务流程的规范化，只有在规范的业务流程下，信息的集成才有意义。

3）信息管理必须规范化。信息的采集、处理和报告由专人负责。

3. 信息集成与 ERP 的发展历程

信息技术最初在管理上的运用，也是十分简单的，主要是记录一些数据，方便查询和汇总，而现在已经发展成为建立在全球 Internet 基础上的跨国家、跨企业的运行体系。如果从信息集成的视角来观察 ERP 的发展历程，其发展规律非常明显，ERP 发展的每一个阶段都可以从以下几个方面来描述，信息集成与 ERP 的发展历程见表 2-1。

1）企业发展背景是什么？

2）企业需解决的问题是什么？

3）信息集成的范围有多大？

4）主要依据哪些理论基础？

表 2-1 信息集成与 ERP 的发展历程

阶段	企业背景	需解决的问题	信息集成范围	理论基础
MRP	追求降低成本；手工发货和收货	如何确定订货时间和订货数量	供产销	库存管理；主生产计划物料清单；期量标准
闭环 MRP	计划偏离实际；人工完成车间计划	如何保证计划有效实施、调整	生产与生产能力	能力需求计划；车间作业管理计划；实施、反馈与控制循环
MRP Ⅱ	追求竞争优势；各个子系统缺乏联系	如何实现管理系统集成化	财务和业务	系统集成；物流管理；决策模拟
ERP	追求创新；要求适应市场的迅速变化	如何充分利用企业内部及供需链上的资源	供需链	供需链；混合生产；事前控制
大数据时代 ERP（ERP Ⅱ）	大数据时代；ERP 和电子商务脱节；追求创收与创新	如何适应与电子商务集成；如何对数据进行深度分析和应用	商务协同	电子商务；客户关系管理；商务智能

2.2.2 物料信息集成

在 ERP 发展的 MRP 和闭环 MRP 阶段，主要实现了物料信息集成。

1. 相关概念

1965 年，针对当时企业出现的供应滞后、交货不及时等问题，APICS（美国生产与库存管理协会）提出了 MRP 的概念。通过 MRP 管理软件的信息集成系统，企业对生产制造过程中的"销、产、供"等阶段实现了信息集成，使得企业能在库存管理上进行有效的计划和控制。

1）物料。物料（Material，有时也用 item 或 part）是指为了产品销售出厂需要列入计划的、控制库存的、控制成本的一切物的统称。例如：原材料、配套件、毛坯、在制品、半成品、联产品/副产品、回用品、废弃物，备品备件，包装材料、标签、合格证、说明书，工艺装备、工具，能源等。

2）物料清单（bill of materials，BOM）。采用计算机辅助企业生产管理，首先要使计算机能够识别出企业所制造的产品构成和所有要涉及的物料。为了便于计算机识别，必须把用图示表达的产品结构转化成某种数据格式，这种以数据格式来描述产品结构的文件就是物料清单。它是定义产品结构的技术文件，表明了产品、部件、组件、零件、原材料之间的结构关系，以及每个组装件所包含的下属部件的数量和提前期等。

3）相关需求与独立需求。20 世纪 60 年代，IBM 公司的 Dr. J. A. Orlicky 提出了把对物料的需求分为独立需求（independent demand）与相关需求（dependent demand）的概念。其中，物料清单中物料的需求量是相关的。独立需求与相关需求示例如图 2-3 所示。

当一个物料的需求（包括数量和交货期）不能直接从另一个物料的需求计划得到时，这种物料的需求称为独立需求。独立需求是主生产计划下达的，通过预测或用户订单得到的需求。

独立需求的物料包括成品、半成品、样品、备品和备件等。通常按照需求时间的先后（优先级）及提前期的长短，来确定各个物料在不同阶段的需求量和订单下达的时间。

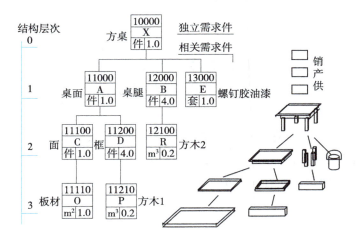

图 2-3　独立需求与相关需求示例

相关需求是通过物料需求计划运算后得到的，由独立需求派生出来的，并与其他物料或最终产品有直接关系的需求。相关需求物料包括半成品、零部件和原材料等。

独立需求与相关需求的概念是相对的。例如，若生产圆珠笔，则对笔的需求是独立需求，其需求数量是由预测得到的，而对构成笔的笔芯和弹簧之类的物料便是相关需求，其需求数量是通过 MRP 计划得到的。但是，若单独销售笔芯，则笔芯又是独立需求。在编制 ERP 计划时，必须认真地分析和收集独立需求与相关需求。

4）提前期（lead time）。提前期是指某一工作的工作时间周期，即从工作开始到工作结束的时间。

物料需求计划是以需求为导向的，以交货日期或完工日期为基准倒排计划，推算工作的开始日期或订单下达日期，此期间的时间跨度称之为"提前期"，意思是提前多长时间开始行动，有倒计时的意思。

在 MRP 系统中，提前期有 3 个层次。把签订客户订单到把商品交到客户手里的时间称之为总提前期（total lead time），需要对全流程进行控制。把从采购开始到完成产品装配和测试的时间称为累积提前期（cumulative lead time），它是完成采购和加工作业的总时间（采购提前期和加工提前期是设定计划时界的依据）。把累积提前期中的生产加工周期部分称之为加工提前期（manufacturing lead time），它是分解加工作业时间的基准。

5）主生产计划（master production schedule, MPS）。主生产计划是确定每一具体的最终产品在每一具体时间段内生产数量的计划。这里的最终产品是指对于企业来说最终完成、要出厂的完成品，它要具体到产品的品种、型号。这里的具体时间段，通常是以周为单位，在有些情况下，也可以是日、旬、月。主生产计划详细规定了生产什么、什么时段应该产出，它是独立需求计划。主生产计划根据客户合同和市场预测，把经营计划或生产大纲中的产品系列具体化，使之成为展开物料需求计划的主要依据，起到了从综合计划向具体计划过渡的承上启下作用。

6）库存信息。

①现有库存量是指在企业仓库中实际存放的物料的可用库存数量。

②计划收到量（在途量）是指根据正在执行中的采购订单或生产订单，在未来某个时段物料将要入库或将要完成的数量。

③已分配量是指尚保存在仓库中但已被分配掉的物料数量。

④提前期是指执行某项任务由开始到完成所消耗的时间。

⑤订购（生产）批量是指在某个时段内向供应商订购或要求生产部门生产某种物料的数量。

⑥安全库存量是指为了预防需求或供应方面的不可预测的波动，在仓库中经常应保持最低库存数量作为安全库存量。

2. MRP 的逻辑流程

管理信息系统是一种规范化的数据处理系统，都会有输入、处理、输出 3 个过程。MRP 的逻辑流程如图 2-4 所示。

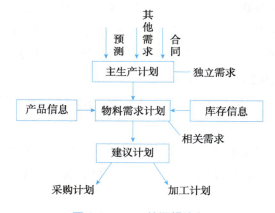

图 2-4　MRP 的逻辑流程

任何制造企业的生产组织过程都需要回答以下 4 个问题：

1）要生产什么（产品需求与进度计划）？

2）要用到什么（产品结构与资源）？

3）已经有了什么（库存状态）？

4）什么时候需要，各要多少（需求信息）？

这 4 个问题是任何制造业生产组织都要回答的问题，所以它们被称为"制造业基本方程"或"制造业通式"。

3. 闭环 MRP（close MRP）

闭环 MRP 是指在物料需求计划（MRP）的基础上，增加对投入与产出的控制，也就是对企业的能力进行校检、执行和控制。闭环 MRP 理论认为，只有在考虑能力的约束，或者对能力提出需求计划，在满足能力需求计划的前提下，物料需求计划（MRP）才能保证物料需求的执行和实现。在这种思想要求下，企业必须对投入与产出进行控制，也就是对企业的能力进行校检和执行控制，闭环 MRP 的逻辑流程如图 2-5 所示。

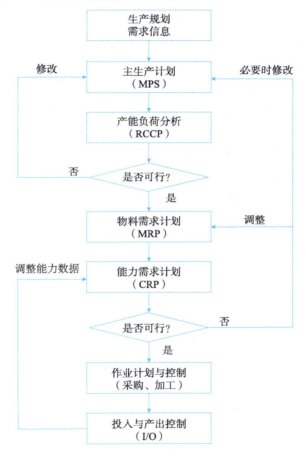

图 2-5 闭环 MRP 的逻辑流程

MRP 系统的正常运行，需要有一个现实可行的主生产计划。它除了要反映市场需求和合同订单以外，还必须满足企业的生产能力约束条件。因此，基本 MRP 系统进一步发展，把能力需求计划、执行及控制计划的功能也包括进来，形成一个环形回路，称为闭环 MRP。闭环 MRP 是一个完整的生产计划与控制系统。

在闭环 MRP 系统中，把关键工作中心的负荷平衡称为资源需求计划，或称为粗能力计划，它的计划对象为独立需求件，主要面向的是主生产计划；把全部工作中心的负荷平衡称为能力需求计划，或称为详细能力计划，而它的计划对象为相关需求件，主要面向的是车间。由于

MRP 和 MPS 之间存在内在的联系，所以资源需求计划与能力需求计划之间也是一脉相承的，能力需求是在资源需求的基础上进行计算的。在制订物料需求计划时，要通过能力需求计划核算企业工作中心的生产能力和需求负荷之间的平衡情况。

整个闭环 MRP 的过程为：企业根据发展的需要与市场需求来制订企业生产规划；根据生产规划制订主生产计划，同时进行产能负荷分析。该过程主要是针对关键资源的能力与负荷的分析过程。只有通过对该过程的分析，才能达到主生产计划基本可靠的要求。再根据主生产计划、企业的物料库存信息、产品结构清单等信息来制订物料需求计划；根据物料需求计划、产品生产工艺路线和车间各加工工序能力数据生成能力需求计划，通过对各加工工序的能力平衡，调整物料需求计划。如果这个阶段无法平衡能力，还有可能修改主生产计划；采购与车间作业按照平衡能力后的物料需求计划执行，并进行能力的控制，即输入输出控制，并根据作业执行结果反馈到计划层。因此，闭环 MRP 能较好地解决计划与控制问题，是计划理论的一大飞跃（但并未彻底解决计划与控制问题）。

（1）主生产计划（MPS）。主生产计划（master production schedule，MPS）是对企业生产计划大纲的细化，用以协调生产需求与可用资源之间的差距。

主生产计划是计划系统中的关键环节。一个有效的主生产计划是生产对客户需求的一种承诺，它充分利用企业资源，协调生产与市场，实现生产计划大纲中所表达的企业经营计划目标。MPS 的对象和方法见表 2-2。

表 2-2 MPS 的对象和方法

销售环境	计划对象	计划方法
现货生产	独立需求	单层 MPS
订货生产	独立需求	单层 MPS
订货组装	通用件、基本件、可选件	多层 MPS

编制 MPS 的步骤如下：

1）根据生产规划和计划清单确定每个最终项目的生产预测。

2）将生产预测、已收到的客户订单、配件预测以及该最终项目作为非独立需求项的需求数量，计算毛需求量。

3）根据毛需求量和事先确定好的订货策略和批量，以及安全库存量和期初库存量，计算各时区的主生产计划产出量和预计可用库存量。

4）计算可供销售量供销售部门决策选用。

5）用粗能力计划评价主生产计划备选方案的可行性。

6）评估主生产计划。

7）批准和下达主生产计划。

（2）粗能力计划（RCCP）。粗能力计划（rough cut capacity planning，RCCP）的处理过程是将成品的生产计划转换成对相关的工作中心的能力需求。这个生产计划可以是综合计量单位表示的生产计划大纲，或是产品、产品组的较详细的主生产计划。将粗能力计划用于生产计划大纲或主生产计划，并没有什么原则差别。

粗能力计划将主生产计划转换成对相关的工作中心的能力需求。

RCCP 应用以下 3 种方式以机器负载报告来定义产能需求：

1）全因素产能规划（capacity planning using overall factors，CPOF）：所需数据和计算最少。

2）物料清单（the bill of labor approach，BOL）：使用每个产品在主要资源的标准工时之详细数据。标准工时是指一个正常工人以平常的步调工作，生产一项产品一个单位再加上宽放的时间。所有零件的标准工时已经考虑休息的宽放、延迟的宽放等。

3）资源前置时间（resource profile approach，RPA）：除了标准工时的数据外，也需要考虑前置时间。

（3）能力需求计划（CRP）。尽管 MRP 的出发点是"围绕物料转化，组织制造资源，按需准时生产"，但是实际上基本的 MRP 并没有能够获得真正的按需准时生产，因为 MRP 采用的是在无限能力的基础上进行倒排的方法来确定物料需求计划的，没有考虑能力占用的问题，因此这样的计划是不能真正达到准时生产的。为了解决这样的问题，在物料需求计划之后需要一个能力需求计划，进行能力与负荷的平衡，然后调整物料需求计划，使物料需求计划建立在生产能力的基础上，切实可行。

1）能力需求计划的主要任务如下：

①将物料需求计划转化为对车间的设备、人力等资源的能力需求（如工时）。

②按照时段和设备组（或工作中心）对所需要的能力进行汇总。

③用能力需求报告或负荷图检查能力与负荷之间的差异。

④提供解决能力与负荷之间差异的措施。

2）能力需求计划的依据。

①工作中心：它是各种生产或加工能力单元和成本计算单元的统称。对工作中心，都统一用工时来量化其能力的大小。

②工作日历：用于编制计划的特殊形式的日历，它是由普通日历除去每周双休日、假日、停工和其他不生产的日期，并将日期按照时间排列而形成的。

③工艺路线：它是一种反映制造某项物料加工方法及加工次序的文件。它说明加工和装配的工序顺序、每道工序使用的工作中心、各项时间定额、外协工序的时间和费用等。

④由 MRP 输出的零部件作业计划。

3）能力需求计划的计算逻辑。闭环 MRP 的基本目标是满足客户和市场的需求，因此在编制计划时，总是先不考虑能力约束而优先保证计划需求，然后再进行能力计划。经过多次反复运算，调整核实，才转入下一个阶段。能力需求计划的运算过程就是把物料需求计划的订单换算成能力需求的数量，生成能力需求报表的过程。能力需求计划的计算逻辑如图 2-6 所示。

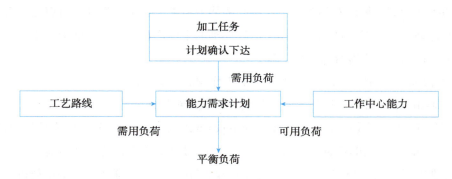

图 2-6　能力需求计划的计算逻辑

当然，在计划时段也有可能出现能力需求超负荷或低负荷的情况。闭环 MRP 能力计划通常是通过报表的形式（如直方图等）向计划人员报告，能力负荷的自动平衡则由计划人员人工完成。

4. 现场作业控制

各工作中心能力与负荷需求基本平衡后，接下来的一步就要集中解决如何具体地组织生产活动，使各种资源既能合理利用又能按期完成各项订单任务，并将客观生产活动进行的状况及时反馈到系统中，以便根据实际情况进行调整与控制，这就是现场作业控制。它的工作内容一般包括以下 4 个方面：

1）车间订单下达：订单下达是核实 MRP 生成的计划订单，并转换为下达订单。

2）作业排序：它是指从工作中心的角度控制加工工件的作业顺序或作业优先级。

3）投入产出控制：它是一种监控作业流（正在作业的车间订单）通过工作中心的技术方法。利用投入 / 产出报告，可以分析生产中存在的问题，采取相应的措施。

4）作业信息反馈：它主要跟踪作业订单在制造过程中的运动，收集各种资源消耗的实际数据，更新库存余额并完成 MRP 的闭环。

2.2.3　物流与资金流的信息集成

1977 年 9 月，美国著名生产管理专家 Oliver W Wight 提出了一个新概念——制造资源计划（manufacture resources planning，MRP Ⅱ）。MRP Ⅱ 是对制造企业资源进行有效计划的一整套方法。它是一个围绕企业的基本经营目标，以生产计划为主线，对企业制造的各种资源进行统一的计划和控制，使企业的物流、信息流、资金流流动畅通的动态反馈系统。MRP Ⅱ 将生产活动中的主要环节如销售、财务、成本、工程技术等与闭环 MRP 集成一个系统，是管理整个企业的一种综合性制订计划的工具。

1. MRP Ⅱ 的逻辑流程

MRP Ⅱ 的逻辑流程如图 2-7 所示。在流程图的右侧是计划与控制的流程，它包括了决策层、计划层和控制执行层，可以理解为经营计划管理的流程。中间是基础数据，要储存在计算机系统的数据库中，并且反复调用。这些数据信息的集成，把企业各个部门的业务沟通连接起来，可以理解为计算机数据库系统。左侧是主要的财务系统，这里只列出应收账、总账和应付账。各个连线表明信息的流向及相互之间的集成关系。

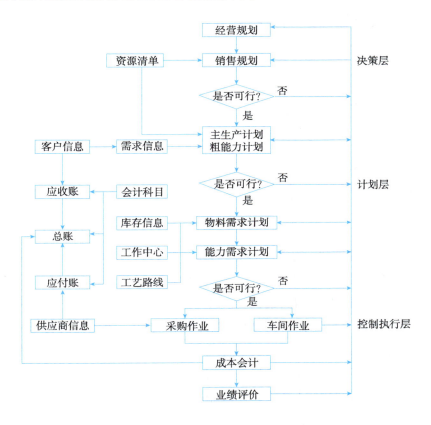

图 2-7　MRP Ⅱ 的逻辑流程

2. 静态集成

在产品结构和工艺路线标准时间的基础上，采用自下向上累加成本的计算方法，为物料逐个定义价值（标准成本）。同时建立物料分类，使物料价值通过物料分类与会计分录相对应，从而建立起物料和资金流信息的静态集成关系，如图 2-8 所示。

如果产品的成本计算不准，必然会带来一连串的问题。例如：定价不准、利润不准、盈亏不清，直接影响产品发展方向决策的正确性。如果成本不准，财务的资产负债表中的流动资产和存货的金额是不可能准确的，损益表中的销售成本和利润也是不准的。就是说，传统的粗放管理，即使不是人为故意做假账，也还是"不真实的账"。可见，实现物料信息同资金信息集成，成本是一个非常关键的切入点。

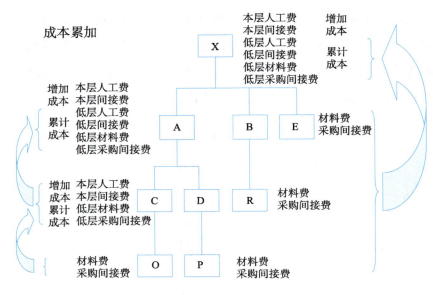

图 2-8 物料和资金流信息的静态集成关系

3. 动态集成

物流和资金流的集成管理，物流是主线，带动了资金流。如果想把握住物流这条主线，就必须清楚在任何时刻，构成物流主线的点——物料的状态。

物料的状态一般从质量、位置、成本这三个维度来描述。质量通过物料库存的状态来描述，位置通过物料所在的库区来描述，成本通过单据来描述。在实际的仓库和 ERP 系统内，质量和位置两者可以是统一的，也可以是独立的。一般的 ERP 系统内都可以设立任意多的库区，也可以描述合格、不合格、待检验甚至更多的质量状态。

以待检库为例：①如果现实仓库中设置单独的待检库区域，那么在判定质量状态以后，就需要按照不同的结果转移到不同的库区，同时反映在 ERP 系统内，但是来回搬运会增加运输成本。②如果现实仓库内不设置单独的待检库区域，那么在判定质量状态以后，就需要按照不同的结果在物料上用不同的标识来区分，同时反映在 ERP 系统内，这对仓库的管理水平有一定的要求。③两种不同的处理方式在 ERP 系统内的信息量是相同的，都是通过单据对质量状态和库区的变化进行处理。

成本的变化也是通过单据来实现的。以下从物流的各环节描述如何利用三个维度：

（1）采购物流。当采购的物料到达仓库的时候，物料在工厂内部的旅程就开始了。对于绝大多数没有实现准时生产（JIT）的工厂来说，供方的质量能力没有达到足够的高度，因此必须对供方的送货进行验证。

首先根据 ERP 系统中有效的采购订单（或者采购订单生产的入库单），核对与供方的送货单是否相符，如供方、物料、数量等，无误后接收并存放到待检验区域，并发出送检指令，此时的物料尚不属于工厂。

经检验员验证后的物料，可以判断为以下三种质量状态，按照不同的质量状态进行不同的处理：

1）合格。转移到 ERP 系统内指定的库区库位，并进行估价入库或者购买入库的处理。

2）不合格。在 ERP 系统内做退货处理，并通知供方退货。

3）让步接收。让步接收又分为如下几种方式：

①降级使用。这是指物料有瑕疵，但是不影响最终成品的质量。在 ERP 系统内作为合格物料接收，存放到指定的库区库位，并进行估价入库或者购买入库的处理。但是有两个问题需要注意：一是降级使用一般来说会有价格上的差异，这部分差异应该由供方来承担，因为供方提供的物料不能完全满足工厂的质量要求；二是降级使用后，在 ERP 系统内可能会变成不同的物料，这种情况在原材料方面发生的比较多，需要进行转换处理。

②挑选使用。就是对该批物料进行全部检验，合格的入库，不合格的退货。这里也存在一个挑选的人工费用问题，需要索赔处理。

③返工返修。这里的返工返修，操作主体是工厂，不是供方。返工返修后需要二次检验。发生的材料费用和人工费用理论上是供方承担。

4）紧急放行。未经检验（一般是指对功能、材质的检验，比如防腐性能、耐久性等）就投入生产。对于工厂来讲，这种方式实际是默认了该产品是合格的，而且一旦投入，就发生了实际的成本，所以应该按照合格品办理相关手续，并在物料确认合格后补充完整的资料。

（2）外协物流。外协物流与采购物流最大的区别就是材料是由工厂提供，与外协厂家只结算加工费，相当于购买加工。

外协加工主要关注物流的以下三个方面：

1）提供的材料。工厂根据外协订单提供的合格物料，将其调拨到外协仓库，供外协供方借用或供外协部门领用。虽然物料存放在外协供方，但在 ERP 的系统内，材料的实际所有权还是工厂的，依然包含在工厂的存货内。所以外协加工时工厂提供给供方的物料是要有严格的管理的，需方有权利和义务定期盘点，确认物料的数量和质量。

2）完工的产品。完工的产品是工厂与供方结算外协费用的依据，其流程管理可以参考采购物流，只是入库的依据是外协订单。

3）提供的材料和完工的产品之间有一个定额，很多时候投入和产出并不完全对应。如果把外协加工看成自制的话，那么很容易理解如何处理多余的浪费：一是加工发票照开，不然会影响产品的加工成本的。二是对其超额报废的物料进行处理，不要和发票关联在一起，可以按合同约定罚款，计入其他应收款，营业外收入。

还有一种变通的外协方式，工厂把物料销售给外协工厂，按照合同价格购买加工完毕的产品，其中合同价格＝物料销售价格＋加工费用，可以减少很多繁杂的处理工作。

（3）生产线物流。对于生产线物流，可以把下级仓库看作是上级工序的顾客，上级工序看作是下级仓库的供方，这样处理的方式就可以按照采购物流来处理了。也是按照合格、不合格、让步接收、紧急放行的方式分别处理。

生产线物流与采购物流有以下几个不同点：

1）发生不合格或者是生产报废，需要有一个判定的过程，由检验员判断是由于材料的原因报废还是加工报废。如果是材料报废，那么供方需要承担材料、相关加工费用以及合同规定的质量赔款；如果是加工报废，那么相应的成本计入该工序。判定责任之后转移到废品仓库，处理后计入其他应收款。

2）让步接收所产生的成本，如果实施内部结算，才需要考虑成本的走向和部门的分担问题；如果没有内部结算，那么统一都进入生产成本相应的科目进行归集。

3）返工返修在有的工厂要求必须下达返工返修订单。

4）在制品的管理是特别要注意的，没有ERP以前，这里也始终是一个难点。因为在制品是没有物料编码的，所以只能通过该工序领用的物料数量，与该工序加工完成后入库的产品数量按照定额展开之后的物料数量对比，数量之差即作为在制品的数量基准。因为加工一般都存在损耗或报废，所以需要定期对在制品进行盘点确认。

5）物料的使用一般都是按照生产订单展开的定额领用的。对于超出定额的领用，一定要有严格的审批手续。如果材料的用途能区分定额领用和超出定额领用，会起到更好地控制成本的作用。

（4）成品物流。成品物流管理相对来说比较烦琐，主要因为存在成品入库、返工出库、返工入库、销售出货、销售退货、索赔等多种流程，物流的流向比较复杂。

下面大概描述一下各种流程的操作：

1）成品入库。根据生产订单生成的成品入库单，检验合格后入库；不合格的返工或者报废，成本计入生产成本。

2）返工出库。已经入库的成品检验时发现不合格的，也需要返工或者报废，成本计入存货损失。

3）销售出货。以销售订单生产的销售出货单为依据办理出库手续，存货减少，（在途）应收增加。

4）销售退货。销售退货的情况比较复杂，因为成品退货可能有下面几种情况独立存在或者同时存在：①成品已经开票或者成品未开票时，成品仓库的库存增加，已经开票的要红字冲销应收账款，未开票的要核销未开票数量。②退货按照原价格或者折旧价格时，按照规定的价格和数量冲销应收账款。③有质量索赔或者无质量索赔时，按照合同或者质量协议执行，成本计入销售费用。④需要返工或者报废（报废后可能拆件利用）时，成本计入销售费用或者存货损失。

5）索赔。这里提到的索赔是指工厂（供方）的顾客在原材料入库、生产过程或者成品销售之后，由于工厂（供方）的物料发生质量问题，导致顾客向工厂（供方）索赔的方式。顾客向工厂的索赔有两种方式，一种是直接扣款后，再验证实物和分析原因，确认索赔的归属，另一种是先验证实物和分析原因，确认索赔的归属后，再实施扣款。不管采取哪种索赔方式，导致发生索赔的物料是关键的证物，工厂（供方）授权人的签字的文件是财务冲红的依据，剩下的就是按照合同或者质量协议执行的问题了。

6）寄售（consignment）。寄售是指工厂（供方）先将货物运往寄售地，委托一个代销人（受委托人），按照寄售协议规定的条件，由代销人代替工厂（供方）进行销售，货物出售后，由代销人向工厂（供方）结算货款的一种贸易做法。

它的主要的特征如下：①工厂（供方）先将货物运至目的地市场（寄售地），然后经代销人在寄售地向当地顾客销售。因此，它是典型的凭实物进行买卖的现货交易。②工厂（供方）与代销人之间是委托代售关系，而非买卖关系。代销人只根据工厂（供方）的指示处置货物。货物的所有权在寄售地出售之前仍属工厂（供方）。③寄售货物在售出之前，包括运输途中和到达寄售地后的一切费用和风险，均由工厂（供方）承担。

7）代保管销售。它和寄售比较相似，不过是工厂（供方）把自己的货物放到顾客指定的代保管仓库，也就是代销人即顾客。顾客使用多少，就通知工厂（供方）开具相应数量的发票。这种方式在某些顾客比较强势的行业应用的比较普遍。

代保管销售主要特点：①顾客对成品拥有实际控制权，包括成品使用权和到货计划控制。②成品使用前，货物的所有权仍归工厂（供方）所有。③顾客（ERP 系统中）的存货包含代保管仓库的物料，但是只统计其可用数量，不核算其金额。④发生的一切费用和风险包括质量损失，都由工厂（供方）承担，资金压力全部转移到工厂（供方）。⑤为了操作方便，顾客在使用成品的时候，才在成本上同时办理成品入库和出库的手续，顾客的自有仓库的数量和金额结存始终为零。月底按照使用的数量通知工厂（供方）开具发票。

需要补充一点的是，在退货索赔的过程中，由于问题产生的原因、质量判定的责任部门、公司核算方式等多方面的原因，退货所产生相关的成本和费用的走向不一定相同，笔者所提方式仅作为参考。

（5）其他物流。

1）直运业务。直运业务包括直运销售业务和直运采购业务，是指产品由供方直接将商品发给工厂的顾客，工厂没有实物的出入库，即可完成购销业务。财务结算通过直运销售发票、直运采购发票解决，结算时，由购销双方分别与工厂结算。直运业务适用于如大型电器、汽车、设备等产品的销售。但是需要注意的是，对于工厂来说，在 ERP 系统内，直运采购业务的采购订单，逻辑上只能参照直运销售业务的订单生成。

2）顾客提供的产品。在国际标准化组织（ISO）中明确规定，组织应爱护在组织控制下或组织使用的顾客财产，组织应识别、验证、保护和维护供其使用或构成产品一部分的顾客财产，若顾客财产发生丢失、损坏或发现不适用的情况时，应报告顾客，并保留记录。

来料加工所需要的材料、顾客提供的模具、顾客的无形资产（比如商标）都是顾客提供的产品的范围。所以对于顾客提供的产品要注意以下几点：①顾客提供的产品与工厂的物料要明确标识，分开存放。②顾客提供的产品只统计数量，不统计金额。③顾客提供的产品也存在合格不合格的问题，对于不合格品要明确标识，独立存放，定期由客户判定责任（加工报废或者是材料报废）。

3）供方管理库存（vendor managed inventory，VMI）。它是一种以工厂和供方都获得最低成本为目的，在一个共同的协议下由供方管理库存，并不断监督协议执行情况和修正协议内容，使库存管理得到持续改进的合作性策略。VMI 的理念与零售商管理库存（retailer managed inventory，RMI）的传统库存管理模式完全相反，是寄售（consignment）的逆向操作。因为是供方管理库存，工厂放弃了管理库存的权利，但是对供方的选择评价，建立 VMI 的绩效评估体系，是工厂的权利。

4）冲减法（flush）。冲减法就是在某一时点，按照产品需要物料的定额数量从库存里面扣除，适用于一些不可分割物料的消耗或者非一次性用完的流体类物料。

冲减法主要分为以下三种操作方式：

①预冲法（preflush）根据已计划生产的装配件产量，通过展开物料清单将用于该装配件或子装配件的零部件或原材料数量从库存中冲减掉。适用于定额与实际没有任何差异，也与生产进度无关的情况，为了方便，所以在生产计划审核的时候就把物料成本计入。某些辅助材料就比较适合用预冲法。

②倒冲法（backflush）根据已生产的装配件产量（也有工厂是产品销售出库时候才倒冲），通过展开物料清单将用于该装配件或子装配件的零部件或原材料数量从库存中冲减掉。比如离散制造（discrete manufacturing）中的大量制造（repetitive manufacturing），尤其对于流水线生产中的物料比较合适。

③完全反冲法（supperflush）也根据已计划生产的装配件产量，通过展开物料清单将用于该装配件或子装配件的零部件或原材料数量从库存中冲减掉。但是其定额与实际用量会有差异，而且物料可能无法按照定额领用，纯流程制造（pure process manufacturing）中的化工行业为完全反冲法的典型应用。

冲减法操作的基本要求为定额要准确，库存要准确，质量要稳定，冲减的手续要办理及时，需要定期盘点。冲减法可以减少大量重复的保管的书面劳动作业，减少不必要的管理成本。

由于冲减法是没有领料单或者发料单的，但是出于物料控制和成本核算的原因，可能需要在仓库和车间办理某种手续，通常的操作方法有两种：一种是车间建立在制品仓库，把物料从仓库按照定额调拨到在制品仓库，以调拨单为发料的依据，当需要冲减的时候，从在制品仓库冲减；另一种方式是默认在制品也是仓库的物料，所有物料都随时保持只有一个最小数量（min lot QTY）发送到生产线，生产线领料员随时在在制品库位拿物料，不需要任何领料手续，当需要冲减的时候，直接从仓库冲减。

2.2.4 供需链中五种流的集成

企业之间竞争范围的扩大,要求企业在各个方面加强管理,要求企业的信息化建设应有更高的集成度,同时企业信息管理的范畴要求扩大到对企业的整个资源集成管理而不单单是对企业的制造资源的集成管理;企业规模扩大化,多集团、多工厂要求协同作战,统一部署,这已经超出了 MRP Ⅱ 的管理范围。解决这一问题需要靠 ERP 系统。

信息全球化趋势的发展要求企业之间加强信息交流与信息共享,企业之间既是竞争对手,又是合作伙伴,信息管理的范围要求扩大到整个供需链的管理,这些是 MRP Ⅱ 不能解决的。

1. 供需链管理

随着市场竞争的加剧,特别是我国加入 WTO 之后,如何实现对企业外部资源的整合;如何通过对供应商关系的积极、有效管理,加强与供应商的信息交流,与供应商形成一种真正紧密的合作伙伴关系;如何通过信息互动,为顾客提供最符合需求的商品,为企业创造最高的利润,实现供需链价值最大化,促进企业健康而迅速地发展,已成为企业管理者关注的焦点。

要解决好这些问题,就需要企业有一个良好的供需链管理。供需链是涵盖了从供应商的供应商到顾客的顾客之间有关最终产品或服务的形成和交付的一切业务活动。它包括了原材料供应商、生产制造商、批发/分销商、零售商和顾客等诸多环节,每个组织环节执行着不同的职能,与其他环节相互作用、相互影响,是一个动态的价值关联体系。供需链中所有的信息、商品和资金的流动都会产生成本,因此,对这些流动元素的有效管理是供需链成功的关键。供需链管理本质上就是通过对供需链各组织之间的信息流、物流和资金流的管理来获得最大价值。之所以称之为供需链,是因为它不仅仅代表商品从制造商到零售商再到顾客的单向流动,更重要的是因为供需信息、资金、业务等在供需链各组织之间是双向交互的。库存、运输、信息是供需链的几个主要驱动因素,而信息则是这几个驱动因素中的重中之重,它包含了整个供需链中有关库存、运输和顾客的所有数据和分析结果。供需链各组织之间的连接是通过信息完成的,信息可以直接影响其他的驱动因素。因此,信息是供需链性能改进最大的潜在驱动器,为企业取得响应更快、效率更高的供需链管理提供了实现机会。

实现供需链管理需要借助现代信息技术手段建立起一个平台,这个平台是一个基于"供需信息""客户关系信息""数据仓库"和"商业智能(BI)分析"的商业数据处理中心。使企业通过全面整合内外部资源,加快企业信息化,消除信息孤岛,并通过引入数据仓库技术,提供商业智能分析决策,同时还可以帮助企业建立起 B2B 商业模式,大幅度降低流通过程中不必要的费用,以有效降低经营成本,提升企业的整体经营效益。

2. 供需链的集成

企业的供需链之所以能形成,主要有五大流:信息流、物流、资金流、价值流和业务流,如图 2-9 所示。ERP 是对这五种资源进行全面集成管理的管理信息系统。

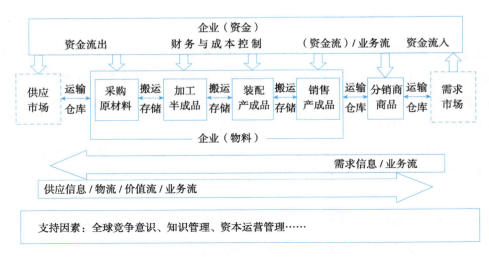

图 2-9 供需链中的五种流

ERP 管理系统具有双重核心，即管理思想和信息技术。ERP 就是运用信息技术将企业内的资金流、物流和信息流进行有效集成，使其协调运作，从而实现整个系统工作绩效最优。

1）信息流。信息流是企业的神经网络系统。管理信息在企业中的流动有三个方向：一是向上流动信息，从基层到中层再到高层，这是信息的汇总过程；二是从上层向中层再向下层的向下流动信息，这是对战略、目标、方向的分解过程；三是水平流动信息，这是部门之间的沟通和协调过程。信息必须真实、准确和及时，才能保证组织的效能。实施 ERP 可以带来高效率的信息传递，这主要表现在信息格式规范化、传递渠道固定化以及预警提醒功能，从而使信息传递顺畅、不失真。

2）物流。物料从供方开始，沿着各个环节向需方移动。在各个环节中间有运输、搬动和缓冲不确定需求仓储等。改善物流速度和质量的关键是业务流程重组（business process reengineering，BPR），运用信息化手段会对业务流程产生诸多影响，它可以自动去除某一环节的人工操作，改变流程顺序或实施平行化，严密监视物流的状态和目标，实现不同任务和物流间的集成，消除物流中的中介活动，越过空间来协调物流，改进对决策信息的分析，从而使物流管理周全、规范、受控、及时、准确。

3）资金流。资金流宛如血液循环系统，它是企业运营质量的综合反映。借助工具可及时发现和控制原料过量与停工待料现象、产品积压现象及销售环节的呆账现象，及时解决浪费问题，及时暴露管理瓶颈，解决企业中普遍存在的财务管理仅限于事后核算而无事前计划和过程控制的问题。

4）价值流。随着市场经济的建立和发展，从以产定销逐步过度到以销定产，也就是人们经常说的"以客户为中心"。客户商业行为的实质是购买商品或服务为自己带来效益和价值。各种物流在工序链上的移动，站在客户的角度看就是价值的转移和流动。能否为客户增值成为企业行为管理的重要标准。

5）业务流。信息、物料、资金都不会自己流动，物料的价值也不会自动增值，都要靠人的劳动和创新来实现，要靠企业的业务活动——业务流，才能推动他们流动起来。

业务流决定了增值作业和无效作业的比率，决定了物流的速率和企业的效益，促进协同商务的实现，是企业业务流程重组研究的对象。企业的业务流必须保证信息、物料、资金流的畅通，这是进行企业信息集成的基本条件。

没有这5种流在经济实体间的流动，就形成不了供需链。ERP实现了信息流、物流、资金流、价值流和业务流的集成，从而实现供需链的集成。

3. ERP系统集成示例

我们以在SAP的ERP系统中收货而引发的一系列功能为例来理解ERP系统是如何集成的。

ERP系统集成的业务场景如图2-10所示。假设A公司的财务部下设4个子部门：计划部、资金管理部、投资部和会计部。图中的圆圈代表系统功能。某天，在业务部门（如仓库）发生了一个简单的业务操作——收货，让我们来看看这笔业务对整个财务部的一系列影响。

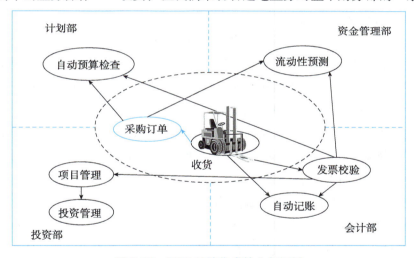

图2-10　ERP系统集成的业务场景

1）会计部。收货可能不是一个单独的动作，它是采购订单的一个执行步骤。收货完成后，我们会收到供应商的发票，这时候会计部门会进行发票校验。发票校验在ERP系统中并不是一个单独的输入，而是作为收货和采购订单的一个后续事务。在收货和收到发票后，系统会自动进行"三单"匹配的校验。"三单"指的是采购订单、收货单和发票。校验的内容包括：发票上的数量是否与收货的数量相一致，发票的单价是否与采购订单的单价相一致，发票日期和采购订单日期是否一致，等等。另外，在系统里还可以设定相应的容差。如果"三单"匹配的结果有差异，而差异在容差的范围内，业务就可以顺利流转下去。容差的目的在于在一定授权下，微小的差异不会干扰总体业务的执行，这体现了重要性原则。

2）计划部。在发票校验时，ERP系统会自动进行预算检查，即检查本次采购支出是否有足够的预算。试想一下：如果我们和某供应商签订了合同，对方按时按质交货，货物也验收入库了。财务部在核对发票时，却被通知因为预算不够，这张发票将被冻结。这不仅对供应商来说是不能接受的，从公司的管理流程角度来讲也是不合理的。所以，在 ERP 系统中自动预算检查的控制点并不只是在发票校验时。通常在采购订单创建时，系统就会对此笔订单进行预算检查。检查的结果会直接影响后续的采购步骤。而发票校验时自动预算检查是对前次检查的复核。所以说一个真正的 ERP 系统，其财务控制是贯穿业务流程的，而不只是在记账时进行事后的核算。

3）资金管理部。发票一旦校验通过，一般将在中短期内被支付，所以这笔业务对资金管理部的资金安排是有影响的。而 ERP 系统也正是这样设计的：发票校验通过时，会自动更新资金管理部的中短期资金预测，这种预测在系统中被称为流动性预测。和预算检查控制点设在采购订单创建时相类似，采购订单的创建也会自动更新流动性预测。在发票校验后，系统会根据发票校验的数据，对此采购订单影响的流动性预测值进行修正。

4）投资部。采购订单一般不是业务的起点，它可能是运行 MRP（物料需求计划）的结果。在图 2-10 中，我们假设此采购订单来源于一个项目，如石油行业的油井安装项目或设备大修项目。这种项目一般会包含很多项作业（也称活动，activity），其中有些作业可能被外包出去，外包合同就是一种类型的采购订单。还有些作业可能由企业自己完成，但是需要采购一些原材料或服务，这些采购也是通过采购订单来执行的。这种情况下，采购订单就成了一个项目中某项作业的执行手段。系统会在项目管理模块里对其进行控制。由此，收货业务开始影响到投资部。同样，收货和收发票这些采购订单的后续步骤也会出现在这个项目管理的全貌中。

在图 2-10 的场景中，如果项目是一个新油井的设计施工和安装项目，那此项目就是集团的一个投资行为。投资部根据整个集团的投资规划和资金情况，综合考虑各种项目和拨款请求，通过一系列的计划、分析和审批，最终确定投资落实到哪些具体项目中去，并在项目管理模块中进行处理。因此，投资部的投资管理模块和项目管理模块也是实时集成的。

最后，收货这个动作在会计部会进行自动记账，也就是自动生成一笔会计凭证。而发票校验也会自动形成一笔分录，我们称之为物料凭证。

2.2.5 协同商务

1999 年，自从美国的加特纳公司提出协同商务后，协同商务迅速成为欧美发达国家研究和应用的热点，许多协同商务的解决方案陆续推出。企业管理信息化的浪潮迅猛向前发展，无论在管理理念、企业应用、技术构架等层面，都在原有的 ERP 系统的基础上，在纵、横、阔及时间的四维空间里取得了快速的发展。其主要观点如下：大数据时找 ERP（ERP Ⅱ）是下一代的企业资源计划战略和应用系统。系统的重点从纵向内部资源集成优化的组织，转向在供需链和网络内更敏捷、更具核心竞争力的实体，不只是 B2B、B2C，而更重要的是协同商务。

协同商务是一种各个经济实体之间的实时、互动的供需链管理模式。通过信息技术的应用，强化了供需链上各个实体之间的沟通和相互依存。协同商务不再局限于生产与供应之间的协同，而且包括产品开发的协同，企业内部和外部流程并行（concurrent）和同步（synchronize）。

协同的条件是诚信、信息的可视化、速度和柔性。诚信是指在产品生命周期内，供需链上的实体之间，协同宗旨、目标和标准，以诚信的态度承担各自的责任和义务。没有诚心，不可能实现信息共享和团队，难以实现系统，结果不能实现双赢。信息的可视化是指信息的表述和形式是可以被系统的所有相关用户得到和理解的，否则信息共享不能达到或部分达到目标，但是不同使用者的背景和环境不同，对不同的信息有不同的理解，信息系统只能在形式上做到共享，不能彻底消除"信息不对称"。速度是协同追求的目标，企业实现快速反应的前提是信息共享。单单从技术的角度不能解决速度问题，必须从流程优化入手才能迅速响应市场和客户需求。实现快速的信息共享，同时应该灵活地应对各种环境因素的变化和柔性。供需链上的每个个体必须有灵活的运作方式，在链上即使有环节出现问题，供应链的结构必须能够及时调整和优化，体现柔性组合的组织结构。根据客户的需求调整、重新组合供需链上各个经济实体，在敏捷制造中称为"虚拟企业"或"动态联盟"。

ERP Ⅱ从应用和技术战略上看涉及六个方面：① ERP 的作用从资源优化和事务处理转向对协同商务的信息利用；②它的业务范畴通过分销资源计划（distribution resource planning, DRP）和其他管理技术应用于更广泛的服务业；③业务范畴的重要方面，具体行业解决方案的功能将扩充进入系统；④这些功能需要的流程、系统应适应企业业务流程的变化，采用的方法是渐进的而不是重新实施；⑤支持这些流程的系统结构，应该可以支持因特网，并易于升级；⑥这些结构中数据处理的方法合理。

基于因特网的信息技术，下一代企业系统将提高其访问性和兼容性、灵活性、可适应性、实时处理和智能化。

首先，系统可以在不同的平台和任何设备上运行，并且不同的设备和服务器可以进行通信和功能共享。为了能达到这点，系统需要充分使用基于 Web 的分布式目标技术，使其能够在 Internet、Intranet 和 Extranet 上全面应用。用户可以从任意地方、任意时间通过使用各种设备，如笔记本电脑、台式机、工作站、电话或其他手持无线设备进入系统。

其次，将来的企业系统将更加灵活和易于客户化。传统的提供给企业一个单一模式（Monopoly）的软件将不再适用。例如，戴尔公司通过组件式软件的实施弥补了实施单一模式软件的失败。在软件市场上，我们将看到越来越多的、专门的、更具竞争力的软件。软件商将开发专门的具有标准化接口的软件。客户可以从组件市场上，选择最好的组件或开发组件，与现有的业务流程无缝连接。通过使用组件方法以及组合各个适合业务流程的组件而创建的企业系统将会是高度客户化的。

再次，系统的适用性。新系统一个最大的优点是适用性，适应企业的变化。信息系统必须是适用组织的变化。适用性好的系统，可以通过开放结构，将不同时期、不同供应商的信息系统集成应用，以保护信息系统软硬件投资。用不同语言实施以及在不同操作系统和平台下运行的应用程序能够通过 II OP、JAVA、RMI 或 COM 等沟通协议来进行沟通并实现功能共享。公司内的数据和信息流能够无缝集成。通过使用基于组件的软件设计方法，系统开发周期将会明显缩短，公司将能够重新使用大量的软件编码。

最后，将来的软件将增加智能化、支持实时决策和电子商务方面的组件。智能决策支持系统、专家系统等将成为企业应用系统的组成部分。软件代理将成为人们的助手，用于监控信息、收集信息和帮助人们更好地进行实时信息分析和决策，代替传统的批处理方法。此外，电子商务环境下，新一代的企业系统将增加许多新的应用功能，如无线服务（WAP 等 wireless 设备）、个性化门户、联络中心、网上商店、网上安全、网上支付、电子市场、电子采购等。

2.3　本章小结

本章讲述了 ERP 的概念与发展历程，说明 ERP 系统是一个集成的、企业级的信息管理系统，其管理思想的核心是实现对整个供需链的有效管理，与 ERP 是如何从 MRP 逐步演化为 ERP II 和大数据时代 ERP 的。

阐明了 ERP 的集成内容，包括信息集成、物料信息集成、物流与资金流集成、供需链五种流集成和协同商务内容。其中涉及 MRP、闭环 MRP、现场作业控制、MRP II、静态集成与动态集成等知识，并通过例子明确形象地说明 ERP 系统是如何集成的。

第 3 章

ERP 实施方法论

3.1 ERP 实施概述

3.1.1 实施 ERP 系统的方法

实施 ERP 系统的方法不一而足，可能采用的 ERP 实施方法的优缺点见表 3-1。

表 3-1 可能采用的 ERP 实施方法的优缺点

方法	优点	缺点
内部开发	最适合组织需求	开发最困难、最昂贵、最慢
带有供应商补充系统的内部系统	成本优势，也适合组织需求	难以开发、较贵、慢
单项优势	理论上能获得所有系统的最优组合	难以将各个模块连接起来、慢、效率可能不高
客户化的供应商系统	采用了供应商的专家技术，同时保持了灵活性	耗时长、通常较贵
选择供应商模块	风险较低，实施较快，最便宜	如果需要扩展，长远来看花费的时间和成本高
完全采用供应商系统	速度快，比较便宜，效率高	不灵活
应用服务提供商	风险最低，成本最低，速度最快，受供应商变动影响最小	受 ASP 供应商的支配，不能自主控制，受价格浮动影响

最简单的方法是完全采用一家供应商的产品。这也是供应商最喜欢的方式。这种方法有着明显的优势，尤其是在时间和成本方面。

与之相对的另一个极端是完全利用企业内部的资源开发建立 ERP 系统，这种选择赢得竞争优势的机会最大。然而，在内部建立 ERP 是一个相当困难的信息系统项目，大概是所有可选方案中最困难的。理想的方法是将 ERP 系统的建立与广泛的业务流程重组结合起来，确定完成一切工作的最好方法，然后建立能够支持最好方法的计算机系统。对于建立 ERP 系统来说，这种方法耗时很长，耗资巨大，但是灵活性最强，能够完全满足组织的需求。如果公司希望在 ERP 系统中使用自己的方法，达文波特（Davenport）提出了两种方案：一种是重写内部代码，另一种是在现有系统上增加界面。这两种方法都会增加方法实施所需的时间，增加系统实施的成本，从而抵消 ERP 系统整合的好处。ERP 系统的客户化程度越高，系统各部分之间、系统与供应商和客户系统之间无缝通信的能力就越差。

这些极端的方法可以互相妥协折中，大多数公司只采用供应商系统软件中的几个模块。马伯特等人研究了479个实施ERP的企业，得出了ERP模块应用率的比较，见表3-2。这种做法的优点是可以相对降低组织风险和短期内的开销，减少ERP系统整合组织运作的过程中造成的损害；缺点是不能获得供应商系统提供的全面功能，而且系统用户仍然只能按照供应商在系统中设定的程序进行工作。

表 3-2　ERP 模块应用率的比较

模块	美国中西部 ERP 用户（%）	瑞典 ERP 用户（%）
财务会计	91.5	87.3
物料管理	89.2	91.8
生产计划	88.5	90.5
订单申报	87.7	92.4
采购	86.9	93.0
财务控制	81.5	82.3
分销/物流	75.4	84.8
资产管理	57.7	63.3
质量管理	44.6	47.5
人力资源管理	44.6	57.6
维护	40.8	44.3
研发管理	30.8	34.2

许多公司采用了另一种混合的方法——将供应商的软件产品客户化。比起简单地采用供应商的系统，这种做法胜在灵活性较强，但是有可能丧失系统在实践中已经建立起来的最佳方法，从而降低运营效率。

单项优势方法是混合方法的一种形式。单项优势方法的思想是：如果某个供应商在特定的应用领域有着相对优势，那么就采用它在这个领域的产品。例如，企业可以联合采用一个供应商的人力资源模块、另一个供应商的财务会计模块和第三个供应商的物料模块。在单项优势方法中，企业从不同的供应商那里选择它们各自竞争力最强的模块，而客户界面可以利用企业内部的信息系统开发资源进行开发。

最后一种选择是从应用服务提供商（ASP）那里租用ERP系统。采用ASP的好处是企业不必担心系统开发的问题，也不必担心系统供应商更改它们的软件。但是，风险只是转移而非消除，因为企业现在受到了ASP的支配。这个决策过程正如决定买房子还是租房子一样。从长远看来，买房子通常经济上更合算。然而，租房子在影响现金流以及规避风险方面都有利得多。

联邦化是另一个相关的概念。这个术语是达文波特提出的，它描述的是：企业在各个地区的分支机构逐步实施不同版本的ERP系统，每个地区的系统分别定制，以适应各地运营的实际情况。惠普公司（Hewlett-Packard）、孟山都公司（Monsanto）以及雀巢公司（Nestle）都使用了这一方法，建立一个核心的ERP模块，由所有分支机构共用，但允许各分支机构自主运行和控制其他的模块。

每个企业都需要分析各种形式的 ERP 系统的成本和收益。这需要考虑多方面的因素，而不仅仅是现金的问题。在不确定性很高的情况下，我们必须对未来的收入进行预测。另外，企业还有一个选择，那就是不采用 ERP 系统。

3.1.2 信息系统开发与 ERP 实施的区别

20 世纪 80 年代出现了软件危机，软件开发项目的失败率超过了 50%，IT 的投资回报率出乎意料的低。造成这些问题的根本原因就是需求的获取和分析阶段的薄弱，实施方在该阶段无法得到企业正确和全部的需求。由于项目无法提供满意的功能，于是需要进一步进行开发和分析。项目人员中途变更，系统的需求也会随之改变，从而导致整个实施过程的不确定性。

与传统的信息系统开发不同，ERP 软件的实施主要是预先开发完备的应用软件的实施，其主要特征包括：可灵活配置的体系结构模型，能够推进流程的重构；企业用户直接而充分地参与，与项目人员和非 IT 用户之间进行紧密的合作；迭代的生命周期过程，稳定的系统功能；功能的可变性和可配置性，更强大的可扩展性和系统之间的有效集成。

传统的软件项目生命周期转变成了 ERP 实施周期，信息系统开发与 ERP 实施周期的比较如图 3-1 所示。

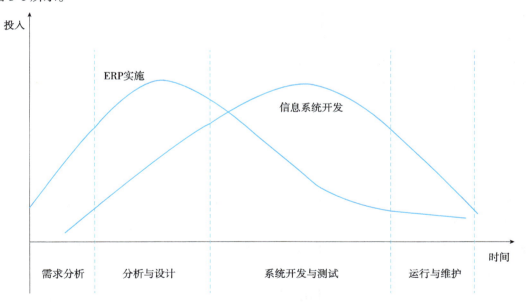

图 3-1 信息系统开发与 ERP 实施周期的比较

3.1.3 ERP 系统实施的必要性

ERP 实施的特点决定了企业实施 ERP 系统的必要性，其特点主要表现在以下五个方面：

1) ERP 软件领域扩大，功能齐全。企业管理软件一般包括四个方面功能：财务管理、供需链管理、分销管理和决策支持管理。财务管理只是企业管理的重要组成部分之一，主要是对企业资金流的管理，而企业管理软件则是对企业进行全面管理的计算机软件系统，涵盖企业管理的全部业务流程，包括企业资金流、物流、信息流的全面一体化管理。由于企业管理模式千差万别，实施过程中一方面要求企业适应软件提供的规范管理模式，另一方面也要根据用户的特殊业务处理需求，对软件进行客户化改造。

2）ERP 应用难度大。企业管理软件功能强大，模块齐全，几乎涉及了企业的各个部门和所有的功能结点。系统参数多且设置灵活、业务流程控制复杂，近年来的产品对远程应用及 Web 功能进行了大规模扩充，涉及远程的数据传递、数据库及网络应用等多方面的知识，实现起来相当复杂，加大了软件的应用难度。

3）数据关联复杂。企业管理软件是一个一体化设计、集成运行的软件系统，由于涉及企业整个业务流程或多个部门，系统内不仅要实现数据共享，还要对数据的一致性与安全性进行严格控制。因此，整个系统内的数据关联关系复杂。

4）对应用人员的素质及协作能力要求高。由于企业管理软件功能丰富、结构复杂，每个人很难在一两年内掌握系统全部功能的操作使用。一般情况下，应用企业管理软件的企业，每个业务部门或岗位上的人只能掌握自己的业务处理功能，数据在系统内形成一个流程，与企业实际业务处理流程相匹配。业务处理的各个环节要相互配合，才能使整个软件系统正常运行，从而规范企业管理。

5）锻炼队伍。在 ERP 实施过程中，企业项目组成员通过与咨询专家的密切合作，对软件结构、数据传递关系和企业业务处理有了比较透彻的了解，锻炼了一支队伍，有利于实现企业后期的自主维护，利于软件后期的正常运行，减少企业后期的支持费用。

3.2 ERP 实施方法论

3.2.1 ERP 实施方法论的定义

ERP 实施方法论来自于实践和指导 ERP 实施项目的经验结晶。就其形成过程而言，ERP 实施方法论背后应该是一部血泪史，其中不少弥足珍贵的经验或原则是人们在诸多项目失败后总结出来的。ERP 实施方法论是诸多 ERP 实施的先驱们痛定思痛的结果，是经过实施专家进行理论研究，并总结了无数企业实施案例和成功经验提炼而成的。

理想的 ERP 实施方法论应该是实施项目组要遵守的基本原则和可直接采用的工具和模板的集合，包括阶段划分、每个阶段关键活动定义、活动方法、需要用到的工具、常见风险及问题的对策等。有了实施方法论的指引，实施 ERP 项目会少走弯路，提高效率。ERP 实施方法论的作用可以概括为以下几点：

1）指导实施工作。没有实施方法论为指导的实施工作可以说是无序的，项目经理的工作安排可能跟个人经验有很大关系，活动的先后次序也可能不同，工作的统筹安排也可能因人而异。ERP 实施方法论来自很多项目的总结，是集中总结出来的最佳实践方案。它使实施过程有序化，对项目应该先做什么，后做什么，如何做，用什么工具做，工作结果如何表现，如何检查等方方面面都有明确的定义。有了方法论的指引，项目组就有了一条成功的路线和共同的工作纲领。

2) 检查实施工作。根据 ERP 实施方法论的要求、检查实施各阶段的工作成果，使得所有工作成果有了检查的依据和标准。甚至 ERP 实施方法论还可以作为客户和供应商双方对实施结果验收的约定。

3) 有利于提高工作效率。ERP 实施方法论使得实施工作便于复制，降低项目对人的依赖性，能够降低因为实施顾问或项目经理因经验不足所造成项目失败的风险。方法论可以作为客户选择咨询实施服务的重要参考标准。客户在选型阶段可以详细考察供应商的 ERP 实施方法论，以及在方法论指导下完成的项目案例。

ERP 实施方法是以项目管理的基本思想为理论基础的，所以，不同的实施方法之间有绝大部分是相通的，只不过阶段划分和过程的名称稍有区别而已。ERP 实施方法的共性体现在以下几个方面：

1) 整体体现了以结果为导向的目标管理思想，对目标进行详细的分解。
2) 具有详细的规划向导。
3) 明确的项目周期说明，即项目阶段划分，注重过程管理。
4) 每一个任务都有明确的目的、责任人和成果定义。
5) 对每个活动如何进行都有指导性的描述。
6) 具有变更控制机制。
7) 交付成果有明确要求，各类文档都有模板定义。
8) 对交付成果之间的逻辑关系有详细说明。

3.2.2 ERP 实施统一过程

ERP 实施统一过程（ERP implementation unified process，ERP IUP）借鉴了统一软件开发过程（rational unified process，RUP）的思想，并整合了 ERP 实施的管理特点，是一种面向过程且基于成功因素的 ERP 实施方法。它可以为所有方面和层次的 ERP 实施提供指导方针、模版以及事例支持。ERP 实施统一过程把实施过程的各个方面（例如定义的阶段任务和里程碑）和实施的工作流（例如方法、技术、工具、文档、模型等）整合在一个统一的框架内。

ERP 实施统一过程模型是一个二维的 ERP 实施模型，横轴通过时间组织，是过程展开的生命周期特征，体现 ERP 实施的动态结构。用来描述它的术语主要有周期（cycle）、阶段（phase）、目标（objective）、任务（task）、迭代（iteration）、可交付物（deliverables）里程碑（milestone）。纵轴以内容来组织为自然的逻辑活动，体现实施过程的静态结构。用来描述它的术语主要包括工作流（workflow）、域（domain）、方法（method）、技术（technology）、模型

（model）和工具（tool）。ERP IUP 如图 3-2 所示。

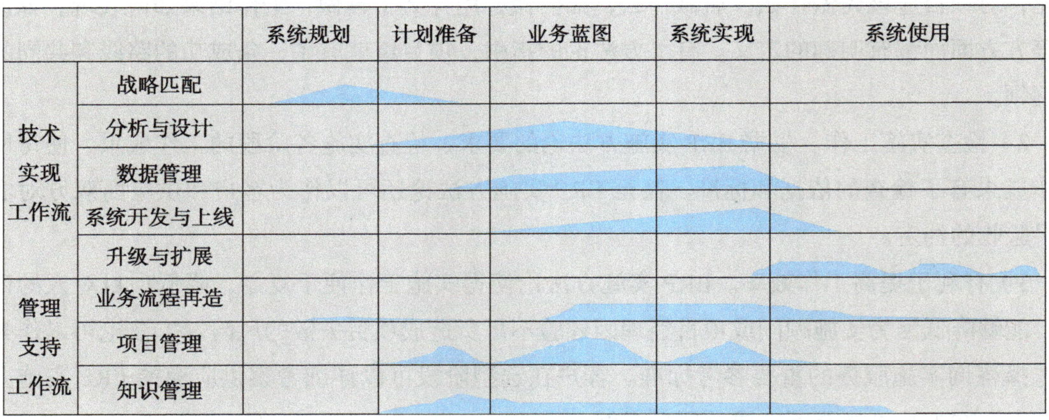

		系统规划	计划准备	业务蓝图	系统实现	系统使用
技术实现工作流	战略匹配					
	分析与设计					
	数据管理					
	系统开发与上线					
	升级与扩展					
管理支持工作流	业务流程再造					
	项目管理					
	知识管理					

图 3-2　ERP IUP 模型

ERP IUP 把横向和纵向的交叉矩阵块定义为域。

当某个逻辑活动横穿跨两个或多个阶段的时候，将这个逻辑活动定义为一个工作流。对于特定的项目也有可能需要增加或减少过程，以适应变化。

3.2.3　ERP IUP 的阶段与里程碑

ERP IUP 中的 ERP 实施生命周期在时间上被分解为五个阶段，按顺序排列分别是：系统规划（planning）、计划准备（preparation）、业务蓝图（business blueprint）、系统实现（realization）和系统使用（use）。每个阶段结束于一个主里程碑（Major Milestones）；每个阶段本质上是两个主里程碑之间的时间跨度。在每个阶段的结尾执行一次评估以确定这个阶段的目标是否已经达成。如果评估结果令人满意的话，可以允许项目进入下一个阶段。

1. 系统规划

这是管理信息系统的起始阶段。以计算机为主要手段方的管理信息系统的新建、改建或扩建服从于组织目标和管理决策活动的需要。这一阶段的主要任务是：根据组织的整体目标和发展战略，确定管理信息系统的发展战略，明确组织的信息需求，制订管理信息系统建设总计划，其中包括确定拟建系统的总体目标、功能、大致规模和粗略估计所需资源，并根据需求的轻、重、缓、急程度及资源和应用环境的约束，把规划的系统建设内容分解成若干开发项目以分期分批进行系统开发。ERP 实施的系统规划阶段符合管理信息系统规划阶段的特点。

（1）系统规划的目标和工作内容。系统规划是 ERP 系统生命周期的第一个阶段，是 ERP 系统的概念形成时期，可以借鉴管理信息系统生命周期的方法。这一阶段的主要目标，就是制定出管理信息系统的长期发展方案，决定管理信息系统在整个生命周期内的发展方向、规模和发展进程。系统规划的主要任务有以下几项：

1）制定管理信息系统的发展战略。

2）确定组织的主要信息需求、形成管理信息系统的总体结构方案，安排项目开发计划。

3）制订系统建设的资源分配计划。

上述三项任务也规定了管理信息系统规划工作进程的三个主要阶段，这就是包曼（B.J.Bowman）和戴维斯（G.B.Davis）等人提出的管理信息系统规划三阶段模型的基本框架，如图 3-3 所示。

图 3-3 管理信息系统规划的三阶段模型的基本框架

（2）管理信息系统战略规划。这一阶段的关键是要使管理信息系统的战略与整个组织的战略和目标协调一致。要进行的工作有：

1）评价组织的目标、战略和实现目标、战略的主要企业流程。

2）根据组织的目标和战略确定管理信息系统的使命、对管理信息系统的建设或更新提出报告。

3）对目前管理信息系统的功能、应用环境和现状进行评价。

4）提出建设管理信息系统的政策、目标和战略。

（3）组织的信息需求分析。确定目前和规划中的组织在决策支持和事务处理方面的信息需求，以便为整个组织或其主要部门提出管理信息系统的总体结构方案。

制订主发展计划，即根据发展战略和系统总体结构，确定系统和应用项目的实施次序和时间安排。

（4）资源分配。制订为实现主开发计划而需要的硬、软件资源，数据通信设备，人员、技术、服务、资金等计划，提出整个建设系统的概算。

用于信息系统开发的各类资源总是有限的，当这些有限资源无法同时满足全部应用项目的实施时，就应该针对这些应用项目的优先顺序给予合理分配，这就是管理信息系统规划三阶段模型中的最后一个阶段——资源分配阶段。

系统规划阶段结束时是第一个主里程碑——目标（objective）里程碑。目标里程碑评价企业是否需要实施 ERP 系统。

2. 计划准备

该阶段的目标是为确定项目的边界。为了达到该目标必须识别所有与系统交互的外部实体，在较高层次上确定项目的可行性，编制项目计划。计划准备阶段具有非常重要的意义，在这个阶段中关注的是整个项目进行中的业务和需求方面的主要风险。对于建立在原有系统基础上的开发项目来讲，计划准备阶段可能很短。计划准备阶段的主要任务有以下几项：

1）初步调查和可行性研究。

初步调查和可行性研究的管理决策问题扼要见表 3-3。

2）实施前的方案与建议书。

表 3-3 初步调查和可行性研究的管理决策问题扼要

任务名称	目标	关键问题	主要成果	管理决策
初步调查	明确系统开发的目标和规模	是否开发新系统？若开发，提出新系统的目标、规模、主要功能、明确系统开发所需的资源	系统开发建议书	是否同意开发
可行性研究	进一步明确系统的目标、规模与功能，提供系统实施的初步方案与计划	系统开发的技术、经济、运营可行性研究，系统开发初步方案和开发计划的制订	可行性研究报告，方案建议书	审定可行性研究报告和方案建议书

3）项目选型，审核合同的技术协议。

4）确定实施队伍，成立项目组织结构。

5）项目启动会议。讨论项目目标、确定计划和项目日程安排、定义职责和分配资源、形成文档项目实施方案（包括里程碑、活动和每个人的职责）。

6）需求分析确定目标（用户需求调查问卷）。

7）建立工作分解结构（WBS），形成文档项目工作分解结构报告。

8）建立整体的项目计划（风险控制）。确定范围定义、网络环境和硬件准备、费用结算、任务安排、初步项目计划、计划审核审批、项目队伍领导层培训和原理培训等，最终形成文档项目计划。

9）确定从哪些现行渠道可以获取相关数据。

10）详细的工作描述，形成文档项目实施工作手册（work book）。

计划准备阶段结束时是第二个主里程碑——项目（project）里程碑。项目里程碑确定 ERP 项目的实施计划。

3. 业务蓝图

该阶段的目标是分析问题领域，建立健全体系结构基础，淘汰项目中最高风险的元素。为了达到该目的，必须在理解整个系统的基础上，对实施的业务范围和组织结构做出决策，包括其范围、主要流程和性能等非功能需求，同时为项目建立支持环境。业务蓝图阶段的主要任务有以下几项：

1）业务流程现状分析（组织结构、流程）。

2）未来业务流程确定（组织结构、流程）。

3）确定项目文档标准。

4）数据分析并建立数据模型和基本数据准备。

5）定义用户和用户权限需求。

6）审核数据模型，发布应用蓝图。本阶段任务的目标、关键问题、主要成果以及涉及的管理决策问题扼要见表 3-4。

7）确定系统总体布局方案，数据存储总体设计，计算机和网络系统方案选择。

8）业务蓝图系统安装。

表 3-4 业务流程现状和未来业务流程分析

任务名称	目标	关键问题	主要成果	管理决策
业务流程现状分析	详细调查现行系统的工作流程和信息需求，发现系统的主要问题	现行系统的结构功能、业务需求、数据管理、业务流程和存在的问题	现行系统调查报告	审查现行系统调查报告
未来业务流程确定	提出新系统的逻辑方案，设计未来业务流程	未来业务流程确定，确定项目文档标准	业务蓝图报告	审查业务蓝图

9）管理层批准业务蓝图。

10）形成文档用户需求分析报告的里程碑。

11）团队成员的培训。

业务蓝图阶段结束时是第三个主里程碑——架构（architecture）里程碑。架构里程碑确定了 ERP 系统的业务和物理方案。

4. 系统实现

系统实现可以分为以下两个小的阶段：

（1）最后准备。系统实现阶段所有的需求被实现并集成成为产品，所有的功能被详细测试。最后准备阶段的重点在管理资源及控制运作以优化成本、进度和质量。最后准备阶段的主要任务有以下几项：

1）系统基本配置。

2）项目组的高级培训。

3）流程模拟与测试。

4）数据准备。

5）数据转换，数据导入测试。

6）设计接口和报表。

7）系统测试确定与完善。

8）外部接口及报表开发方案。

9）建立用户权限和系统管理机制。

10）准备最终用户培训。

最后准备阶段结束时是第四个主里程碑——初始功能（initial operational）里程碑。初始功能里程碑决定了 ERP 系统是否可以在测试环境中进行部署。此刻，要确定软件、环境、用户是否可以开始系统的运作。

（2）系统交付。系统交付阶段的重点是确保交付的货物对最终用户是可用的。系统交付阶段的主要任务如下：

1）确定配置系统。

2）系统上线前的最终测试。

3）最终用户培训。

4）数据准备与导入测试。

5）构建上线体系结构。

6）上线策略的确定（直接切换、并行切换或逐步切换）。

7）上线计划设计报告。

8）系统上线。

9）系统上线维护。

10）项目评估及回顾。

系统交付阶段的终点是第五个主里程碑——系统上线（go live）里程碑。此时，要确定 ERP 系统的目标是否实现。

5. 系统使用

企业的 ERP 系统一般只能解决企业大部分信息问题，随着企业的发展，ERP 系统的更新在所难免。更新分为升级和扩展两种。升级是将现有 ERP 系统的功能和性能进一步提高，扩展是将 ERP 系统和 ERP 系统之外的系统进行集成。

3.2.4　ERP IUP 的核心工作流

ERP IUP 有 8 个核心工作流，分为 5 个技术实现工作流（process workflows）和 3 个管理支持工作流（supporting workflows）。对于技术实现过程，一般有一个阶段与其相对应，即在该阶段主要完成该项工作。ERP IUP 提倡将工作前移，这种前移对于项目的成功和实施时间的缩短具有非常重要的意义。对于管理支持过程，一般对应项目的整个阶段，要求实施的双方加强每个阶段的工作力度。尽管 5 个技术实现工作流很像传统瀑布模型中的几个阶段，但应注意迭代过程中的阶段是完全不同的，这些工作流在整个生命周期中一次又一次被访问。8 个核心工作流在项目中轮流被使用，在每一次迭代中以不同的重点和强度重复。

1. 技术实现工作流

企业愿景、使命和价值构成了企业发展战略，并与企业组织结构、人员、业务过程及相应资源一起组成企业系统。ERP IUP 的技术实现工作流包括战略匹配、分析与设计、数据管理、系统开发与上线和升级与扩展，具体完成企业发展战略审视、组织结构变革、业务过程优化、数据管理、业务应用系统开发和 IT 资源整合等工作，并最终通过以 ERP 系统为核心的信息化系统对企业核心业务、发展战略的支撑。ERP IUP 的技术实现工作流模型如图 3-4 所示。

（1）战略匹配。战略匹配工作流横跨了系统规划和计划准备 2 个阶段，主要工作在系统规划阶段。

战略匹配工作流是在对企业内部状态和外部环境进行综合考察的基础上，制定一个有效的企业战略，并将此战略分解为企业的竞争策略。企业的竞争策略是保证企业良性发展的重要的战略性工作。企业的竞争策略描述了企业企图通过其能够提供的各种产品或服务来满足一组客户需求，从而赢得市场竞争的手段和方法。竞争策略定义了企业目标市场的需求及价值链的主要功能，而价值链中每个阶段的业务功能实现策略则反映了竞争策略在相应阶段的具体实现方法。

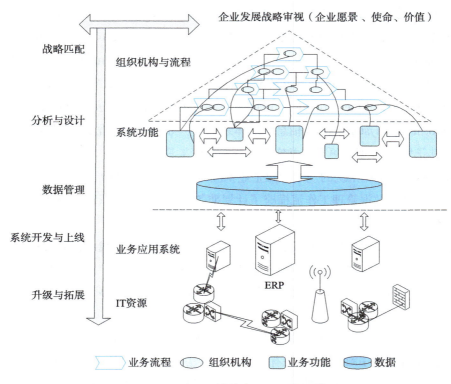

图 3-4　ERP IUP 的技术实现工作流模型

为了实现企业内或不同企业间的集成及协同化运行，首先需要强调实现围绕整个价值链的战略匹配，即在同一个最终目标的指导下完成整个业务体系的协同规划和集成运作。

我们应综合使用管理信息系统的各种方法和工具进行战略匹配过程的工作。可借鉴的方法和工具有：企业战略集转移法、企业系统规划法、关键成功因素法以及基于流程的 ERP 系统规划法。

ERP IUP 模型强调企业的高层领导在系统规划阶段就应当关注业务流程再造的问题，并确保 ERP 系统实施的预算。在战略匹配过程要记住的四句话是："目标不要偏，道路不要弯，步骤不要乱，动力不要断"。

（2）分析与设计。分析与设计工作流横跨了系统规划、计划准备、业务蓝图、系统实现和系统使用 5 个阶段，主要工作在业务蓝图阶段。

分析与设计工作流是在总结历史经验、调查现状、预测未来的基础上，为谋求企业生存和发展而制定的具有长远性和全局性的谋划或方案。在企业发展战略规划完成后，接下来的工作是进行企业的业务流程规划。业务流程规划是对企业实现市场或客户的需求所需的各种业务及管理活动进行的策划与描述，它是为了更好地贯彻、实施和支持企业战略目标而进行的业务流程规划。

分析与设计工作流常用的方法和技术有 CIMOSA（computer integrated manufacturing openness system architecture，计算机集成制造开放系统体系结构）、IDEF（ICAM definition method，集成计算机辅助制造的定义方法）、GRAI（graph with results and activities interrelated，与活动和结果相关联的图形）、PERA（Purdue enterprise reference architecture，普渡企业参考架构）、IEM（integrated enterprise modeling，集成企业建模）、GERAM（generalised enterprise reference architecture and methodology，通用企业参考体系结构和方法）、ARIS（architecture of integrated information system，集成信息系统体系结构）等。ARIS 方法是事实证明了的 ERP 实施的方法，其子集 EPC 模型更是非常实用的企业建模工具。

ERP IUP 模型强调在系统的规划阶段企业就应当开始分析与设计工作。

（3）数据管理。数据管理工作流横跨了计划准备、业务蓝图、系统实现和系统使用 4 个阶段，主要工作在系统实现阶段。

数据管理的有关知识在战略匹配、分析与设计、系统实现与上线、升级与扩展等过程中都起着非常重要的作用。在这些过程中都会涉及数据管理的相关知识，比如战略匹配中的信息需求，分析与设计中的数据视图，系统实现与上线中的数据配置与迁移，升级与扩展中的商业智能等。

将数据管理单独作为一个过程提出来，体现了数据管理在 ERP 实施过程中的重要性。数据管理过程集中描述了 ERP 数据准备有关部门的方法和技术，例如基础数据准备、数据编码和数据迁移等。基于信息化规划的 ERP 实施方法论强调将数据准备的开始提前到计划准备阶段，并配备专业的人员进行。

（4）系统开发与上线。系统开发与上线工作流横跨了计划准备、业务蓝图、系统实现和系统使用 4 个阶段，主要工作在系统实现阶段。

系统开发工作流的目的包括实现 ERP 系统的硬件平台、系统配置与二次开发，并对系统进行测试，检验所有的需求已被正确地实现，识别并确认缺陷在系统上线之前被提出并处理。ERP IUP 提出了迭代的方法，意味着在整个项目中进行测试，从而尽早发现缺陷，从根本上降低了修改缺陷的成本。

系统上线工作流的目的是成功地生成可运行的系统，并将系统交付给最终用户。系统上线工作流描述了如何使 ERP 系统对最终用户具有可用性相关的活动，例如用户培训、数据迁移、系统切换以及验收。

（5）升级与扩展。升级与扩展工作流横跨了系统实现和系统使用阶段，主要工作在系统使用阶段。

升级与扩展工作流的目的在于使企业信息系统的发展和企业的发展保持一致，在 ERP 系统的基础上，通过数据、信息的集成，进一步进入全面信息化和企业间集成的阶段。该工作流以企业集成的视角，运用最新的 SOA（service-oriented architecture，面向服务的架构）、EAI （enterprise application integrated，企业应用集成）、BI（business intelligence，商业智能）等思想和技术开展工作。

2. 管理支持工作流

（1）业务流程再造。业务流程再造工作流横跨了系统规划、计划准备、业务蓝图、系统实现和系统使用5个阶段。

业务流程再造工作流的目的在于将以职能驱动的运营转变为以关键业务流程为驱动的运营。其思想、方法和技术与ERP实施有暗合之美。

（2）项目管理。项目管理工作流横跨了系统规划、计划准备、业务蓝图、系统实现和系统使用5个阶段。主要工作在计划准备、业务蓝图和系统实现阶段。

项目管理工作流主要平衡各种可能产生冲突的目标、管理风险、克服各种约束并成功交付用户满意的产品。其目标包括：为项目的管理提供框架，为计划、人员配备、执行和监控项目提供实用的准则，为管理风险提供框架，对项目进行评价等。

（3）知识管理。知识管理工作流横跨了系统规划、计划准备、业务蓝图、系统实现和系统使用5个阶段。主要工作较均衡地分布在后4个阶段。

ERP系统的实施过程，实质上是实施顾问方、软件厂商、用户以及ERP软件系统之间知识的相互转移过程。成功的知识管理工作流无疑是成功实施ERP的有效保障。

3.2.5 ERP IUP 模型的裁剪

ERP IUP模型是一个通用的过程模板，包含了很多模型、方法和工具，由于它非常庞大，所以对具体的实施项目，使用ERP IUP时还要做裁剪。ERP IUP模型的裁剪可以分为以下几步：

1）确定本项目需要哪些工作流（域）。ERP IUP模型中提供的工作流（域）并不总是需要的，可以由用户根据需要自主取舍。

2）确定每个工作流需要哪些方法、技术、工具。

3）确定 x（阶段也可以裁剪）个阶段之间如何演进。确定阶段间的演进要以风险控制为原则，决定每个阶段要哪些工作流，每个工作流应用到什么程度，在制品有哪些，每个在制品完成到什么程度。

在ERP实施的各个阶段，所有参与者都应从以下几个方面来考虑某个域是否为关键域：

1）该域对项目范围的影响程度。

2）该域技术的复杂程度和风险度。

3）该域对预期成本的影响程度。

4）该域对预期进度的影响程度。

使用★标识关键域，★的多少表示域的关键程度，★越多的域越关键。关键域的裁剪见表3-5。表3-5的内容大致对应了图3-2的模型。

这种裁剪在ERP实施的各个阶段可以迭代进行。ERP IUP就像一个元过程，通过对ERP

IUP 进行裁剪可以得到很多不同的实施方法，这些实施过程可以看作 ERP IUP 的具体实例。通过不同的裁剪，可以成为当前各种常见的实施方法（注意，由于历史的原因，许多供应商的实施方法都被叫作实施方法论，在不引起歧义的前提下，本书对这两个概念不加区分），下面提供 ASAP 和 Oracle 实施方法论以供参考。

表 3-5 关键域的裁剪

		系统规划	计划准备	业务蓝图	系统实现	系统使用
技术实现工作流	战略匹配	★★★	★			
	分析与设计		★	★★★	★	
	数据管理		★	★★	★★★	
	系统开发与上线			★	★★	★
	升级与扩展				★	★★
管理支持工作流	业务流程再造		★	★★	★	★
	项目管理		★★	★★	★★	
	知识管理		★	★	★	★

1. SAP 的 ASAP 实施方法论

ASAP（accelerated SAP）是 SAP 公司为使 R/3 项目的实施更简单、更有效而创造的一套完整快速实施方法。ASAP 优化了在 ERP 实施过程中对时间、质量和资源的有效使用等方面的控制。它是一个包括了能使项目实施得以成功所有基本要素的完整实施方法，主要包括：ASAP 路线图、SAP 工具包、SAP 技术支持和服务、SAP 培训和 SAP 参考模型。

ASAP 提供了面向过程的、清晰和简明的项目计划，在实施 R/3 的整个过程中提供一步步的指导。路线图共有五步，包括项目准备、业务蓝图、实现过程、生产准备、上线与技术支持。ASAP 实施路线图如图 3-5 所示。

图 3-5 ASAP 实施路线图

阶段 1 的重点在于：开始项目，确定小组成员，开发高级计划。在开始会议中，项目组和咨询顾问应清楚地意识到整个项目中他们的责任是什么。

阶段 2 集中在理解公司的业务目标以及决定支持这些目标所需的业务请求上。在阶段 2，咨询顾问将使用 ASAP 实施助理、问题与答案数据库以及 VISIO 的业务模型来收集需求。

阶段 3 的目的是要将一个未来状态模型开发并发展到集成的和已证明的解决方案中，此方案实现了客户业务过程需求。配置在两个工作包中完成基线配置，最终配置。基线配置提供了配置周期的基础。系统在最终配置工作包中被细化。活动的说明是统一的。在 IMG 中，可以创建每个活动的完整的（项目）文件。

阶段 4 的重点在于完成最终系统的测试、培训用户和将数据与系统切换到生产环境。最终系统的测试包括：测试转化过程和程序以及接口程序，实施重点测试以及最终的用户接受测试。在此阶段，项目组还可制订正式运行计划，该计划明确地制定数据转换策略、最初的审核过程和项目组支持结构。

在阶段 5 正式运行后，客户组集中在支持用户上。咨询顾问应该每天检测和复查业务结果和系统性能。

2. Oracle 的 Applications 实施方法论

Oracle 的 Applications 实施方法论是一套建立整体解决方案的方法，主要由应用系统实施方法论（application imprementation management，AIM）和整体项目管理方法论（project management，PJM）等各自独立的方法论组成。这些方法论可以提高工作效率及项目实施质量。顾问在项目实施过程中，将用 Oracle 的 Applications 实施方法论及实施工具来帮助实施，并将此方法论技术作为技术转移的一部分。

（1）AIM。应用系统实施方法论是 Oracle 公司在全球经过多年的应用产品实施而提炼好的结构化实施方法，能满足用户的各种需求。从定义用户的实施方法和策略到新的系统上线运行，AIM 包含了所有不可缺少的实施步骤。因而 AIM 可以尽可能地减少用户的实施风险，以保证快速、高质量地实施 Oracle 应用系统。应用系统实施方法论框架如图 3-6 所示。

图 3-6 应用系统实施方法论框架

AIM 分为以下七个阶段：

1）建立实施策略。这一阶段主要从商务和技术上来计划项目的范围，并确定项目的目标。这一阶段的工作，包括建立由公司主要领导为首的项目实施领导小组和由各部门有关人员参加的项目实施小组，并开始对员工进行初步的业务管理观念和方法培训。具体制定出企业实施应用管理的策略和目标。

2）业务流程分析。这一阶段主要定义项目的内容，即对现行的管理进行仔细的回顾和描述，从而认识项目的业务和技术上的具体要求。一般在这个分阶段要编写一个项目定义分析报告，借助 IPO 图来描述目前的流程，并从中找出能够改进的地方，为进一步解决方案的设计创造条件。为此，需对项目实施小组的成员进行比较系统的业务管理概念和 Oracle 系统软件功能层次的培训。

3）设计解决方案。这一阶段主要是对上阶段形成的业务分析流程，结合业务管理的基本概念和具体的软件功能，逐项进行回顾、分析，以便对目前每个管理业务流程提出解决方案。解决方案也许是直接可以套用 Oracle 应用系统中某些功能，也许是对现行管理流程做一些改进，也可能是对软件系统做一些必要的二次开发。这时应编写一个与项目说明书类似的文档，作为一个里程碑也作为建立系统的设计任务书。

4）建立应用系统。本阶段需根据前一阶段拟订的方案，对管理上（或组织上）需改进之处制定改进方案，包括调整分工、规范流程、统一方法、标准信息编码等。从软件来讲，系统初始化设置及二次开发工作可从本阶段开始进行。这样建立起一个符合企业管理思想的应用系统。此时大量的基础数据的整理工作也将着手进行。

5）文档设置。在建立应用系统的同时，除了必须对软件进行二次开发，按软件工程要求提供必需的文档以外，对管理要改进的流程及方法等，也必须编写或修改原来的制度、职责、流程图。这时，系统已建立起来，可着手对最终用户的主要应用进行文档设置培训。

6）系统切换。在这个阶段，为了减少系统实施时的风险，各职能部门分别按照自己的日常业务活动，参照已文档化的流程，运行计算机系统进行测试，以证实其系统是基本可行的。这时才开始正式向新系统输入数据、创建初态、定义参数、开始运行。为了保证切换的成功，这时项目领导小组要及时地发布指令，来逐步进行系统切换。一般来讲，有一个新老系统并行的运行期间，风险可更小些。

7）运行维护。在新老系统并行一段时间后，如果事实证明系统是安全、可靠、可行的，那么可以将其正式投入运行。在运行中做好有关的记录和报告，并及时发现运行中的问题，以便对系统进行维护和提高。

（2）PJM。整体项目管理方法的目标是提供一个主框架，使其能够对所有项目用一致的手段进行计划、评估、控制和跟踪。整体项目管理方法论框架如图3-7所示。

图3-7　整体项目管理方法论框架

3.2.6　ERP实施的关键成功因素

1. 高层管理者的支持

ERP实施是"一把手"工程，ERP实施建设成功的首要条件是企业最高决策者的重视、支持与参与。大型ERP系统建设不仅投资巨大、技术高新，而且涉及企业的各个层面，涉及管理、体制、机构、人的观念及利益等多维要素，因此，决不能把管理软件建设看成是财务部门或信息部门的工作。企业最高决策者应该既是ERP系统建设的核心推动者，也是建设过程中重要决策的拍板人和系统建设成功信息使用的受益人。

ERP实施需要高层领导支持和参与的原因如下：

1）ERP实施是一种先进的管理手段，其建设过程不可避免地会对现有的管理方式有所冲击，还会涉及许多部门的既得利益。ERP实施的过程同时也是在企业内部建立一套新的管理目标体系的过程，改变人的传统习惯和行为需要人们的理解及支持，高层管理者首先要付出努力，做出示范。

2）ERP实施是一项涉及面广、技术难度大、实施周期长的系统工程，它涉及企业的各项经济事务、众多管理部门和人员，要求数据收集与传递的各个环节必须畅通。如果各部门间不能积极配合、紧密合作，或者人事变动频繁，必然会影响建设进程。企业高层管理者必须通晓其中的利害关系，亲自组织、协调各部门的关系，抽调精干人员，保证资源到位，而不是简单地指派给某一部门牵头组织实施。

2. 业务流程再造

作为一种信息系统，ERP是帮助企业实现变革的工具；作为一种管理思想，ERP是一种变革策略。ERP系统的成功实施往往需要对企业的原有业务流程进行重组。ERP系统中所固化的"最佳业务实践"和企业原有的组织结构、工作流程、管理风格、数据结构和形式之间都有可能不相称（misfits）。ERP系统成功的关键因素之一就是对这种不相称的管理。业务流程再造有助于ERP的成功。不相称解决对策如图3-8所示。

图3-8 不相称解决对策

ERP往往被看成一种能带来根本性组织和管理变革的新技术，甚至被认为实施ERP本身就是一种业务流程再造。很多ERP项目失败的原因就是管理者对与ERP系统实施相伴而来的业务流程再造缺乏足够的重视，为了减少业务流程再造带来的管理负担，过多的要求ERP系统去适应原有的业务流程和工作方式，没有对企业的管理模式、业务流程和组织机构进行根本性的改造和调整。结果造成ERP项目的功能难以完全发挥，企业无法从ERP项目中获利。

由于我国企业管理基础比较薄弱，因此先进行业务流程再造使企业建立相对科学、规范的管理基础，准备基础数据，这样会减少正式实施 ERP 时的阻力。反过来，从企业组织变革的角度看，ERP 是组织变革的"催化剂"和"使能器"，实施 ERP 系统是手段而非目的，ERP 的成功归根到底是企业组织变革的成功。

因此，业务流程再造不仅仅是 ERP 的关键成功因素，更是 ERP 系统实施的目的。在实施 ERP 之前首先进行企业组织变革，会使企业始终关注于组织本身，而不仅仅是信息技术。当然，先进行业务流程再造不等于在 ERP 系统实施开始前就彻底完成业务流程再造。对业务流程的改进是一个循序渐进的过程，在开始实施 ERP 后根据系统要求对业务流程做进一步的调整也是不可避免的。即便是 ERP 上线以后，企业也应以 ERP 为平台，继续进行人员和流程的改进，发展新的能力和新的流程，促进企业根本性转型，以适应动态的市场变化，这是企业培养竞争优势的关键。

3. 明确的愿景

树立明确的愿景是任何变革项目成功所必需的条件。愿景不但应该指明企业未来的发展方向，还应该有助于培养员工的"紧迫感"。ERP 愿景指明了企业实施 ERP 系统的目的和前景对企业未来生存和发展的重要意义。

ERP 被视为一种流程导向（process oriented）的 IT 工具，任何流程改进要取得成功的基本条件之一就是要有一个明确定义的目标规划或者商业愿景（business vision），而且要把目标规划转化成可测量的任务和具体行动计划。明确的目标规划指明了企业实施 ERP 的商业目标，这个目标必须与企业的长期发展战略保持一致。如果没有明确的商业目标，那么 ERP 实施就会成为一个单纯的软件安装项目，实施人员的努力方向就会出现偏差，无法保证 ERP 给企业带来真正的利益。

4. 组织变革管理

"人—系统交互论"认为，抵制是由信息系统和员工之间的相互作用决定的，在不同的组织环境中，信息系统的实施有不同的组织和社会意义；不同的员工对信息系统实施将带来的影响的判断也是不同的。员工抵制信息系统实施的真正原因，是信息系统的实施会引起组织中角色、责任、权力关系的变化，进而使员工感觉到其个人（或部门）的利益受到了威胁。具体来看，员工抵制信息系统实施的原因可能包括：权力的重新分配、决策方式的改变、人际关系的改变、原有地位和资源的丧失、不确定性的增加、对工作安全感的冲击、新的技能要求以及主观的变革惰性等。

从本质上说，企业员工对 ERP 的抵制与对其他信息技术的抵制并没有区别。但是由于 ERP 几乎影响企业的每一项业务、每一个人，ERP 所带来的组织变革远远大于以往任何一种信息系统。所以对 ERP 的抵制就会格外的强烈。ERP 系统实施引起的组织变革和抵制原因见表 3-6。

组织变革管理，尤其是对员工抵制行为的管理将成为 ERP 系统实施的真正挑战。组织变革管理的任务就是用科学的方法帮助人们适应变革，激励人们积极投身变革，将抵制行为及其对组织造成的创伤减少到最低限度，使变革可能以较高的回报率实现预定的目标。

表 3-6 ERP 系统实施引起的组织变革与抵制原因

ERP 系统实施引起的组织变革	抵制原因
原有业务流程和组织结构的改变	工作内容的改变、人际关系的改变、不确定性的增加、缺乏工作安全感等
在分散责任的同时加强了集中控制	决策方式的改变、权力的重新分配、原有地位和所掌握资源的丧失等
改变原有的工作方法和技能等	新的技能要求、主观的变革惰性等
促进了信息和知识共享，增加了工作的透明度	原有地位和所掌握资源的丧失、人际关系的改变等

5. 项目管理

实施 ERP 是一个很复杂的企业信息化项目，不但投资大、周期长，还要涉及影响企业经营发展的各个方面，需要几乎所有部门的紧密配合。因此，必须制定完善有效的项目管理策略，才能保证 ERP 项目按时、按预算完成。更重要的是，良好的项目管理能促进 ERP 系统实施为企业带来的实际利益。

ERP 项目管理首先要有明确、正式的实施计划安排。正式的实施计划安排包括明确的实施范围和时间表、里程碑规划、资源保证计划及责任权力界定等。正式的实施计划安排是任何项目成功的保证，对 ERP 这样的投资大、周期长、影响面广的项目来说更是至关重要。为了保证项目的成功，项目经理需要具备战略和战术两方面的能力。就 ERP 系统实施而言，由于 ERP 系统实施的复杂性，项目经理既要具备深厚的 IT 功底，又要熟悉企业的经营业务和组织环境，具备良好的沟通技巧。同时，对项目组和项目经理进行授权是克服 ERP 系统实施的组织性障碍的必要条件；而且，项目经理必须有权力及时处理 ERP 系统实施过程中产生的问题，因为对 ERP 这样的长期项目而言，任何的决策延误都可能对企业造成非常不利的影响。

6. 数据管理

"三分技术、七分管理、十二分数据"很好地说明了数据在 ERP 项目中的重要性。经验表明，作为管理改造工程的 ERP 项目，花在数据准备上的工作量最大。

由于各种原因，越来越多的企业面临着 ERP 系统替换问题，而在系统更换前，现有 ERP 系统中有效数据的迁移，对 ERP 系统切换以及新系统正常运行有着重要影响。数据迁移稍有不慎，便会造成新系统不能正常启动，而迁移过多垃圾数据，将有可能使新 ERP 系统运行缓慢、甚至瘫痪。在进行新旧 ERP 系统替换过程中，企业的 CIO 们除了要对新 ERP 系统进行项目需求、规划、实施，解决用户应用习惯以及开发相关接口外，还要认真考虑历史数据的导入问题。尤其是在现有 ERP 系统运行数年，积累了海量数据的情形下，CIO 们更需要仔细衡量历史数据的有效性和对新系统的影响以及数据迁移的方式和方法。而这决不仅仅是异构数据库、不同存储设备之间数据迁移那么简单，它更像是对以前 ERP 数据以及 ERP 业务流程的重新审视和考核。

解决好 ERP 实施过程中的数据迁移问题不仅是新 ERP 系统成功上线的重要前提和保障，

同时也是对已有 ERP 系统的一次全面总结和反思。

7. 用户参与

由于 ERP 是一种企业级的信息系统，几乎影响企业的每一项业务、每一个部门、每一个人。因此，获得所有利益相关者，也就是企业所有部门、所有员工的支持就成为 ERP 系统实施成功的保证。当企业各个部门的负责人，尤其是企业的中层管理者都是 ERP 项目的坚定支持者并且为 ERP 项目提供积极的配合时，才有助于消除 ERP 系统实施的组织性障碍，促进 ERP 系统的成功。

用户参与 ERP 系统实施不但有利于 ERP 系统更好地满足用户需要，还有利于增进员工对 ERP 项目的认同程度，增强所谓的主人感（ownership），使员工感受到 ERP 系统实施过程在自己的影响和控制之下，进而减少抵制行为。同时，人们如果没有参与 ERP 的实施，他们总是期望系统是完美的。而参与实施过程，会让员工对 ERP 的功能和 ERP 对企业发展的意义有更深入的了解，对 ERP 的应用效果有正确的评价。但是，真正做到员工参与并不容易。管理者必须切实认识到，员工才是 ERP 系统的最终用户，ERP 系统实施的成功确实需要广大员工的智慧和贡献。

8. 知识管理

ERP 系统包含着丰富而复杂的知识和技巧。这使得对 ERP 的实施和操作也极富知识含量。获得、保持、传递并最终集成这些知识，成为重要的管理能力。因为实施 ERP 实际上是一个从系统集成到业务集成，并最终体现为知识管理的过程。知识管理是指对分布在不同业务部门和流程中的知识的管理，企业原有流程中的知识与 ERP 系统固化的知识的管理，以及来自企业外部 ERP 厂商和咨询公司的知识与企业内部知识的管理等。

教育和培训是知识管理的重要手段，其作用在于要保证员工能够理解企业实施 ERP 的目标和意义，理解 ERP 的项目愿景，切实认识到 ERP 对企业发展的作用，还要保证员工有足够的知识和技能去使用 ERP 系统，并且能适应由 ERP 所带来的工作方法、业务流程等方面的变革。这样才能降低由 ERP 所带来的不确定性，减少抵制的发生。教育和培训既包括对普通员工的培训，又包括对管理者的培训。

3.3 本章小结

本章主要讲述 ERP 的实施方法内容。其中包含 ERP 实施方法和实施方法论两部分内容。

ERP 系统的实施讲述了 ERP 系统实施方法，阐述了信息系统开发与 ERP 实施的区别，实施 ERP 系统的必要性和 ERP 系统实施的策略。

实施方法论部分主要讲述 ERP 实施方法论的定义和 ERP IUP，说明了 ERP IUP 阶段里程碑和其核心工作流，阐述了两种 ERP IUP 模型的裁剪方法和 ERP 实施的关键成功因素有哪些。

第 4 章

ERP 实施与战略匹配

战略匹配的目的是使 ERP 系统和企业的战略相匹配。ERP 实施的业务—IT 匹配模型为企业管理人员确定 ERP 实施策略提供了科学、稳定的思维模型。ERP 实施的策略研究企业 ERP 实施的动机、控制范围与控制模式、变革模式、投资及其优先级等重要的问题。

4.1 ERP 实施的匹配模型

4.1.1 战略匹配循环

1989 年，Parker 等人提出了企业战略和 IT 战略之间需要实现匹配。他们认为信息技术规划与企业战略考虑处于一个循环过程之中，并对经营范畴和技术范畴进行了区分，战略匹配循环模型如图 4-1 所示。在这个过程中，企业经营规划战略影响了企业的组织规划，而企业的组织规划又将影响企业的 IT 和系统规划，IT 和系统规划的发展将带来更多的应用 IT 技术的机会，而这又将影响下一步的企业经营规划战略。同时，新的应用 IT 技术的机会的出现会影响企业的 IT 和系统规划，企业的 IT 和系统规划会引起企业的组织规划的变化，这种变化最终会提升并促进企业经营规划战略的发展。

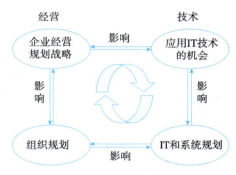

图 4-1　战略匹配循环模型

4.1.2 战略—技术匹配的五因素模型

Scott Morton 于 1991 年建立了五因素模型，如图 4-2 所示。这个模型包含结构、管理过程、个人与职责、技术、战略等五个因素，这五个因素影响着组织的战略目标。

该模型表明，技术与战略之间的关系不是简单的或直接的关系，而且这一关系可能受到组织文化的影响。这一关系可能还会受到内部和外部技术、社会经济环境的影响。由于组织内部和外部的社会经济环境具有高度的动态性，所以必须经常对战略和技术的一致性进行检验和监控。

这一模型的中心要素是管理过程（management processes），这些过程处于技术和战略之间。因此，该模型意味着，如果管理过程不到位，就很难实现技术和战略之间的一致性。该模型同时指出，战略和技术的匹配可以通过结构、管理过程、个人与职责三方面的指标进行匹配。而现实中技术与战略之间通常是直接的关系，不受管理过程的任何影响。

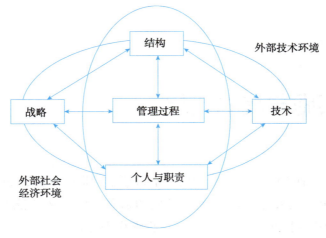

图 4-2　五因素模型

4.1.3　战略匹配模型

1993 年，Henderson 和 Venkatraman 认为无法实现信息技术投资价值的部分原因在于企业战略与信息技术战略之间缺乏匹配，战略匹配不是一件独立的事情，而是一个不断调整和变革的过程。他们提出了一个信息技术 - 企业战略一致性模型，如图 4-3 所示，它强调企业战略、信息技术战略、组织结构和流程、信息技术结构和流程之间的多元匹配性。这一模型与五因素模型相比更加简化，并且不再以管理过程为中心。

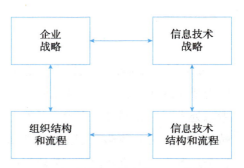

图 4-3　信息技术 - 企业战略一致性模型

在该模型中，企业战略包括经营范围（企业在从事什么业务）、与众不同的竞争能力（在哪些方面企业做得最好）和治理（企业依赖于什么样的外部业务关系）。组织结构和流程包括组织结构、经营流程和技巧。信息技术战略包括技术范围（什么信息技术创造了经营机会）、价值能力（什么信息技术创造了经营优势）和治理。信息技术结构和流程包括相关的结构、流程和技巧。

Luftman 于 1998 年介绍了 IBM 对 8000 多家公司经理进行的调查研究。该研究发现，以下六个因素对信息技术与企业战略的匹配产生了最重要的影响：①最高管理者对信息技术的支持；②将信息技术管理寓于企业战略开发之中；③信息技术人员对企业的理解；④企业领导者与信息技术领导者之间的合作关系；⑤信息技术项目的优先程度；⑥信息技术管理者的领导能力。这一研究结论对匹配模型提供了支持。

Henderson 和 Venkatraman 于 1999 年修正了信息技术 - 企业战略一致性模型，提出了战略匹配模型，如图 4-4 所示。这一模型主张要在四个范畴各自的内部要素之间和四个范畴之间实现匹配，以便实现 IT 技术与企业战略的整合。每个范畴内部的要素协调有两层含义：战略相融（范畴内部与外部之间的匹配）和职能相合（经营范畴与 IT 技术范畴之间的匹配）。

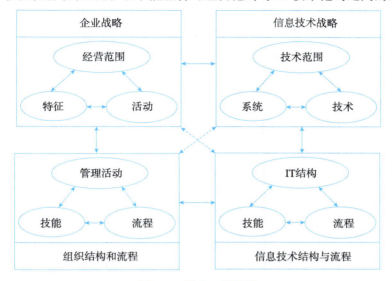

图 4-4　战略匹配模型

此模型为实现信息技术与企业战略中经营目标之间的匹配，从而充分实现信息技术投资的价值提供了一种解决方法。Henderson 和 Venkatraman 认为，信息技术潜在的战略性作用的发挥依赖于两个条件：一是了解信息技术战略的关键内容以及信息技术战略对企业战略决策的制定和实施的影响，二是不断地进行信息技术战略调整和变化。他们二人提出的这一模型"界定了经理人战略选择的范围"。

4.1.4　三系统匹配模型

2000 年，Proper 等人认为企业存在三个系统，即：组织系统（企业）、组织系统内的信息系统、信息系统内的计算机信息系统（IT）。信息系统不仅指计算机的信息处理活动，而且包括人工进行的信息处理工作。有人称之为广义的信息系统，而将计算机信息处理系统称为狭义的信息系统。

区分开这三个相互交织的系统后，企业 - 信息技术匹配可以被看作是这两种形式的系统匹配：①组织系统（企业）与信息系统匹配；②信息系统与计算机信息系统（IT）的匹配。要实现持久的匹配，必须持续进行次级系统和上一级系统之间在战略、战术和运营三个层次上的协调。这与传统的信息规划方法不同，传统的信息规划就是每几年进行一次持续数月的项目，规划报告提交时往往已成为过时的内容。三系统匹配模型如图 4-5 所示。

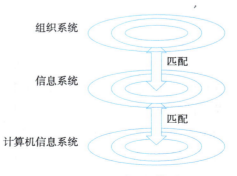

图 4-5　三系统匹配模型

4.1.5 业务—IT 匹配模型

Kosits 认为，为了实现企业战略与信息技术战略的一致性，企业必须首先定义其目标，然后确定 Henderson 和 Venkatramon 模型的哪个因素对未来的成功会产生最大的影响。然后对最薄弱的领域（经常是信息技术战略）进行详细的研究。最后确定具体的行动，以改善两战略的一致性。这些行动决定于组织及其环境。Maes 认为，在战略层次考虑的是经营范围、核心竞争力和治理的问题，在结构层次主要考虑结构和能力问题，而在经营层次则主要考虑流程和技能问题。Giovanni 和 Camponovo 认为目前关于企业战略与信息系统匹配的研究主要局限在企业内部，应该多考虑外部环境的匹配。

Gattiker 和 Goodhue 认为，由于二级部门（sub-units）之间的相互依赖会带来 ERP 与全球运营需求的更好的匹配度，而对二级部门进行区分会降低 ERP 与当地运营需求的匹配度。Soh 等认为 ERP 的不匹配源于公司或国家特有的特点和条件并不符合 ERP 的要求。按照传统的软件应用的观点，Soh 等从数据、流程和产出的角度研究 ERP 与运营需求的匹配度，Hong 和 Kim 则从数据、流程和用户角度衡量 ERP 与运营需求的匹配度。

战略匹配是企业实施 ERP 的起点和核心驱动力，是企业依据其现状和发展战略来确定企业未来的信息系统发展战略的过程。ERP 作为一个企业级的管理信息系统，其实施和企业的规模、发展阶段、管理现状、IT 现状、企业战略等都有非常紧密的关系，业务—IT 匹配模型如图 4-6 所示。

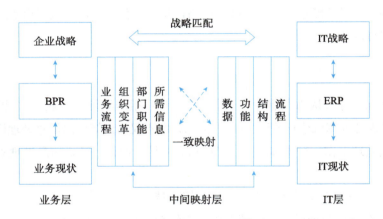

图 4-6　业务—IT 匹配模型

企业的管理现状和 IT 现状实际上决定了企业实施 ERP 的策略。企业通过 BPR（business process reengineering，业务流程重组）达到企业战略的变革集中反映在企业业务流程、组织变革、部门职能和所需信息等方面。企业通过实施 ERP 来提升企业 IT 战略集中体现在所实施的 ERP 系统的流程、结构、功能和数据等方面。四个方面的一致性映射是 ERP 实施的技术实现过程。战略匹配过程就是综合考虑和分析以上因素后做出决策。

ERP 实施的业务—IT 匹配模型的匹配体现在两个维度，一个是横向匹配，另一个是纵向匹配。横向匹配体现了业务层和 IT 层的匹配，横向匹配分为两个层次，一是战略层的匹配——企业战略和 IT 战略的匹配，二是非战略层的匹配——业务流程、组织变革、部门职能和所需信息如何与 IT 系统中的流程、结构、功能和数据匹配的问题。纵向匹配分两列匹配，一是业务层匹配，二是 IT 层匹配。业务层的匹配回答如何通过 BPR 实现企业战略和管理水平提升的问题，IT 层的匹配回答如何通过 ERP 实施实现企业 IT 战略和企业信息化水平提高的问题。

4.2 企业战略与 ERP 实施策略

企业战略是指企业根据环境的变化、本身的资源和实力选择适合的经营领域和产品，形成自己的核心竞争力，并通过适当的竞争策略在竞争中取胜。ERP 实施策略是对企业战略的分解和落实。ERP 实施策略研究如何确定 ERP 与业务的匹配模式（实施动机）、控制范围与控制模式、企业变革模式、投资及其优先级等方面的问题，以促进 ERP 实施的成功。

4.2.1 企业战略

随着世界经济全球化和一体化进程的加快和随之而来的国际竞争的加剧，企业战略的要求愈来愈高。美国哈佛大学竞争战略专家 Michael E.Porter 提出了三种竞争战略：成本领先战略、差异化战略和集中化战略。此外，W. Chan Kim 和 Renee Mauborgne 提出了蓝海战略。

1）成本领先战略。成本领先战略是指在质量不低于行业同类水平的基础上，通过管理创新、规模效益和市场占有率等措施，使企业的总成本低于竞争对手。关于成本领先战略，著名的战略学家 Porter 在其著名的《竞争战略》一书中有详细的叙述。成本领先战略作为企业的基本战略之一，核心思想就是企业要不断降低产品和运营的成本，使自己的总成本低于同行的竞争者，并以较低价格取得竞争优势，争取最大的市场份额。成本领先战略是大型企业常用的战略，规模、外包和国际化是成本领先战略的主要关注点。

2）差异化战略。差异化战略是指企业应发扬自身差别优势之长，创造出个性突出的产品或服务，比同行竞争者能更有效地满足目标顾客的需求。品牌、创新和市场营销能力是差异化战略的主要关注点。所谓差异化战略，主要指两个方面：一是在产品开发方面，企业凭借自身的技术优势、制造优势，生产出品质、性能、外观等方面优于市场上同类产品的产品。二是在市场营销方面，企业通过独具特色、效果显著的宣传活动，灵活多样、推陈出新的促销手段，体贴周到、温暖人心的客户服务，让消费者在最短的时间内了解自己的产品，对企业产生认同感，发自内心地喜爱企业的产品，从而成为企业的忠实客户。

3）集中化战略。集中化战略是指企业将目标市场锁定在某一个或几个较小的细分市场，实行专业化经营，走小而精、小而专的道路。实行集中化战略的关键在于企业拥有的产品或技术是某一特定目标市场必备的需求，企业在这一特定细分市场上有能力占有极大市场占有率，成为小行业中的小巨人。但是，集中化竞争战略风险也比较大，一旦市场发生变化，对企业的威胁也很大。集中化战略可以分为两种：以低成本为基础的集中成本领先战略和以差异化为基础的集中差异化战略。集中化战略是中小型企业比较适合采用的战略。

4）蓝海战略。企业冲破充满血腥竞争的红海，开创无人争抢的市场空间，把竞争者甩在脑后。蓝海战略是由韩国学者金教授和美国学者莫博涅教授合著的《蓝海战略》中提出的，它为企业指出了一条通向未来增长的新路。蓝海战略要求企业把视线从市场的供给一方移向需求一方，实现从关注并超越竞争对手的行为转向为买方提供价值的飞跃。通过跨越现有竞争边界看市场以及将不同市场的买方价值元素筛选与重新排序，企业就有可能重建市场和产业边界，开启巨大的潜在需求，从而摆脱"红海"——已知市场空间的血腥竞争，开创"蓝海"——新的市场空间。红海战略和蓝海战略的差异见表 4-1。

表 4-1 红海战略和蓝海战略的差异

	红海战略	蓝海战略
竞争观念	行业条件是既定的，一个行业里只有少量的理想竞争位置	行业条件是可变的，应当在行业里找到自己独特的竞争位置
对待对手	要打败对手，要占到行业中理想的竞争位置	甩开竞争对手，要开创无人竞争的市场空间
客户需求	要开发顾客现有的需求	创造和获取顾客的新需求
战略选择	在成本领先和差异化之间进行取舍，二者必居其一	为同时追求差异化和低成本，协调公司活动的全套系统

Michael Treacy 和 Fred Wiersama 研究了成为卓越企业的途径，在他们研究的基础上，我们把卓越企业的五个特征总结如下：

1）卓越运营：从供需链的角度考虑企业的运营效率和可靠性。通过业务模式重新设计和业务流程重组，运用系统工程、价值网络、业务组件化、外包等方法进行企业架构。

2）客户至上：强调客户服务和响应。领先企业通过对客户的深入了解和细分，充分利用客户的高要求和信息透明性，拉开与竞争对手的距离，它们不仅仅满足客户普遍性的需求，而且致力于超越客户的期望，创造全新的产品和服务体验。

3）创新为先：关注新型产品与服务的变革。通过不断的技术创新和服务模式创新减低成本，并为客户提供新的价值和体验。

4）国际视野：通过国际化整合全球资源。通过整合全球的技术、资本、管理、人才，提高决策能力和管理能力，占领国际市场。

5）重视声誉：卓越的企业应当具有良好的社会责任感。客户会用他们的购买行为表示对企业社会责任的赞赏。企业要重新审视和调整自己的社会声誉，不仅仅是通过宣传，也可以通过重视绿色产品的开发、降低产品对环境的破坏、重视客户售后服务、加强客户的安全感、重视公益事业、树立良好社会形象等具体的行动提高社会声誉。

4.2.2 ERP 与企业战略的匹配模式

企业业务的开展越来越依赖 IT 的支持，企业战略和 ERP 的匹配问题一直是企业管理者关注的核心问题。业务与 ERP 是相互促进相互支持的关系,在企业发展的不同阶段,企业业务和 ERP 的关系也会有所不同。ERP 与企业战略的匹配模式如图 4-7 所示。

1) 业务运营推动模式是最常见的模式。该模式从企业的业务发展需要出发,推动和决定企业 ERP 的实施。大多数企业的 ERP 实施是从该模式开始,特别是第一次实施 ERP 的中小企业。

2) 企业战略推动模式。该模式从企业战略出发,制定企业的 IT 战略后,就可以直接开展 IT 建设。该模式适合 IT 能力较强的企业,企业有较充裕的资金且有大型 IT 建设的经验(如 ERP 系统的升级、优化调整等)。

3) ERP 竞争力模式。采用该模式的企业将 ERP 作为主要的竞争力之一,ERP 的实施将影响企业战略的制定,从而影响企业的业务运营。采用该模式的企业从企业间的比较优势出发考虑问题,要么是行业的龙头企业,试图从 ERP 实施进一步巩固其领先地位,要么是龙头企业的策略跟随者,迫于竞争压力而实施 ERP。

4) 技术服务提供模式。该模式从企业的 IT 战略出发实施 ERP,并向业务部门提供相应的服务。该模式适合企业有充足的 IT 预算,且 IT 相当成熟并灵活,能在事先设定的水平上满足企业业务需求的 IT 服务。

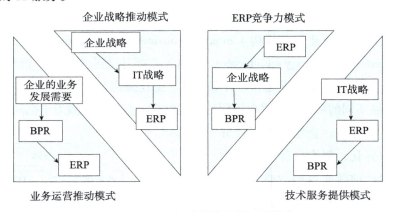

图 4-7 ERP 与企业战略的匹配模式

从 ERP 与企业战略的匹配模式出发,比较容易定性地分析企业 ERP 实施的动机。从企业实施 ERP 的动机来看可以将 ERP 的实施分为业务驱动性和技术驱动性两类,分别为匹配模式的左右两部分。技术驱动的实施有利于项目的成功,而业务驱动的实施有利于运营的成功。进一步划分,基于业务为动机的称为朴素的动机,即从企业的管理现状出发,考虑解决企业内部的实际管理情况。这些动机包括:①缩短生产周期;②降低库存;③提高资源的利用率;④加强供应商管理;⑤提高信息准确性,以更好地支持决策。以企业战略为动机的称为市场驱动的动机,即从市场及企业战略出发,主要考虑企业的外部需求,这些动机包括:①缩短订货提前期;②准时运输;③提高顾客满意度;④提高企业的市场适应性;⑤提高产品质量水平。以 IT 战略为动机的称为激进的动机,包括:①系统集成;②良好的适应性;③应用最新技术;

④利用技术取得竞争优势。

结合 Maber、Olhager 和 Selldin 等人的研究，美国、瑞典和中国三国的 ERP 实施动机比较见表 4-2。

表 4-2　三国的 ERP 实施动机比较

动机	美国	瑞典	中国
朴素的动机	3	3	2
市场驱动的动机	2	1	3
激进的动机	1	2	1

注：表中 1~3 表示从"不重要"到"很重要"。

从研究的结果来看，企业 ERP 实施的动机以朴素的动机最多，战略匹配模式以 ERP 竞争力模式为主。

4.2.3　企业架构

企业架构（enterprise architecture，EA）是指从企业的战略出发，为了实现企业现在和未来的目标，定义企业各个组成部门的结构，以及它们之间的关系、演变原则和规定，并据此建立系统化、标准化的业务流程和 IT 平台的方法。

企业架构主要包括企业业务架构（enterprise business architecture，EBA）和企业 IT 架构（enterprise information-technology architecture，EITA）。它们包括业务组件、流程、组织、分布、IT 等各个方面，可以全面对企业进行设计和规划。企业架构要从企业的战略出发，企业战略关注与竞争对手做不同的事，或者采取不同的方式做事。企业架构致力于把同一件事情做得比竞争对手更好、更经济。企业战略可分解为成本领先、差异化、集中化等方面，业务架构重点考虑如何落实这些战略，其重点在于流程的改造和优化，采用先进的技术，通过加强管理获得效率和降低成本等。

企业架构与企业战略和企业运营环境密切相关，企业战略决定了企业架构的形态，而企业实际的运营环境是指在企业架构指导下建立起来的企业日常运作。企业架构是企业战略与实际运营之间的桥梁，有助于战略的落实。企业架构的桥梁作用如图 4-8 所示。

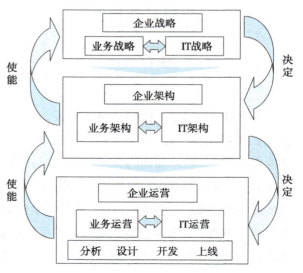

图 4-8　企业架构的桥梁作用

4.2.4 控制范围与控制策略

大多数公司只采用系统供应商软件中的几个模块。这种做法的优点是可以相对降低组织风险和短期内的开销，减少 ERP 系统整合组织运作的过程中造成的损害；缺点是不能获得供应商系统提供的全面功能，而且用户只能按照供应商在系统中设定的程序进行工作。

联邦化是另一个相关的概念。这个术语是达文波特提出的。其含义为：企业在各个地区的分支机构逐步实施不同版本的 ERP 系统，每个地区的系统分别定制，以适应各地运营的实际情况。该方法建立了一个核心的 ERP 模块，由所有分支机构共用，但允许各地区自主运行和控制其他的模块。

ERP 实施在控制策略、软件设置、技术平台和管理执行等各方面都面临复杂的问题。ERP 系统有多种控制策略可供选择。Markus 等人研究了多地点的 ERP 实施项目中这四方面的实践。他们找到了至少五种进行业务控制的管理方法、四种软件设置的方法，还有两种在多地点实施中完成 ERP 系统执行的方法，见表 4-3。

表 4-3　业务控制的管理方法

控制策略	软件设置	技术平台	管理执行
完全集中化	单一财务/单一运营	集中化	大统一方法
总部只控制财务	单一财务/多种运营	分布式	分阶段完成装配
总部协调运营活动	多种财务/单一运营		
网络协调运营活动	多种财务/多种运营		
完全地方自治			

（资料来源：MARKUS M, TANIS C, FENEMA P. Multisite ERP implementation [J]. Communication of the ACM, 2000, 43: 42-46.）

在多地点的 ERP 系统中，我们面临的首要问题是系统范围的定义。系统范围决定了企业能够从 ERP 系统中得到多少收益。如果企业只采用了几个财务模块，那么就不能得到其他模块带来的好处，也不能得到整个 ERP 系统带来的优势。但是项目范围越大，它需要的协调合作程度就越高。另外，因为大范围的项目对组织的影响更为普遍和深远，所以更加需要高层管理人员的支持。

4.2.5 业务变革方式

2000 年，Shang 和 Seddon 根据"改变 ERP 系统的意愿"和"改变组织流程的意愿"两个维度提出了系统—流程匹配策略，如图 4-9 所示。

1）流程复制（process replication）：用 ERP 系统复制现有流程或是流程自动化，目的是使 ERP 系统和组织流程都不必太多变化。

图 4-9　系统—流程匹配策略

2）流程改进和加强（process modification and enhancement）：改变现有组织流程以适应

ERP 系统中嵌入的最佳业务实践。

3）系统改进和加强（system modification and enhancement）：通过修改程序代码对 ERP 系统进行复杂的改变，以此来适应组织的业务需求。

4）系统探索（system exploration）：既改变组织流程，又改变 ERP 系统，以此探索和利用一切可能的机会提高组织绩效。

Shang 和 Seddon 认为，上述 4 种策略中系统探索最有利于企业实现 ERP 利益，其次是流程改进和加强。但是系统探索策略的缺点也是显而易见的，例如增加 ERP 系统实施过程的不确定性和复杂性、延长实施时间、增加成本等。

4.2.6 投资及其优先级

投资及其优先级主要考虑三个方面的问题，分别是实施的时机、项目的费用组成及模块实施的优先顺序。

（1）实施的时机。ERP 的实施时机要考虑企业生命周期和企业的信息化水平及应用状况等方面的情况。

企业的生命周期会经历初创、发展、成熟、转型（再生和衰退）四个阶段。评判这四个阶段的两个维度是企业的灵活度和可控性，随着企业不断成熟，企业灵活度会下降，而可控性先是随着企业管理完善上升，但是当创新意识下降，组织开始僵硬时，可控性也就随着下降。只有当两者交汇时，企业处于最优发展阶段。在转型阶段，有的企业居安思危转型成功实现了管理的螺旋式上升，使得企业蜕变再发展，有的企业故步自封最终走向了破产的边缘。

企业生命周期的 4 个阶段如图 4-10 所示。

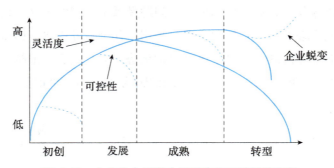

图 4-10　企业生命周期中灵活度和可控性的变化

注：企业生命周期的两个维度：灵活度和可控性。

随着企业的发展，为了更好地经营和发展，在可控性和灵活度交汇的点企业可能面临以下几方面的挑战：

1）对信息处理能力的需求增加。信息处理是企业管理活动的支柱，是决策形成的基础，中小企业的早期管理人员既要从事管理活动，也要从事信息管理的活动，随着企业的快速发展，特别是企业规模的迅速扩大，管理活动中需要处理的信息急剧增长，管理决策活动也由于组织内外环境复杂多变而日趋复杂。此时要求管理决策活动和信息的处理进行明确分工，各级管理机构的主要任务是进行决策，而信息处理则主要由管理 ERP 系统承担。这时候是企业实施 ERP 的一个非常好的时机。

2）加强内部管理。对于迫切需要理顺管理的企业来说，往往是在企业发展到一定规模后忽略了内部的一些管理，包括执行制度的建立、运作规程建立、企业文化的发展等，使企业陷入一种理不清的混乱状态。对于这类企业，发展 ERP 目的就是为了借助 ERP 的力量理顺管理问题，借助软件功能来规范管理；对于迫切需要完善信息管理的企业来说，由于企业在发展过程出现了内部统计数据滞后，跟不上市场的快速反应，重复统计工作烦琐，数据出处不唯一，甚至误导决策者等问题，归其原因就是内部信息还没有共享，这种企业上 ERP 的目的是先实现数据统一，再通过 ERP 信息化和管理理念督促企业管理的完善和提高。所以在需求定义时一定要将这些问题细化，明确实施次序、实施重点，对于中小企业而言，定义需求的原则是好用、实用，不要盲目追求大而全。

3）企业组织结构调整。环境决定战略，战略决定组织。当企业的内外环境发生变化，企业战略必然发生变化，新的战略必须有相应的组织结构来支持和保证。于是，组织结构调整势在必行。

因为组织结构的主要功能在于分工和协调，所以，通过组织结构调整，将企业的目标和战略转化成一定的体系或制度，融合进企业的日常生产经营活动中，发挥指导和协调的作用，以保证企业战略的完成。因此，组织结构调整是企业总体战略实施的重要环节。

由于众多企业在应用信息技术方面难以达到预期目标，一些企业开始与研究机构合作进行这类问题的研究。其中最著名的研究成果就是美国麻省理工学院（MIT）自 1984 年开始，直至 1991 年终告结束的一项名为《九十年代的管理》的研究报告。该项研究调查了 IT 应用对各类机构的影响，研究人员发现：成功企业应用 IT 的方式往往比较先进。Venkatraman 的研究结果如图 4-11 所示。

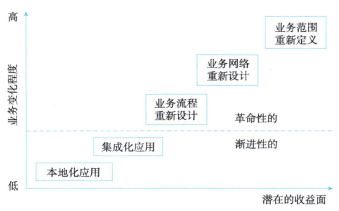

图 4-11　IT 应用模式

模式 1：本地化应用。ERP 系统相互独立地应用在一个企业的各个部门，如财务部门、销售部门、库存管理部门等，以实现单项业务管理的计算机化并提高工作效率。

模式2：集成化应用。当一个企业IT应用进入成熟期时，他们会认识到需要将各个独立运行的系统连接到一起，如通过共享数据将财务系统与生产系统集成一体化。

模式3：业务流程重新设计。在应用ERP系统前对企业手工业务处理流程进行重新改造或调整，以适合计算机信息处理的特点与计算机化工作方式的要求，而不是简单地模拟手工业务处理规程。

模式4：业务网络重新设计。重新设计企业与企业之间的业务处理过程，即对企业的整个供应链（supply chain）的工作流程进行重新设计。

模式5：业务范围重新定义。通过IT应用重新审视企业业务范围，对新的或已有的市场提供新产品（或服务），或为新的市场提供已有的产品（或服务）等。

从模式1到模式2是一个自然发展的渐进过程，一般发生在开始应用IT的一段时间之后。遗憾的是，这一阶段的收益也无疑是一个缓慢过程，企业一般没有充分发挥IT手段的潜能。应用模式3、模式4、模式5则发生了革命性的变化，这些应用模式不是从现有的工作方式开始应用IT，而是注重对人们已习惯的原有工作方式与工作流程进行重新改造与设计，然后发挥IT手段支持新的工作方式的能力。改造过程越深，改造范围越广，收益也就越大。

（2）项目的费用组成。ERP系统实施费用组成见表4-4。其中ERP市场调研、内部需求分析、员工培训费用、数据准备费用和系统运行费用常作为隐性成本，在企业预算中常常被忽略，导致项目实施困难重重。

表4-4　ERP系统实施费用组成

费用项	描述
ERP市场调研、内部需求分析	在ERP实施的前期，企业内部进行的相关调研
软件费用	ERP系统费用、操作系统、数据库等
咨询费用	对企业组织机构、业务流程、人员结构进行调研；提出组织机构、业务流程的优化重组方案；制定新的企业管理制度；协助企业贯彻实施新制度、新方案
硬件费用	服务器及终端、网络设备、数据存储设备
二次开发费用	与其他系统的接口、功能、报表二次开发
员工培训费用	高层领导、关键用户、最终用户培训
数据准备费用	数据收集、净化、编码、导入等
系统配置、测试费用	系统配置、测试
系统运行费用	年度支持服务费、电信费、硬件维护及易耗品费用等

（3）模块实施的优先顺序。通常在确定一个实施模块的优先顺序时应该依据以下四个方面进行分析：

1）模块的实施预计可明显节省费用或增加利润，这是一种定量因素的分析。

2）无法定量分析其实施效果的模块，例如提高雇员工资，往往可以激发雇员工作积极性，但这种积极性究竟能产生多大的经济效益则无法定量估计。

3）制度上的因素，即为了保证整个系统的实施工作能有条理地进行，有些原先并没有包括在系统开发工作之内的模块也应给予较高优先级。

4）系统管理方面的需要，例如有些模块往往是其他一些模块的前提，那么对于这样的模块就应该优先实施。

4.2.7 进度与资金策略

托马斯博士根据企业为实施 ERP 确定的不同目标，企业在实施 ERP 时可以有不同策略。他认为划分 ERP 实施方法有两种通用尺度：一是实施过程花费的时间，二是业务变动量和企业希望实现的价值。二者综合起来构成了 ERP 实施的时间—价值矩阵，见表 4-5。

表 4-5　ERP 实施的时间—价值矩阵

	技术层面	战略层面
速度快	快速减压	长期竞争
速度慢	劣质安装	快速优势

实施 ERP 的目的可能出于技术原因，比如为信息管理提供技术方案和支持工具等，也可能是为了增强企业战略和提高竞争力。着眼于技术层面的实施只能为企业提供核心 ERP 系统功能，而基本上不会牵涉业务变革；着眼于战略层面的实施则力图使业务变革产生积极效应，并使其商业价值最大化。实施速度的快慢，以及实施层面的侧重，不同的实施策略对企业意味着完全不同的结果。

1）速度慢＋技术层面。这是企业最不期望的方式。由于技术层面的重点极少放在商业价值上，因此实施工作应该完成得越快越好。如果在选择 ERP 策略时选择了这种组合或在实施过程中被迫走进了这种组合，最好尽快终止实施工作，以免带来更大的损失。

2）速度快＋技术层面。这种实施方式主要是为紧迫的技术问题或对不能满足需要的现有系统进行快速减压。这种方式可能费用最低，但不会直接增加商业价值，仅能将技术屏障转移到经营的有效性上去。除非企业遇到的技术问题必须在最短的时间内解决，否则也不提倡采用这种实施方式，因为系统到位后再进行优化一般要付出更大的代价。

3）速度快＋战略层面。这种形成快速优势的实施方式，实际操作起来几乎是不可能的，除非企业的管理非常优秀，企业的变革能力非常出色，企业的信息技术水平和应用信息技术的能力非常高。否则这种实施方式将可能使预期目标大打折扣。当然，可以通过这种方式求得竞争差异，将重点放在特定的业务流程或作为解决企业最薄弱环节的手段（例如在供需链管理这个局部），将大多数余下的业务流程依然按照"速度快＋技术层面"来解决。

4）速度慢＋战略层面。这种实施方式可能会较好地实现追求商业价值的目标。这种方式多被一些特大型企业或企业集团采用，特别是一些想通过实施 ERP 完成管理模式转型的企业。这时，慢的问题不是 ERP 软件系统实施引起的，大部分时间用来完成业务流程的大范围改动、修正员工行为、整理企业管理的各类基础数据等工作。当然，商业价值的大小也主要取决于这些工作完成得如何，而不是 ERP 系统本身，ERP 系统只不过是这些工作成果的载体。当然，这种实施策略带来的一个最直接的问题是在一段时间内可能见不到预期效果。

就国内绝大多数企业来说，企业管理基础薄弱、信息化程度低、ERP 产品/实施咨询服务水平还不够成熟，短期的合适的策略可能是"速度快+技术层面"，等到初步效益实现了，企业管理能力提升了，再采取"速度慢+战略层面"的实施策略；而大中型企业，最好采用"速度慢+战略层面"的实施策略，借用外脑、远景规划、逐步实现企业实施 ERP 的目标。

Andrea Masini 于 2003 年通过对 75 家从 1995 年到 2000 年之间实施了 SAP R/3 系统的公司的研究，发现有 4 种截然不同的实施策略。分别为朴素型策略、激进型策略、适应型策略和量体裁衣型策略。并给出了这些策略的考虑依据，图 4-12 是从资金投入和企业环境 2 个维度来观测 4 种实施策略。

采用什么样的 ERP 实施策略和方法取决于企业实施 ERP 的目标，策略和方式方法仅是达到目标的具体手段。至于企业是将解决技术层面的问题放在首位，还是将战略层面的问题放在首位，抑或是综合考虑，都取决于实施 ERP 的目的。换言之，ERP 实施是想分阶段见到效果还是一次性达到终极目标，都取决于采用以上的哪种实施策略。

图 4-12　ERP 实施的资金投入策略

4.3　本章小结

本章主要讲述了 ERP 实施与战略匹配等相关内容。包含 ERP 实施的匹配模型和企业战略与 ERP 实施策略。

ERP 实施的匹配模型解释了战略匹配循环、战略—技术匹配的五因素模型、战略匹配模型、三系统匹配模型和业务—IT 匹配模型等相关内容。企业战略与 ERP 实施策略讲述了企业战略、ERP 与企业战略的匹配模式、企业架构、控制范围与控制策略、业务变革方式、投资及其优先级和进度与资金策略等内容。详细说明实施 ERP 战略匹配的模型和策略方法。

第 5 章 企业业务架构与企业 IT 架构

5.1 企业业务架构

企业业务架构包括业务范围重新定义、价值网络设计、绩效考核和业务架构治理等四部分。

5.1.1 业务范围重新定义

业务范围重新定义是指重新审视企业业务范围，对新的或已有的市场提供新产品（或服务），或为新的市场提供已有的产品（或服务）等。选择了国际化和技术创新策略的企业，基于 IT 的发展和支持，企业有必要对其业务范围进行重新定义并思考新业务范围下的创新商业模式和需求响应策略。

1. 进入新市场的创新商业模式

对于中国企业而言，影响竞争优势的关键因素是其资源基础过于狭窄和创造性资产的缺乏。在全球竞争和信息化社会的知识经济时代，创新驱动已成为未来竞争的主要形态，如何进入新的市场并建立竞争优势，将是中国企业面临的最大挑战。

利用资源杠杆快速进入新市场的创新商业模式共有三种：一体化创新模式，整合创新模式，特许经营创新模式。

一体化创新模式是指为了获得最大回报，企业对创新过程的各个方面保持最大的控制，并选择"一切事情都自己来"的策略。整合创新模式是指公司与业务合作伙伴共同承担风险，分享回报。特许经营创新模式是指企业通过特许经营而获得回报，公司不必为创意的商业化而进行投资。

模式的选择和公司所处的环境和自身条件有关，对于公司能否成功地从新产品和新服务中获得回报有着戏剧性的影响，而且还会决定创新过程中回报与间接收益以及风险如何在各个联盟企业之间分配，三种创新商业模式见表 5-1。

表 5-1　三种创新商业模式

	自身条件	回报与间接收益	风险分配
一体化创新模式	对产品质量必须绝对控制； 公司具有世界级控制能力； 风险能够被控制； 知识财产必须被保护	得到创新的最大收益； 知识保护； 提高公司执行能力； 提高公司的品牌和形象	承担全部的风险
整合创新模式	进入新的市场（需要分散风险）； 不具备对整个创新管理的能力； 优势互补且可信的合作伙伴； 高超的业务合作伙伴管理能力	快速进入新市场； 通过合作获得知识； 提升品牌； 加强组织的生态系统	风险分担； 知识转移； 能力萎缩； 合作变成竞争
特许经营创新模式	公司没有将创新商业化的能力； 创新能力是企业的核心能力； 拥有智力资产的业务单位同意； 对技术有绝对的控制能力； 能有效保护自己的专利	回报小但现金增长速度快； 特许经营可降低竞争程度； 强化品牌； 加强组织的生态系统	风险最小； 由于诉讼而导致恶名； 与市场脱节

没有单纯的所谓正确或最好的创新商业模式，只要应用得当，所有创新模式都会产生回报。许多大公司都根据环境和项目情况，同时应用三种模式。

2. 需求响应策略

需求响应策略（demand response strategy）说明企业如何响应客户的需求。它曾一度被称为销售与生产环境（sales and production environment），受两种周期的制约。一种是从同客户签订销售合同开始，到客户收到订购的产品或货物为止的时期，称为需求周期（demand cycle），也称客户交付提前期（customer delivery lead time，CDL），是客户可以等待、接受和认可的交付周期。在当前经济全球化和买方市场的形势下，客户有更为广阔的选择天地，对需求周期要求越来越短。另一种是制造周期（production cycle），也称 manufacturing cycle time，MCT。是指企业制造客户所需产品的周期，包括设计、采购、加工、装配、发运等几个阶段，实质上是一种供应周期。需求周期与制造周期如图 5-1 所示。

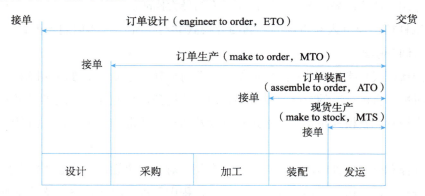

图 5-1　需求周期与制造周期

需求响应策略通常分为四种类型，这四种类型同产品品种的数量和客户群的数量有关，需求响应策略的类型见图 5-2。

产品品种反映生产环境，有大批量生产、多品种小批量生产、单件生产、大量客户化定制等类型。客户群的数量和销售环境依据客户群的数量的多少和其消费数量，决定订单的类型。现分别介绍如下：

1）现货生产（make to stock，MTS）。产品在接到订单之前就已经生产出来，客户订单上的商品可以随时从货架上取到，交货期只受运输条件的限制，需求周期等于发运时间。缩短需求周期的关键在于做好物料配送，是几种类型中需求周期最短的一类。

图 5-2 需求响应策略的类型

现货生产的生产计划通常是根据前端（客户端）实时的消耗信息，进行实时补充。除非补充库存所需的提前期很短，一般会在保证保质期或有效期的前提下有一定适量的库存。日用消费品、药品、卷烟都是现货生产类。

2）订单装配（assemble to order，ATO）。在接到订单后再开始组装产品，这类产品具有一系列的标准基本组件和通用件，是模块化的产品结构，可以根据客户的要求进行选择装配，是大规模定制的主要形式。

大量基本组件和通用件都是在接到订单之前，就已经根据预测生产出来了，保持一定的库存。接到正式订单后，只需要有一个最后装配计划（final assembly schedule，FAS），将基本组件中的可选项按照客户选择的型号装配出来就可以交货（总装配计划包括收到合同以后，核查物料可用量、配套领料、装配、测试、检验、包装及发货等各项作业）。这时的需求周期等于发运周期再加上装配周期。

订单装配也称订单配置（configure to order，CTO）计算机和小轿车是典型的订单装配商品。

3）订单生产（make to order，MTO）。这类产品主要是标准的定型产品，在接到订单后再开始生产产品，不需要重新设计和编制工艺，可以迅速报价和承诺交货期。

此时的需求周期等于不包括设计周期的制造周期，采用典型的 MRP 计划方法。原则上产品无库存或极少量库存，只对原材料和通用件保留一定数量的安全库存。有标准型号规格的电机、通用机械是典型的订货生产类型。

4）订单设计（engineer to order，ETO）。订单设计是指在接到订单后从产品设计开始直到产品交付，需求周期等于制造期，是四种类型中最长的一种。

这类产品完全是按客户特殊要求设计的定制产品，往往只生产一次，不再重复，不仅产品需要重新设计，工艺路线和原材料采购也需要重新开始，这时，压缩产品的开发周期和制造周期是直接影响竞争力的关键因素，往往靠一个企业是难以做到的。对这类情况，要用到敏捷制造的原理，根据客户订单要求，组织各种专业的经济实体，发挥各自的特长，组成虚拟企业（或动态联盟）协同完成订单任务。

5.1.2 价值网络设计

价值网络设计将企业的供需链管理从波特的链式思考提升到网络思维，是传统供应链模式在当今电子商务社会的一种提升。价值网络设计的本质是围绕顾客价值重构原有的价值链，使价值链的各个环节和不同的主体按照整体价值最优的原则相互衔接、融合、动态互构。价值网络设计的核心是组件化企业。

1. 业务组件模型

组件化是指把企业的市场、设计、销售、采购、生产等业务功能转变为业务模块，即业务组件。业务组件模型（component based modeling，CBM）是指通过企业功能组件化的方式对企业进行重新定义和组合的过程。CMB不仅仅是对企业蓝图的高层次描述，而且是一个内容丰富的模型设计工具，它采用了组件化的方式对企业进行分析和设计。

业务组件模型可以用业务架构图来描述，使企业管理层能够在同一层面上进行业务决策。每个业务组件都有自己的边界，提供特定的业务服务，同时也可以使用其他业务组件的服务。业务组件通过自己拥有的资源、技术和信息为企业创造价值。CBM图可以有多层，最高层面的是总图，总图一般可以分解为2层和3层CBM活动图。CMB总图如图5-3所示。

	市场	设计	销售	采购	制造
战略层	市场细分 市场战略	设计战略 创新战略	销售战略 分销直销	采购战略 JIT	制造战略 JIT
管控层	客户关系 市场活动 IT支持	CAI CAD	客户管理 电子商务	库存管理 IT支持	成本控制 CAM
执行层	广告宣传 客户管理 客户服务	产品设计 产品创新	销售机会 合同签订	供应商管理、采购、盘点	加工工艺 设备维护

图 5-3 CMB 总图

在CMB总图中，纵向是职能层次（accountability level），分为战略层（direct）、管控层（control）、执行层（execute）三个层次。不同的层次代表不同的职能：

1）战略层属于企业高层管理者负责的范畴，主要负责明确战略发展方向，建立总体的方针政策，调配资源，管理和指导各个业务板块。

2）管控层是中层经理进行的管理活动，主要是企业部门经理和分支主管。他们负责把战略落实到日常运营当中，监控和管理业务指标和企业员工。

3）执行层是指进行具体操作的员工从事本组件负责的业务功能，处理业务请求和数据，注重作业的效率和处理能力。典型的岗位有销售代表、操作人员、工程师等。

在 CBM 总图中，横向是企业的业务能力（business competencies），即企业创造价值的能力。通过市场、设计、销售、采购、制造等业务能力在三个层次的取舍战略及采用不同的管控模式，帮助企业明确不同业务单元的功能，划分它们的边界，制定它们的关联关系。

CBM 总图的确定时首先要确定企业的业务能力泳道图，再对每个泳道里的具体能力进行细分，把具体的能力划分成战略、管控和执行等不同的层次，最后定义组件的范围和属性。

2. 业务组件的定义与分解

企业业务的复杂程度不同，一般的企业会有上百个业务组件，它们涵盖了企业所有的业务活动。组件内部的活动在企业范围内要做到全面且无重复。企业所有的业务活动必须而且只能归属某一个组件，如果其他组件也需要相似服务，只能通过标准的调用方式使用，而不能重新定义这项活动。

每个业务组件都有自己的业务目标和考核指标，有一系列紧密关联的业务活动，还有人力、财务、技术等资源和管理的方法以及可以对外提供的服务。业务组件能够独立运作，既可以由企业内部完成也可以外包。业务组件的组成部分见表 5-2。

表 5-2 业务组件的组成部分

业务目标 为什么存在，创造什么价值，主要的考核指标			
活动 一系列简单、密切联系的活动		资源 完成活动需要的人、财、物、技术以及信息	管理 活动和资源是如何管理控制的
业务服务 能够提供什么服务，需要使用其他组件的什么服务			

业务组件具有以下特点：

1）业务组件是独立的业务模块，在企业系统中承担特定的职责。组件可以由企业自己完成，或者由合作伙伴完成。企业组件化的过程是企业内部外部专业化的过程，企业可以通过组件化建立价值网络，重复利用外部资源来提升自己的竞争力。

2）组件内部各个活动之间是紧密联系的，而与外部其他组件的关联程度较低。所以组件可以独立运作，这使得专业化分工和外包成为可能。

3）每个组件的输入输出高度标准化。组件不能够直接使用其他组件内部的活动或者资源，只能根据组件之间的标准接口提出服务请求，从而获得所需的服务。

4）组件一般都拥有自己的资源，它们在完成特定的有价值的活动时会消耗这些资源。也存在没有资源的组件，它们只能通过调用其他组件资源的方法来实现自己的功能。

企业的战略要注重特定的领域，确定发展目标是在哪些方面做到最好，而不是什么都做到最好。在运营层面，企业需要明确支持战略重点的业务组件，集中精力和资源把它们做到最具竞争力。一般来说，成功的企业只关注少数几个专业化的组件，并且在行业中做到最好，从而得到比一般企业更高的回报。

组件可以分解成若干活动，组件是由它的活动体现的，活动是组件最主要的组成部分。活动是将来流程设计的零件，把这些零件组装起来就可以形成各式各样的流程。低层级的活动是连接CBM和流程的共同点，CBM中的活动可以作为流程设计中的部件，经过组装完成不同业务目标。组件活动与流程活动之间的关系如图5-4所示。

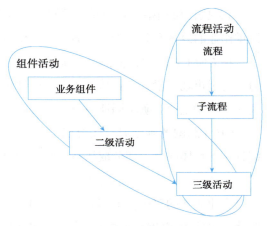

图5-4　组件活动与流程活动之间的关系

3. 业务组件分布模型

组件分布模型（location model）也叫属地模型，是指企业业务结构中决定业务活动在什么地点执行的模型。通过客户接触程度和作业量两个维度，对企业的业务组件进行评估，就可以发现哪些组件可以集中，哪些组件需要分散处理。

1）客户接触程度是指衡量一个业务组件或业务活动是否需要面对面地接触客户的指标。把企业的组件按照接触程度进行布局，就可以决定该组件或活动是集中还是分散。

2）作业量是指从运营作业量的角度来衡量业务组件或业务活动的作业规模，根据作业量的大小，决定业务组件或活动专业化或自动化的程度。

组件分布评估矩阵如图5-5所示。左边的评估矩阵说明了每个象限的特点。在设计分布模式的时候，需要分析各个组件符合四个象限中的哪个特点，并放到相应的位置上归为四类。右边的矩阵是对四类业务组件的设计方案或改造措施。

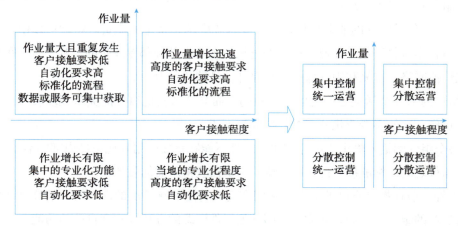

图5-5　组件分布评估矩阵

在通过评估矩阵发现业务组件的集中或分散的属性以后，还需要考虑以下的限制条件，对集中或分散的组件进行调整：

1）运营成本。在集中或分散后，是否会降低成本，是否会产生规模效益。

2）风险控制。是否有利于业务运营中风险点的控制，降低风险可能带来的损失。

3）监管要求。政府是否有监管的要求，会不会对集中或者分散处理产生监管障碍。

4）接受程度。主要是指外部的合作伙伴或者客户对集中或分散有一定要求，能否接受企业的集中或分散的操作模式。企业内部的接受程度不作为重点考虑对象，可以通过变革管理等手段来解决。

企业通过集中和分散可以最大限度地发挥规模效益，并控制风险，保证企业战略贯彻到具体的业务运营之中。在企业战略确定的前提下，要综合考虑各种情况，权衡成本、效率、管控之间的平衡。对处于不同发展阶段的企业或者不同的业务线来说，其组件分布模型的侧重也会有所不同。业务组件的分散和集中对企业的流程、组织架构、IT架构都会产生重大的影响。

4. 业务组件资源整合模型

资源整合模型决定企业业务组件的资源整合行为。通过对每个组件的差异化价值和当前能力水平两个维度进行评估，确定企业的资源整合策略。通过对业务组件进行评估，能够发现哪些组件影响企业的核心竞争力，这些组件需要由企业自己负责。对于那些在行业内没有差异化的组件，则可以外包。业务组件资源整合策略矩阵如图5-6所示。

图5-6 业务组件资源整合策略矩阵

评估业务组件的时候，还需要考虑以下几点限制性条件：

1）市场成熟度。在企业运营的地区内，是否存在能够提供可靠、高质量、足够处理能力的外包商或者合作伙伴。

2）政府监管。政府是否有监管的要求，是否允许外包或者合作伙伴运营特定的业务活动。

3）接受程度。企业员工或者客户是否比较容易接受对某业务组件的定位。

4）外部对企业的接受程度。外包商或者潜在的合作伙伴是否对合作对象有一定的要求，企业是否符合这样的要求。

对于处于不同象限的业务组件可以采用不同的资源整合行为。

对于处于1象限的业务组件，由于业务组件差异化价值和当前能力水平都比较高，可以考虑构建的方法来整合资源。该方法意味着要利用组织自身的已有资源来构建业务组件所需的资源。

对于处于 2 象限的业务组件，由于业务组件差异化价值低而当前能力水平比较高，可以考虑竞争的方法来整合资源。使企业内部资源提供者面临压力，通过计费方式来支付其提供的资源，在极端的情况下，甚至考虑通过剥离的方式将该业务组件以实体的方式推向市场。

对于处于 3 象限的业务组件，由于业务组件差异化价值低和当前能力水平都比较低，是典型的外包组件。由于其标准化的特性，在考虑成本和高可靠性的条件下可通过购买的方法获得。

对于处于 4 象限的业务组件，由于业务组件差异化价值高但当前能力水平比较低，可以考虑合作的方法来整合资源。将其交给优质的、关系密切的合作伙伴，与他们形成战略合作伙伴关系。

在确定业务组件的时候，需要进行组件资源整合策略的设计，并在企业的流程、组织架构、IT 架构的设计当中考虑这方面的因素，充分发挥价值网络的优势，建立企业差异化的、创新的发展模式。

5.1.3 绩效考核

绩效管理（performance management）是将企业战略与企业资源、业务流程、客户与市场、财务绩效等有机结合起来考核整个企业、职能部门和员工的绩效的完整管理体系。绩效考核的目标是为企业的管理层提供及时、准确的绩效表现情况，以保证和推动企业、职能部门和每一位员工都朝着企业的战略目标工作。

这里以平衡积分卡模型来介绍绩效考核的方法。从财务绩效、客户与市场、业务流程、企业资源四个运营维度考核企业将战略转变为行动方案的方法。平衡积分卡模型的四个维度如图 5-7 所示。

图 5-7　平衡积分卡模型的四个维度

战略目标、企业绩效、部门绩效、个人绩效是一个连贯的整体，通过一个连贯的关键指标体系，企业对组织和员工给出了清晰的绩效导向，组织和员工会根据他们的绩效指标来调整其日常工作行为和工作重点。

绩效考核的关键是将企业战略目标分解为绩效指标，在分解战略时需要考虑以下五个方面：

1）选择可以从财务角度进行定量的指标。
2）明确规定时空限制和资源限制。
3）将指标与客户价值、市场份额联系起来。
4）将指标与流程效率、增值联系起来。
5）将指标与工作职责联系起来。

5.1.4 业务架构治理

随着市场和客户的变化，企业的发展战略也要进行调整，因此企业的业务架构也要做出调整和改进。在企业改革和战略调整的过程中，需要有一种机制来控制和实施业务架构。

业务架构治理的目的是使企业运营和企业的战略相一致，管理各个部门的运营指标，及时调整市场策略、运营模式、业务流程以及调整资源的配置。通过运营的提升达到企业业务增长、成本降低、市场扩大等企业战略目标。业务架构的治理由以下几部分组成：

1）匹配原则。给定企业架构和企业战略的匹配模式和原则。
2）治理方法。明确设定企业业务架构治理的模型和方法。
3）机制体制。确定企业业务架构治理的组织结构、治理流程、责任和义务。
4）治理考核。取定企业业务架构治理的评估指标。

5.2 企业 IT 架构

企业 IT 架构（EITA）是企业建立 IT 系统的基础，它会指导企业 IT 的发展方向和项目的开展。企业 IT 架构由数据架构、应用架构和技术架构三部分组成。

5.2.1 数据架构

数据架构是用来定义企业的数据项以及它们的属性和关联关系的架构。ERP 应用的优势最终还要靠优质的数据来保证，实现对企业数据的有效管理是企业实施 ERP 的目的之一。主数据及其管理是数据架构的重点。

1. 主数据

运行 ERP 系统必须先建立一系列基础的数据，这点对任何 ERP 系统基本上是相同的，已形成一种默认的标准。企业主数据的相互关系及输入顺序如图 5-8 所示。图中各行数据上下排列位置只是为了便于用连线表达其相互关系，在同一行中的数据有录入先后的要求，如先有仓库，才能运行库存交易。

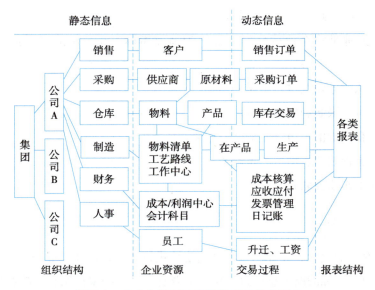

图 5-8 企业主数据的相互关系及输入顺序

（1）组织结构数据。组织结构对企业的管控和运营模式有着深远的影响，如何选择和企业业务流程相匹配的组织结构是 ERP 实施核心因素。组织结构的改组和变化受企业业务运营和 ERP 软件的双重制约，不能随组织的变革而灵活变化是 ERP 软件当前最大的瓶颈。

（2）库存相关数据。

1）物料与产品信息。产品信息是通过物料清单来描述的。物料清单中所涉及的物料，都必须先建立好文档，也就是物料主文件或主文档（item master，item record 或 part master）。一种物料可能用于多种产品，但主文件只有一份。没有建立物料文档的物料不能进入物料清单。

在建立物料主文件之前，要对每个物料进行编码，赋予唯一的物料号。在编码之前，还要确定所有物料的分类。

2）库存数量信息。运行物料需求计划必须知道物料的可用量，也就是可以参与需求计算的数量。各种物料按照定置管理的要求必须有存放地点，也就是仓库与货位。所有物料的入库、生产作业的领用、出厂产品的提货，都需要有具体的仓库和货位信息。

①可用量。可用量计算公式：可用量 = 现存量 − 销售占用量 − 生产占用量 − 其他不可用量。公式中的变量在不同的软件系统中可能会有不同的叫法。

②安全库存。安全库存可以理解为弥补超出预计需求的数量。安全库存是为了缓冲供需之间的不平衡才设置的，因此，它是可以动用的。把安全库存量划为不可动用是不对的。只是当库存量低于安全库存量时，系统可以自动生成补充计划以始终保持一定数量的安全库存。

③安全提前期。安全提前期同安全库存的作用是类似的，都是为了缓冲供需的不确定性，如受运输或其他因素影响而不能如期抵达的采购件或完工的加工件，为了保证瓶颈工序工作不中断，都会采用安全提前期。

④订货批量。加工或采购的订货批量是运行 MPS/MRP 不可少的参数，确定每个物料的批

量是物料管理的一项重要工作。

⑤仓库与货位。所有库存信息都会联系到物料存储的仓库与货位，仓库和货位是运行 MRP 的重要基础数据，若定义不清，将无法实施库存管理。

在 ERP 系统中，仓库和货位不仅有物理性的，即有实际的厂房建筑，也有逻辑性的，如对运输途中的物料（包括管道输送的流体）可定义为存放在逻辑性的在途仓库中，并与会计科目的"在途物资"相对应。根据需要，也可以把车间作为一个逻辑仓库来处理存放在车间的物料。仓库内的每个货区（如地面）、货架、货柜等都可作为货位对待。

（3）制造相关数据。物料计划是一种需求计划，要与能力计划相伴运行，处理好供需之间的矛盾。需要占用多少能力资源是通过工艺路线文件及其时间定额来确定的；在 ERP 系统中主要的能力资源是工作中心，工作中心又是属于某个车间或部门的，都要事先定义好。各种作业活动只能在工作日进行，遇到非工作日（周末、节假日、设备检修日），系统在计算时会自动越过去。因此，必须设定适用于各种情况不同的工作日历。例如，公司总部、分公司、分厂、车间、甚至工作中心都可以有自己特定的工作日历，用不同代码表示。

1）工作中心。工作中心是各种生产能力单元的统称，也是发生加工成本的实体。因此，它主要是计划与控制范畴的概念，而不是固定资产或设备管理范畴的概念。在用传统手工管理进行能力平衡时，往往用各类设备组的每年可用小时数与年负荷小时数对比，比较粗放。工作中心把设备组的概念扩大了，除设备外还可以是人员甚至是装配面积等能力资源。

在编制工艺路线之前，先要划定工作中心，建立工作中心主文件。工艺路线中一般每道工序要对应一个工作中心，但焊接装配这类作业也可能有几道连续工序使用同一个工作中心。工件经过每个工作中心要发生费用，产生加工成本。在责任会计制中可以定义一个或几个工作中心为一个成本中心。属于同一车间所有工作中心发生的费用可作为计算车间成本的基础，车间又可以是上一层的成本中心。所以，工作中心又有产品成本范畴的概念。工作中心的主要数据如下：

①工作中心编码。工作中心代码、名称和所属车间部门的代码。工作中心代码的字段长一般为 6~8 位，依软件而定。规定字段含义的方法很多，例如，可按工作中心的类型（车床、压力机等）、所在位置（厂房的行跨）和顺序来编码。

②能力数据。工作中心的参数有：每日可提供的工时或台时数、每小时可加工的件数或可生产的吨数、是否为关键工作中心、平均排队时间等。

③成本数据。使用工作中心每小时发生的费用，称为费率或费用分配率。工作中心的直接费用包括能源（电、气、水、汽等）、辅助材料（乳化液、润滑油）、折旧费、维修费、操作人员工资及附加工资等所有可以归纳到具体工作中心的费用，按小时消耗或按年平均消耗和工作时数折算成费率。

④其他数据。在工作中心文件的参数中，有时还要包括一些其他的数据。例如：设备数量（当一个工作中心包括多个机床时）和设备的能力差异数据；操作人员数量和技术等级数据，以计算人工费，并与人力资源管理系统相集成；标注是否为关键工作中心，用于运行粗能力

计划。

2）工艺路线。工艺路线是说明零部件加工或装配过程的文件。在 MRP 系统中，编制工艺路线是在工艺过程卡的基础上进行的，但又有所不同。前者是指导加工制造的技术文件，后者是计划文件或管理文件。为了使报表比较简练，通常并不详细说明与编制计划没有直接关系的技术要求和方法（必要时可在注释中说明）。工艺路线的基本数据如下：

①工序顺序、工序名称、工作中心代码及名称，加工过程和时间定额汇总。

②准备和加工时间，排队时间和等待/传送时间，也就是加工前后的缓冲时间。

③每道工序对应一个工作中心，说明物料的形成同工作中心的关系。

④外协工序、外协单位代码和外协费用。

⑤各种可替代的工艺路线。

3）工作日历。工作日历也称生产日历，说明企业各部门、车间或工作中心在一年中可以工作或生产的所有日期。工作日历的基本单位是日，但必须细化到工作日的小时数，能够说明一天之内增加班次或改变每班的小时数后能力的变化。

（4）财务成本相关数据。要实现物流与资金流信息集成，每种物料要有对应的会计科目。为了建立责任会计制度、控制成本，要对总部、分厂、车间、部门或工作中心设置成本中心或利润中心。

1）成本中心。成本中心只负责对成本的管理与控制，它是一种成本的积累点。而利润中心除有责权控制成本外，还要保证利润的实现，有权对影响利润的因素做出决策，如选择市场或货源。企业的分厂、业务部门、车间、班组、工作中心、甚至个人，只要发生费用支出的，都可以根据需要定义为成本中心，几个成本中心可以形成成本中心组，可以有多个层次。

2）利润中心。利润中心必须是独立核算、有收入来源的部门或单位，如分厂、事业部等。公司或企业可下设一个或多个利润中心，利润中心之下还可以设立一个或多个小规模的利润中心。利润中心内部再设置成本中心，成本中心之下还可以有若干小范围的成本中心。用户可在系统中自行定义。

在责任会计制中除成本中心与利润中心外，有时还设投资中心，如基建技改部门，对投资规模、决策和投资效益负责。

3）会计科目。会计科目的设置和政府的管控及企业的核算有着密切的关系。会计科目除了传统意义上的作用外，在 ERP 系统中会计科目还和特定的交易相关联，比如设置统驭科目来管理一类科目，通过将会计科目和仓库或物料组联系来进行自动过账。

（5）客户及需求相关数据。所有计划都是为了满足市场需求，必须先有需求信息（包括预测和合同以及企业各部门之间的需求以及潜在用户的信息等）才能编制生产计划。

在运行销售业务之前必须先建立客户主文件。为了控制资金回收，必须考核客户的信誉，对每个客户建立信用记录，规定销售限额。对新老客户、长期或临时客户的优惠条件不同，也应在企业内部有明文规定，有所遵循。客户主文件的内容一般包括：客户代码（说明类型、地区、购买商品的名称、地址、邮政编码、联系人、电话号码、电子邮件地址、银行账号、使用货币、报价记录、优惠条件、付款条款、税则、付款信用记录、销售限额、交货地、发票寄往地、企业对口销售员码、佣金码等。

（6）供方相关数据。系统执行采购作业，必须先建立供应商文档；执行销售作业，必须先有客户信息。这里的供需方信息是最基本的静态数据，如单位名称、单位代码、主要业务、负责人及联系人、地理位置和地址、电话传真、电子邮件、银行账号、付款方式等。ERP扩展的客户关系管理（CRM）和供应商关系管理（SRM）系统要提供大量动态的详细供需方信息，包括客户对企业的重要性、客户的信誉及交易额的限度、供应商的供货业绩记录等。

（7）员工数据。每个企业都是由员工组成的，所有的作业都是员工来完成的，因此员工数据也要做准备。

（8）交易数据与报表结构。

1）交易数据记录了企业内部和外部之间物料、资金、人员的权责、数量、状态、位置变化的相关信息。例如典型的库存事务有4种类型：

①物料存放位置的变化，即物料的移动。例如，从供应商（采购单）到待验区，从待验区到仓库或退货给供应商，从仓库到车间，从车间到检验区或废品库，从发货区到客户（销售合同）等。

②物料数量的变化。位置的变化会伴随数量的变化。但是，也有存放位置不变，数量却发生变化的情况，例如盘点后数量的调整等。

③物料价值的变化。在存放位置和数量都未变化的情况下，物料的价值由于质量、过时废弃等原因在金额（标准成本）上的调整。

④物料状态的变化。在下达订单但是尚未付款或到货的情况，在ERP系统会把物料处于一种"订单状态"，而物料到货入库时则处于一种"实物状态"。

2）报表结构。报表的结构是一类经常被忽略的数据。事实上，报表的结构典型地反映了企业管理者对于信息的关注重点和企业的管控模式。

2. 主数据管理

主数据管理（master data management，MDM）描述了一组规程、技术和解决方案，这些规程、技术和解决方案为所有利益相关方（如用户、应用程序、数据仓库、流程以及贸易伙伴）创建并维护了业务数据的一致性、完整性、相关性和精确性。

主数据管理的关键是管理。主数据管理不会创建新的数据或新的数据纵向结构。相反，它提供了一种方法，使企业能够有效地管理存储在分布系统中的数据。主数据管理使用现有的系统，它从这些系统中获取最新信息，并提供先进的技术和流程，用于自动、准确、及时地分发和分析整个企业中的数据，并对数据进行验证。

主数据管理的解决方案具有以下特性：

1）在企业层面上整合了现有纵向结构中的客户信息以及其他知识和深层次信息。

2）共享所有系统中的数据，使之成为一系列以客户为中心的业务流程和服务。

3）实现对于客户、产品和供应商都通用的主数据形式，加速数据输入、检索和分析。

4）支持数据的多用户管理，拥有限制某些用户添加、更新或查看维护主数据流程的能力。

5）能够集成产品信息管理、客户关系管理、客户数据管理和可对主数据进行分析的其他解决方案。

由于和主数据管理关联的方法和流程的运行与企业的业务流系统及其他系统彼此独立，因此这些方法和流程不仅能检索、更新和分发数据，还能满足主数据的各种用途。主数据管理通过将数据与操作应用程序实时集成来支持操作用途。主数据管理还通过使用经过授权的流程来创建、定义和同步主数据来支持协作用途。最后，主数据管理通过事件管理工具事先将主数据推送至分析应用程序来支持分析用途。

5.2.2 应用架构

应用架构的目的是建立企业业务架构和数据架构与具体的 IT 应用系统之间的关联，换言之就是实现企业的集成化运行。系统集成应用的原则与标准、集成应用范围、集成应用的架构与技术是应用架构的重点。

1. 集成应用的原则与标准

企业集成涉及企业的策略、规划、运作、组织等多方面的内容，但最终是以企业内的各种业务应用、信息系统、数字化资源的集成运行作为其物化形式的。如果不能实现围绕产品全生命周期各阶段功能系统之间的集成化运行，任何先进的业务策略、业务体系规划及管理方法都难以达到所期望的效果，信息化整体规划也就成了空中楼阁。

利用先进的信息技术将企业内各种信息、软件应用、标准和硬件集成起来完成多个企业应用系统之间的无缝集成和应用互操作是提高企业整体运行水平和业务流程快速处理能力的基础。企业集成化运行的深度可以分为以下四种状态或阶段层次：

1）互联。互联是指使各种孤立的设备、单元技术能通过接口连接起来。它并没有涉及功能水平上的集成。由于企业集成是个全局性问题，它要求整个企业的各个组成部分（包括组织单元、数字化设备、应用软件、基础服务等）之间都能实现互联。因此，互联是实现企业集成运行的基础。

2）语义互通。在系统互联的基础上，语义互通实现数据单元、术语、含义等方面的一致维护和控制。通过定义标准化的数据结构和属性格式，尽可能减少人工操作造成的错误，通过对相关数据单元给出的命名、定义、结构、约束的辨识和处理，为用户提供一致的数据和正确的视图。

3）语用互操作。语用互操作是指系统的各个组成部分中有关联的各应用软件与业务功能在语义一致性的基础上，能够互相发出对方能理解的指令，去激活相应的功能、共享或修改公共业务数据等。

4）会聚集成。这是实现企业集成化运行的最高阶段和最复杂形式，前三个层次都属于技术层次，而会聚集成通过企业的策略、过程及各种功能系统的一致性协同运作来实现技术与流程、知识以及人工效能之间的集成。它将使企业拥有对市场机遇快速响应的能力和对业务流程快速重组的能力。会聚集成可使整个企业范围内的应用软件和计算环境都可以针对新的应用需求进行快速的配置和剪裁，从而真正实现技术与企业的组织、策略、过程运作的高度协调。

2. 集成应用的范围

企业集成是指将所有必需的过程、功能、组织和相应的资源实体联系在一起，促成跨组织边界的信息流、控制流和物流的集成与优化运行，从而改善企业内的合作和协调效率与效果，由此提高企业整体的生产率、柔性和应变能力的过程。

企业信息化整体解决方案是规划、组织、控制和管理企业信息化实施工作的系统化方法，它通过综合考虑信息系统规划实施中需要考虑的各种因素（包括当前企业生产经营需要满足的需求，制约企业发展的瓶颈问题，企业未来的发展方向，企业现有的信息技术基础，企业的人员素质，信息技术的发展趋势等），对整个企业的信息化工作制定一个全面的规划，建立一个可逐步发展和进化的信息系统框架，并给出正确的实施途径，从而保证企业信息化工作顺利、高效、低成本地进行，保证建立的信息技术体系能够正确调整和连接到业务结构和经营战略上，为企业的生产经营提供有效的支持。

基于模型的企业信息系统集成框架如图 5-9 所示。集成框架除了反映企业信息系统的支持范围和主要功能外，重点体现了以模型为核心的集成思想和集成策略。

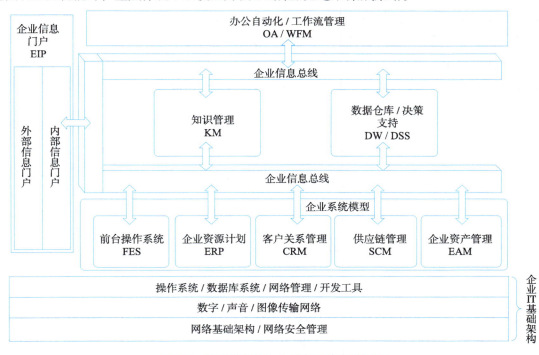

图 5-9　基于模型的企业信息系统集成框架

框架从上到下分成企业信息门户、企业信息总线、企业系统模型、企业IT基础架构四个层次。企业IT基础架构是企业信息化的基础层。企业信息门户（企业入口）主要反映了统一的、安全的用户界面，使不同地点、不同身份的用户能够以一致的界面访问企业信息系统提供的各种服务；企业信息总线为企业信息系统模型中的软件之间的沟通和调用提供支持；企业系统模型面向不同的业务功能的软件构件，图5-9给出的仅是企业信息化中可能用到的部分软件，这些软件功能从左向右沿着产品的生命周期展开，反映了企业信息化整体解决方案需要为企业提供面向产品全生命周期管理的信息化技术支持。

3. 集成应用的架构与技术

企业领域的集成可分为四个层次，从下往上依次是：数据层集成，逻辑操作层集成，业务流程层集成，用户界面层集成，集成的层次如图5-10所示。

数据层集成是目前集成领域使用最广泛的集成方式。传统的EAI产品对此的支持非常完备。

逻辑操作层的集成的传统方式都是使用远程过程调用的方式，为了支持跨语言或者跨平台，就需要公共对象请求代理体系结构（common object request broker architecture，CORBA）进行支撑。当然，自从Web Service出现后，逐渐成为逻辑操作层集成的首选方式。

流程层的集成即实现不同系统间业务流程的集成和处理，这是以逻辑操作层的集成为基础的。

用户界面层的集成目前主流的方式就是portal。portal的主要目的是实现企业多个应用系统的单点登陆，通过单点登陆使企业实现企业内部文化的整合和展现企业统一的对外形象，同时集中解决企业应用系统授权问题和多个系统操作的便捷性问题。

以上四个层次，技术上从简单到容易，实现代价上从小到大。SOA从实现企业应用集成的技术层面来看，其实关注的是逻辑操作层和业务流程层的集成。进行数据复制和文件传输不是SOA技术手段要解决的。

图5-10 集成的层次

（1）基于服务的架构（SOA）。面向服务的体系结构（service oriented architecture，SOA）是一个组件模型，它将应用程序的不同功能单元称为服务，通过这些服务之间定义良好的接口和契约联系起来。接口是采用中立的方式进行定义的，它应该独立于实现服务的硬件平台、操作系统和编程语言。这使得构建在这种系统中的各种服务以统一和通用的方式进行交互成为可能。

SOA 服务具有平台独立的自我描述 XML 文档。Web 服务描述语言（Web services description language，WSDL）是用于描述服务的标准语言。

SOA 服务用消息进行通信，该消息通常使用 XML Schema 来定义（也叫作 XML Schema Definition，XSD）。消费者和提供者或消费者和服务之间的通信多见于不知道提供者的环境中。服务间的通信也可以看作企业内部处理的关键商业文档。

在一个企业内部，SOA 服务通过一个扮演目录列表（directory listing）角色的登记处（Registry）来进行维护。应用程序在登记处（Registry）寻找并调用某项服务。统一描述、定义和集成（Universal Description，Definition，Integration，UDDI）是服务登记的标准。

每项 SOA 服务都有一个与之相关的服务品质（quality of service，QoS）。QoS 的一些关键元素有安全需求（例如认证和授权），可靠通信（可靠通信是指确保消息"仅且仅仅"发送一次，从而过滤重复信息），以及谁能调用服务的策略。

实施 SOA 可能带来的主要优势有以下几点：

1）SOA 可通过互联网服务器发布，从而突破企业内网的限制，实现与供应链上下游业务伙伴的紧密结合。通过 SOA 架构，企业可以与其业务伙伴直接建立新渠道，建立新伙伴的成本得以降低。

2）SOA 与平台无关，减少了业务应用实现的限制。要将企业的业务伙伴整合到企业的大业务系统中，对其业务伙伴具体采用什么技术没有限制。

3）SOA 具有低耦合性特点，增加和减少业务伙伴对整个业务系统的影响较低。在企业与各业务伙伴关系不断发生变化的情况下，节省的费用会越来越多。

4）SOA 具有可按模块分阶段实施的优势。可以成功一步再做下一步，将实施对企业的冲击减少到最小。

5）SOA 的实施可能并不具有成本显著性。当企业从零开始构建业务系统时，采用 SOA 架构与不采用 SOA 架构的成本可看作是相同的。当企业业务发展或发生企业重组等变化而原有系统不能满足需要，需要重构业务系统时，采用 SOA 架构与不采用 SOA 架构的成本会截然不同。

（2）企业应用集成。企业应用集成（enterprise application integration，EAI）是指将基于各种不同平台、用不同方案建立的异构应用集成的一种方法和技术。EAI 通过建立底层结构，来联系横贯整个企业的异构系统、应用、数据源等，满足在企业内部的 ERP、CRM、SCM、数据库、数据仓库以及其他重要的内部系统之间无缝地共享和交换数据的需要。有了 EAI，企业就可以将其核心应用和新的 Internet 解决方案结合在一起。

EAI 将进程、软件、标准和硬件联合起来，在两个或更多的企业系统之间实现无缝集成，使它们像一个整体。企业应用集成框架如图 5-11 所示。

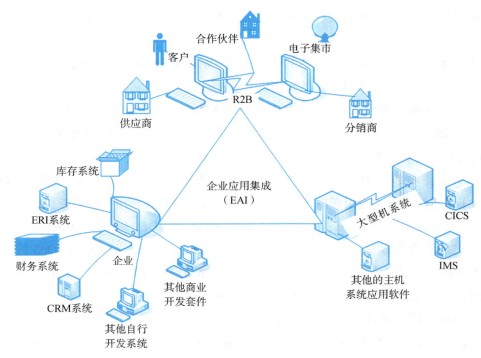

图 5-11　企业应用集成框架

4. 集成适配器模式

对 IT 组织来说，将一个遗留的封闭系统的服务对其他应用系统开放的做法越来越常见。集成适配器模式是指将一个未加以集成的应用系统服务导出到其他应用程序的一种架构模式。一旦这种服务被导出后，这个应用程序的功能就变成可以满足业务需求的可重用的资产。

集成适配器模式提供了一种将可重用的应用程序导出来的灵活方式。这种架构模式和适配器的设计模式有同样的出发点——将一个已有的服务器端应用程序的接口转换成一个客户端应用程序所期望的接口。这种架构模式的另一个出发点是可以为多个客户端应用程序提供一个统一的可重用的接口。集成适配器模式模型如图 5-12 所示。

图 5-12　集成适配器模式模型

在图中，集成适配器将一个特定的接口转换为一个开放的、可重用的接口。这种模式的参与者是一个或者多个客户端应用程序和服务器端应用程序。客户端应用程序通过适配器接口调用服务器端应用程序的服务。这个适配器将导出的公共应用程序接口（API）转换为服务器端的 API。适配器并不需要知道客户端应用程序的存在。对于服务器端应用程序来说，它可能并不知道这个适配器的存在；而另外一种情况，服务器端应用程序会由于适配器的存在而做一定程度的修改。

5. 集成消息器模式

集成消息器是指在提供集成的同时将应用程序之间的交互逻辑解耦的一种架构模式。这种架构模式带来的益处是使应用程序之间通信的相互依赖性降低到最小。要实现这种目标就需要依赖于这种灵活的集成方式。这种模式支持如下三种通信模型：

1）一对一同步（请求/响应）。这种模型涉及了一个客户端应用程序和一个服务器端应用程序，客户端应用程序等待服务器端应用程序的响应。

2）一对一异步（消息队列）。这种模型涉及了一个客户端应用程序和一个服务器端应用程序，客户端应用程序并不等待服务器端应用程序的响应。

3）一对多异步（发布和预定）。这种模型涉及了一个客户端应用程序和一个或者多个服务器端应用程序。

虽然这种模式的通信模型是多样化的，但其目的是一样的，使得应用程序之间的通信具备尽可能小的相互依赖性，集成消息器模式模型如图 5-13 所示。

图 5-13　集成消息器模式模型

这种模式的参与者是被集成的应用程序和集成消息器。集成消息器负责在应用程序间发布消息，并且提供透明的消息定位服务。

6. 集成正面模式

Facade 指的是建筑物的正面。而在设计模式中，Facade 指的是通过统一、简化的接口，来隐藏接口背后的设施。

集成正面模式是指将客户端应用程序和服务器端应用程序集成起来的一种集成方案。这种架构模式和 Facade 设计模式的出发点是一样的。不过，这种架构模式提供了级别更高、更加简化的接口供客户端应用程序使用，以使客户端应用程序和服务器端应用程序的依赖性、相关性降至最小，这样就获得了应用程序的灵活性和重用性。集成正面模式模型如图 5-14 所示。

这种架构模式可以为一个或者多个客户端应用程序提供统一、简化的接口。这种集成正面模式的参与者是一个或者多个客户端应用程序，一个或者多个服务器端应用程序，以及集成正面。客户端应用程序可以调用集成正面的服务。这种模式抽象了服务器端应用程序的功能，使其更易于使用。应用程序的作用是执行具体的工作，而集成正面的作用是将其自身的接口转换为服务器端应用程序的接口。在这种架构模式中，集成正面不知道客户端应用程序的存在，服务器端应用程序也无须知道集成正面的存在。

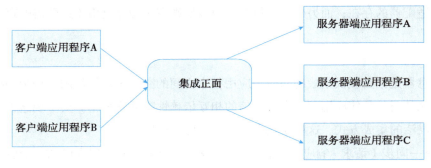

图 5-14 集成正面模式模型

7. 集成媒介器模式

集成媒介器模式指的是将应用程序的交互逻辑封装起来，然后从应用程序中剥离出来，加以集成。这种方案的优点在于：

1）将应用程序之间的依赖性以及对现有的应用程序的影响最小化。

2）由于应用程序的交互逻辑不是分布在应用程序中，而是集中起来，这样维护的工作量将达到最小。集成媒介器模式模型如图5-15所示。

这种模式包括一个集成媒介器以及两个或者多个应用程序。集成媒介器包含的是系统的交互逻辑。

图 5-15 集成媒介器模式模型

参与的应用程序直接和集成媒介器交互，而不是和其他的应用程序交互。

由于交互逻辑被集中到了集成媒介器里，这种模式使系统获得了更好的灵活性，提高了业务的敏捷性。

使用这种架构模式可以提高系统的重用性和灵活性，降低EAI集成的复杂性和EAI实施过程中可能存在的风险。

5.2.3 技术架构

技术架构的作用是建立一个IT运行的环境以支持数据和应用架构，从而保证业务的正常开展。技术架构包括硬件系统布局和系统搭建两部分。硬件系统布局是指系统的硬件资源以及数据资源在空间上的分布特征。系统搭建主要用到虚拟专用网、磁盘阵列、双机热备和防火墙等技术。

1. 系统总体布局

从信息资源管理的集中程度来看，系统总体布局方案主要分为集中式系统和分布式系统。硬件、软件、数据等信息资源在空间上集中配置的系统为集中式系统；利用计算机网络把分布在不同地点的计算机硬件、软件、数据等信息资源联系在一起，服务于一个共同的目标而实现相互通信和资源共享，形成了信息系统的分布式结构，具有分布式结构的系统为分布式系统。

就系统总体布局来说，一般应考虑以下几个问题：

1）系统类型：是采用集中式结构还是分布式结构，或两类结构的结合。
2）数据存储：既可以采用一种，也可以混合使用。
3）硬件配置：机器类型，工作方式。
4）软件配置：购买或自行开发。

根据以上要考虑的问题，可以给出以下几个系统布局方案的选择原则：

1）处理功能，存储能力应满足系统要求。
2）使用便捷。
3）可维护性、可扩展性、可变性更好。
4）安全性、可靠性高。
5）经济实用。

从 ERP 系统的特征来看，比较适合集中式结构的布局方案。但随着计算机网络与通信技术的迅速发展，分布式系统已经成为当前信息系统结构的主流模式。有时根据需要，在一个网络系统中可把分布式和集中式两类结构结合起来，网络上部分节点采用集中式结构，其余的按分布式结构处理。

网络设计是利用网络技术构造信息系统，把信息系统的各子系统合理地分配、安置和连接起来，以及解决好系统内部及系统与外部的连接问题。

网络设计通常需要考虑和解决的问题主要集中在以下几个方面：

1）网络结构设计。网络结构是指网络的物理连接方式，如局域网普遍使用的结构为总线形、星形、环形、树形等。确定网络的物理结构后要确定设备和子系统的安排和分布，每个子系统都安排在什么位置上，子系统如何分布，设备放在什么地方等。

2）网络设备的选择与配置。网络硬件与网络的规模、网络的类型有关。以有一定规模，需要建立网络中心的系统为例，硬件设备要考虑如何配制 ERP 系统的服务器，以及 ERP 系统和各种服务器（例如：通信服务器、文件服务器、网络管理服务器、备份服务器、WWW 服务器、数据库服务器、E-Mail 服务器）的连接。另外还有主干通信媒体、底层通信媒体的选择问题，路由器、网关、用户终端连接设备的选择问题，以及各种辅助设备，如接口设备、多媒体设备的选择和配置问题等。

2. 系统搭建技术

系统搭建主要设计到虚拟专用网（VPN）、网磁盘阵列、双机热备、防火墙等技术。

（1）虚拟专用网。虚拟专用网指的是依靠 ISP（Internet 服务提供商）和其他 NSP（网络服务提供商），在公用网络中建立专用的数据通信网络的技术。在虚拟专用网中，任意两个节点之间的连接并没有传统专网所需的端到端的物理链路，而是通过某种公众网的资源动态连接的。虚拟专用网的实现主要使用的技术有隧道技术、加解密技术、密钥管理技术、身份认证技术等。

VPN 有三种解决方案（类型），用户可以根据自己的情况进行选择。这三种解决方案分别是：

1）远程访问虚拟网（AccessVPN）。如果企业的内部人员移动或有远程办公需要，或者商家要提供 B2C 的安全访问服务，就可以考虑使用 AccessVPN。AccessVPN 最适用于公司内部经常有流动人员远程办公的情况。出差员工利用当地 ISP 提供的 VPN 服务，就可以和公司的 VPN 网关建立私有的隧道连接。RADIUS 服务器可对员工进行验证和授权，保证连接的安全，同时使员工负担的电话费用大大降低。

2）企业内部虚拟网（IntranetVPN）。如果要进行企业内部各分支机构的互联，使用 IntranetVPN 是很好的方式。越来越多的企业需要在全国乃至世界范围内建立各种办事机构、分公司、研究所等，各个分公司之间传统的网络连接方式一般是租用专线。显然，在分公司增多、业务开展越来越广泛时，网络结构趋于复杂，费用昂贵。此时，利用 VPN 特性可以在 Internet 上组建世界范围内的 IntranetVPN。利用 Internet 的线路保证网络的互联性，而利用隧道、加密等 VPN 特性可以保证信息在整个 IntranetVPN 上安全传输。IntranetVPN 通过一个使用专用连接的共享基础设施，连接企业总部、远程办事处和分支机构，使企业拥有与专用网络相同的政策，包括安全、服务质量（QoS）、可管理性和可靠性等。

3）企业扩展虚拟网（ExtranetVPN）。如果是提供 B2B 之间的安全访问服务，则可以考虑 ExtranetVPN。随着信息时代的到来，企业越来越重视各种信息的处理。企业希望可以提供给客户最快捷方便的信息服务，通过各种方式了解客户的需要，同时各个企业之间的合作关系也越来越多，信息交换日益频繁。Extranet 为这样的一种发展趋势提供了良好的基础，而如何利用 Extranet 进行有效的信息管理，是企业发展中不可避免的一个关键问题。利用 VPN 技术可以组建安全的 Extranet，既可以向客户、合作伙伴提供有效的信息服务，又可以保证自身的内部网络的安全。

（2）网磁盘阵列。网磁盘阵列（Redundant Array of Inexpensive Disks，RAID）是一种由多块廉价磁盘构成的冗余阵列。虽然 RAID 包含多块磁盘，但是在操作系统中是作为一个独立的大型存储设备出现的。RAID 技术分为几种不同的等级，分别可以提供不同的速度、安全性和性价比。

1）RAID 0。RAID 0 是最简单的一种形式。RAID 0 可以把多块硬盘连接在一起形成一个容量更大的存储设备。最简单的 RAID 0 技术只是提供更多的磁盘空间，不过我们也可以通过设置，使用 RAID 0 来提高磁盘的性能和吞吐量。RAID 0 没有冗余或错误修复能力，但是实现成本是最低的。这种设置方式只有一个好处，就是可以增加磁盘的容量。至于速度，则与其中任何一块磁盘的速度相同，这是因为同一时间内只能对一块磁盘进行 I/O 操作。如果其中的任何一块磁盘出现故障，整个系统将会受到破坏，无法继续使用。从这种意义上说，使用纯

RAID 0 方式的可靠性仅相当于单独使用一块硬盘的 1/n（n 为 RAID 0 中的硬盘数）。

2）RAID 1。RAID 1 又被称为磁盘镜像，在这个形式下的每一个磁盘都具有一个对应的镜像盘。对任何一个磁盘的数据写入都会被复制到镜像盘中，系统可以从一组镜像盘中的任何一个磁盘读取数据。显然，磁盘镜像肯定会提高系统成本，因为我们所能使用的空间只是所有磁盘容量总和的一半。在 RAID 1 的形式下，任何一块硬盘的故障都不会影响到系统的正常运行，而且只要能够保证任何一对镜像盘中至少有一块磁盘可以使用，RAID 1 甚至可以在一半数量的硬盘出现问题时不间断地工作。当一块硬盘失效时，系统会忽略该硬盘，转而使用剩余的镜像盘读写数据。

3）RAID 0+1。单独使用 RAID 1 也会出现类似单独使用 RAID 0 那样的问题，即在同一时间内只能向一块磁盘写入数据，不能充分利用所有的资源。为了解决这一问题，我们可以在磁盘镜像中建立带区集。因为这种设置形式综合了带区集和镜像的优势，所以被称为 RAID 0+1。

4）RAID 3。RAID 3 采用的是一种较为简单的校验实现形式，使用一个专门的磁盘存放所有的校验数据，而在剩余的磁盘中创建带区集分散数据的读写操作。例如，在一个由 4 块硬盘构成的 RAID 3 系统中，3 块硬盘将被用来保存数据，第四块硬盘则专门用于校验。

5）RAID 5。RAID 5 不是把所有的校验块集中保存在一个专门的校验盘中，而是分散到所有的数据盘中。RAID 5 使用了一种特殊的算法，可以计算出任何一个带区校验块的存放位置。校验块已经被分散保存在不同的磁盘中，这样就可以确保任何对校验块进行的读写操作都会在所有的 RAID 磁盘中进行均衡，从而消除了产生瓶颈的可能。

（3）双机热备。双机热备是指当一台服务器在工作时（称为主机），另一台服务器作备用状态（称为备机），当主机因为某种原因出现故障，如死机、主机断电、病毒发作、硬盘损坏等，不能继续提供服务时，备机能够在规定的时间内接替主机的服务，继续提供服务，从而达到不停机服务的技术。双机热备模型如图 5-16 所示。

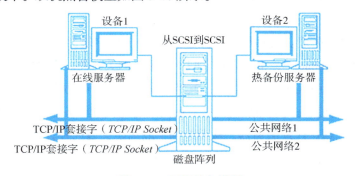

图 5-16 双机热备模型

双机热备有以下几点作用：

1）服务器停电时，能实现自动切换。

2）服务器的硬盘、CPU、RAM 发生故障，影响系统运行时，实现自动切换。

3）网络连接发生故障时（如服务器网卡、网线故障等），实现自动切换。

4）服务器的 SCSI 线路、控制器设备发生故障时，实现自动切换。

5）操作系统、数据库或应用程序发生故障时，实现自动切换。

6）提供手动切换功能和可选功能附件，使系统管理员可以在主机负载过大或其他适当的时候，实现手动切换。

7）双机软件本身发生故障时，应能给出提示信息，使系统管理员可以及时将其恢复。

（4）防火墙。Internet 的安全技术涉及传统的网络安全技术和分布式网络安全技术，且主要用来解决如何利用 Internet 进行安全通信，同时保护内部网络免受外部攻击。在此情形下，防火墙技术应运而生。防火墙技术可根据防范的方式和侧重点的不同而分为很多种类型，但总体来讲可分为数据包过滤、应用级网关和代理服务器等几大类型。

1）数据包过滤型防火墙。数据包过滤（packet filtering）技术是在网络层对数据包进行选择，选择的依据是系统内设置的过滤逻辑，被称为访问控制表（access control table）。通过检查数据流中每个数据包的源地址、目的地址、所用的端口号、协议状态等因素，或它们的组合来确定是否允许该数据包通过。数据包过滤型防火墙逻辑简单，价格便宜，易于安装和使用，网络性能和透明性好。它通常安装在路由器上，对安全管理人员素质要求高，建立安全规则时，必须对协议本身及其在不同应用程序中的作用有较深入的理解。因此，过滤器通常和应用网关配合使用，共同组成防火墙系统。

2）应用级网关型防火墙。应用级网关（application level gateways）是指在网络应用层上建立协议过滤和转发功能。它针对特定的网络应用服务协议使用指定的数据过滤逻辑，并在过滤的同时，对数据包进行必要的分析、登记和统计，形成报告。实际中的应用级网关通常安装在专用工作站系统上。数据包过滤和应用级网关型防火墙有一个共同的特点，就是它们仅仅依靠特定的逻辑判定是否允许数据包通过。一旦满足逻辑，则防火墙内外的计算机系统建立直接联系，防火墙外部的用户便有可能直接了解防火墙内部的网络结构和运行状态，这将导致非法访问或被外部用户攻击。

3）代理服务型防火墙。代理服务（proxy service）也称链路级网关或 TCP 通道（circuit level gateways or TCP tunnels），也有人将它归于应用级网关一类。它是针对数据包过滤和应用网关技术存在的缺点而引入的防火墙技术，其特点是将所有跨越防火墙的网络通信链路分为两段。防火墙内外计算机系统间应用层的链接，由两个终止代理服务器上的链接来实现，外部计算机的网络链路只能到达代理服务器，从而起到了隔离防火墙内外计算机系统的作用。此外，代理服务也对过往的数据包进行分析、注册登记、形成报告，当发现被攻击迹象时会向网络管理员发出警报，并保留攻击痕迹。应用代理型防火墙是内部网与外部网的隔离点，起着监视和隔绝应用层通信流的作用，同时也常结合过滤器的功能。它在 OSI 模型的最高层工作，掌握着应用系统中可用作安全决策的全部信息。

4）复合型防火墙。由于对更高安全性的要求，常把基于数据包过滤的方法与基于应用代理的方法结合起来，形成复合型防火墙产品。这种结合通常是以下两种方案：①屏蔽主机防火墙体系结构。在该结构中，分组过滤路由器或防火墙与 Internet 相连，同时一个"堡垒机"安装在内部网络，通过在分组过滤路由器或防火墙上过滤规则的设置，使"堡垒机"成为 Internet 上其他节点所能到达的唯一节点，这确保了内部网络不受未授权外部用户的攻击。②屏蔽子网防火墙体系结构。在该结构中，"堡垒机"放在一个子网内，形成非军事化区，两个分组过滤路由器放在这一子网的两端，使这一子网与 Internet 及内部网络分离。在屏蔽子网防火墙体系结构中，"堡垒"主机和分组过滤路由器共同构成了整个防火墙的安全基础。

防火墙也可以使用双机热备思想。防火墙双机热备方案如图 5-17 所示。

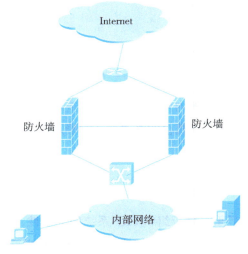

图 5-17　防火墙双机热备方案

5.3　本章小结

本章讲述的是企业业务架构与企业 IT 架构。企业业务架构包含业务范围重新定义、价值网络设计、绩效考核、业务架构治理等内容。企业 IT 架构部分讲述了数据架构、应用架构、技术架构内容。

业务范围重新定义讲述了进入新市场的创新商业模式、需求响应策略内容。价值网络设计讲述了业务组件模型、业务组件定义与分解、业务组件分布模型和业务组件资源整合模型内容。绩效考核与业务架构治理部分讲述了绩效考核与业务架构治理内容。数据架构部分定义了主数据的概念并介绍了主数据管理的内容。应用架构部分介绍了集成应用的原则与标准、集成应用的范围、集成应用的架构与技术、集成适配器模式、集成消息器模式、集成正面模式和集成媒介器模式的定义与模型。技术架构部分主要介绍了系统总体布局和系统搭建技术等。说明了企业业务架构和企业 IT 架构的构思设计方法与架构模型的概念与应用。

第 6 章

ERP 业务蓝图设计

6.1 系统分析

系统分析通常是指对现有系统的内外情况进行的调查研究、分解与剖析，明确问题或机会所在，认识解决这些问题或把握这些机会的必要性，为确定有活动的目标和可能的方案提供科学依据的过程。

6.1.1 调查研究

调查研究涉及面广、任务重，由于组织 ERP 系统的复杂性，为了获得对组织管理的全面认识，调查研究会有一些注意事项，使其能够按科学的方法和步骤进行。调查研究的注意事项包括：成立调查研究机构、做好计划和用户培训、采用工程化组织、主动沟通及亲和友善的工作方式。调查研究的步骤包括：自上而下全面展开；全面展开与重点调查相结合；深入细致的调查研究。

1. 调查研究的注意事项

在进行系统调查时，有效地组织与协调各方面的工作至关重要，这决定了调查研究能否顺利完成。在调查研究时应注意以下问题：

（1）成立调查研究机构。调查研究需要各个部门的配合，需要成立由技术人员和管理人员组成的调查研究机构，并由企业领导或者综合部门领导负责，便于各个部门之间的协调。

（2）做好计划和用户培训。根据需要明确调查任务的划分和规划，列出必要的调查研究大纲，具体规定每一步调查的内容、时间、地点、方式和方法等。对用户进行培训和调查研究的说明，使用户理解调查的目的、过程和方法，便于用户参与到整个调查工作中，并积极主动地配合调查研究工作。

（3）采用工程化组织。任何一个组织或企业都是复杂的。对企业来说，大企业管理机构庞大，关系复杂，而小企业的部门和功能设置相对较为简单，这都给调查工作带来一定困难。以工程化的方法进行调查研究的规划，将每一步工作都事先计划好，对调查中使用的表格、问卷和调查结果进行规范化处理，便于沟通和协作。

（4）主动沟通及亲和友善的工作方式。调查研究涉及组织管理的各个方面和全部过程，涉及不同类型的人，调查者和被调查者的沟通十分重要。友善、亲和的人际关系和积极、主动的工作方式有利于调查工作的展开。好的人际关系可能使调查工作事半功倍，反之则可能使工作无法进行。这项工作说起来容易，做起来很难，对开发者有主观上积极主动和行为心理方面的要求。

2. 调查研究的步骤

调查研究必须按一定的原则进行，才能保证信息的翔实、全面，防止信息片面性和局部性，这是正确分析企业信息管理现状的基础。系统调查的原则有：

（1）自上而下全面展开。调查研究应严格遵循系统化的观点，自上而下全面展开。一般来说，根据管理的层次，先从高层管理者入手，了解其需求，再分析下一层级为高层管理者提供的支持，一直到底层的事务性工作。这样做的好处是可以理清组织管理的全部层级和环节，不至于面对庞大复杂的管理组织结构无从下手，或者因调查工作量太大而顾此失彼，有所遗漏。

（2）全面展开与重点调查相结合。如果要开发整个企业的 ERP 系统，全面展开调查研究是必然的。但如果 ERP 系统的应用是分步进行的，就应该采用全面展开与重点调查相结合的方法，在自上而下全面展开的同时，重点调查近期需要开发子系统相关的部分。例如，要调查企业主生产系统，调查工作也应该从高层的组织管理开始，先了解总经理或厂长的工作、公司的分工、下设部门的主要工作，然后略去无关部门的具体业务调查，而把调查研究的重点放在生产系统上。

（3）深入细致的调查研究。组织内部的每一个管理部门和每一项管理业务都是根据组织的具体情况和管理需要而设置的，调查研究的目的就是要搞清楚这些管理工作存在的道理、环境条件和工作过程，然后分析业务过程在新的 ERP 系统支持下将有怎样的变化。在调查研究中，要实实在在地调查清楚业务现状及其环境条件，不能让先入为主的观念和设想影响了对现有业务的准确认识。

3. 业务流程调查研究的主要内容

调查研究应该围绕组织内部业务流程开展以及其对应的信息流动过程进行。组织中的信息流是物流过程和控制过程的反映，而物流和控制涉及企业生产、经营、管理等各个方面，因而调查的内容也应该包括这些方面的内容。业务流程调查研究的主要内容包括以下几点：

1）组织机构和功能业务。
2）组织目标和发展战略。
3）工艺流程和产品构成。
4）管理方式和具体业务的管理方法。
5）业务流程与工作方式。
6）数据与数据流程。

7）决策方式与决策过程。

8）占有资源与限制因素。

9）存在的问题和改进意见。

以上内容是一种大致的划分，实际工作中应视具体情况增减或修改。围绕这些方面可以设计调查问卷，目的就是全面了解管理现状，为分析设计工作做准备。

4. 调查研究的方法与手段

常用的调查研究的方法有：

1）问卷调查法：用来调查普遍性的问题，可以获得对组织基本情况的认识。在问卷调查中，要精心设计问卷中的问题，使得调查结果既能反映本企业的特点又能全面反映业务内容。

2）召开调查会：集中调查企业主要业务的常用方法。

3）业务实践：详细了解主要业务流程具体细节的有效方法。

4）专家访谈：主要是为了获得关于企业管理存在的问题或者需要改进的方向等有关问题的建议。

5）电子问卷：采用电子邮件或者网页调查方法，可以以较低的边际成本获得大范围的调查结果。如果企业已经建有内部网络应用平台，这种方法可以方便快捷地获得相应的需求。

调查研究的手段有：

1）访谈式（visitation）。这一阶段是和具体用户方的领导层、业务层人员的访谈式沟通，主要目的是从宏观上把握用户的具体需求方向和趋势，了解现有的组织架构、业务流程、硬件环境、软件环境、现有的运行系统等具体情况、客观的信息。建立起良好的沟通渠道和方式。针对具体的职能部门以及各委办局，最好能指定本次项目的接口人。

实现手段：访谈、调查表格等。

输出成果：调查报告、业务流程报告等。

2）诱导式（inducement）。这一阶段是在承建方已经了解了具体用户方的组织架构、业务流程、硬件环境、软件环境、现有的运行系统等具体实际、客观的信息基础上，结合现有的硬件、软件实现方案，同时结合以往的项目经验对用户采用诱导式、启发式的调研方法和手段，和用户一起探讨业务流程设计的合理性、准确性、便易性、习惯性。用户可以操作简单演示的DEMO（原型），来感受整个业务流程的设计是否合理、准确，并及时提出改进意见和方法。

实现手段：拜访（诱导）、原型演示等。

输出成果：调研分析报告、原型反馈报告、业务流程报告等。

3）确认式（affirm）。这一阶段是在上述两个阶段成果的基础上，进行具体的流程细化、数据项的确认阶段，这个阶段的承建方必须提供原型系统和明确的业务流程报告、数据项表，并能清晰地向用户描述系统的业务流程设计目标。用户方可以通过审查业务流程报告、数据项表以及操作承建方提供的DEMO系统，来提出反馈意见，并对已经可接受的报告、文档签字确认。

实现手段：拜访（回顾、确认），提交业务流程报告、数据项表，原型演示系统等。

输出成果：需求分析报告、数据项、业务流程报告、原型系统反馈意见（后三者可以统一归入需求分析报告中，然后提交用户方、监理方进行确认和存档）等。

6.1.2 不同类型企业的 ERP 系统需求

1. 离散型制造行业 ERP 的需求

对于离散型制造行业来说，企业资源计划管理应以物料库存为核心，并同步反映资金、生产计划等信息以满足生产需求，针对离散制造行业的具体特点，对 ERP 系统的具体需求表现在以下几点：

1）采购、库存、生产、财务四个业务环节应紧密衔接、数据信息及时共享，才能最大限度地避免盲目采购、库存成本增加、生产能力过剩或不足等问题的出现。

2）采购计划的编制、采购申请、供应商的选择及评价、采购人员的评价考核、合同的拟订签订、采购合同的执行等构成了一个现代化企业的采购业务的过程，而采购作为企业业务循环中的一个环节，必须通过及时通畅的信息流和物流集成，才能使采购环节更好地服务于生产等其他业务环节。

3）库存管理是非常重要的环节，尤其是多种物料型生产企业的库存管理更显重要，所以要做到使成千上万种物料的账实相符、降低库存、减少资金占用，同时避免物料积压或短缺。现代化企业的库存业务应具备以下特点：能随时得知某种物料的收、发、存状况；及时得知需要盘点的物料及盘点结果；能随时对现存的物料进行生产配比的模拟预算；在保证生产的前提下，最大限度地降低库存；能和财务部门紧密衔接，形成高效的过账措施。

4）生产计划环节是制造企业的核心，也是整个企业管理活动中最烦琐和最难管理的环节，一个现代化的生产企业要想使自己的生产严密有序地进行，其生产业务应有以下特点：能合理建立物料清单（BOM）及各项生产用基础数据；主生产计划的建立有据可依，切实可行；物料需求计划的管理能涉及最原始的零部件管理；能及时灵活地进行各种生产计划的应变；合理制定与企业生产模式相匹配的生产控制。

2. 流程型制造行业 ERP 的需求

通过对流程型制造行业的企业特点分析，可以从以下几个方面来分析这一行业对 ERP 管理软件系统的需求：

1）生产模型。流程型制造行业中产品是用固定的生产线生产的，生产线按工艺过程可以分为若干个工序，每个工序涉及生产配方和承担生产任务的部门。特别是配方，与离散制造业的 BOM 含义不同，不仅代表着成分比率，还代表着企业的生产水平，因为配方的另一个含义是单位生产产品成本组成表。因此企业通常把上年的成本核算结果作为下年的生产技术考核指标。在流程工业中，生产成本中占比最大的是原材料。通过对原材料管理，使之不丢失，对于降低成本有重要意义。通常原材料占产品成本的 70%～80%，人工费用占 2%～5%。此外生产模型还记录着生产的时间信息，企业通过生产模型，对产品的过程进行严格的计划。

2）生产计划。流程型制造行业的企业根据市场需求进行生产的观念已被人们接受，但有时对市场需求量大的产品，也能够以产促销，通过大批量生产降低成本，给销售提供支持。因此作为流程企业生产计划的依据，主要是全年度的订单以及预测。指导企业生产的计划主要是主生产计划和作业计划。主生产计划通常是指月计划，作业计划是指日计划或周计划。计划的作用在于协调不同的工序部门一致地进行生产。根据对中间产品控制的严格程序，流程计划可以分为有批号计划和无批号计划。在主生产计划与作业计划之间，不像离散的 MRP Ⅱ 或 ERP，有工作指令（work order），而是只有指令计划下达。

3）车间管理。车间管理的主要任务是确认和接收上级的生产计划、统计生产完成情况和主要经济技术指标以及对车间内部的人员管理、设备管理和物料管理等。流程型制造行业企业的车间相对简单，主要根据计划进行领料、投料并控制生产过程，保证产品的高效产出。由于流程型制造行业工业的自动化程度高，产量、主要经济技术指标、设备状况及人员的出勤状况都可以通过计算机进行自动记录和统计。

4）成本核算。由于流程型制造工业企业是大批量面向库存生产，因此成本核算通常采用分步结转法，费用的分摊范围随着企业自动化程度的提高，将越来越小，变为直接计入，与生产管理结合起来。实际的生产制造型企业也有很多是混合类型，需要综合离散和流程类型各自的特点，因此对 ERP 系统的需求就是要同时满足这两种类型的生产经营管理需要。

3. 商业流通行业 ERP 的需求

商业流通行业的 ERP 管理信息系统有着与其他行业不同的要求，从应用系统的性能和特点来看有以下要求：

1）方便易用。商业流通行业的工作人员，有计算机或 IT 背景的不是很多，所以系统的易用与否直接决定 ERP 系统在企业内部的推广。

2）整合性高。商业流通行业除了一般的行政办公系统外还有自己的业务系统如商场连锁的 POS 系统，企业内部的人力资源管理系统、客户服务系统等。ERP 系统工作流程必须能够很好地和这些已有的业务系统有机整合才能真正发挥其效益。

3）稳定性高。商业流通行业特别是连锁型的流通行业有多个外点，由于地域分散，网络状况不同，所以对系统的稳定性要求就更高。

从应用系统的功能需求来看，商业流通行业的 ERP 系统主要侧重于软件系统的供销存这一流通链。对这条链上的物流、信息流、资金流的追踪和管理是此行业 ERP 系统的重点。

4. 服务行业 ERP 的需求

在金融业等服务行业里，电子信息化的开展较早，近些年由于 ERP 近乎成为管理软件的代名词，因此在这些行业中的管理信息系统，其功能主要是提供快速存储、处理、分析与客户有关的数据，典型的应用系统有客户关系管理系统等，这类行业的 ERP 系统的需求主要是对前台的信息处理需求，直接面向客户，也导致了传统的 ERP 系统中的与客户信息处理相关部分显得更加重要。通过分析离散和流程制造工业、商业流通以及服务行业的基本特点，不管企业的类型如何，其经营的共同特点就是在利用可获得的资源条件下，尽可能充分合理地配置企业资源，以有效地计划和控制经营过程的进行，满足市场上客户的需求，最终达到赢取最大利润的目的。相应地，为了配合企业在现代化环境下获得有利的竞争优势，应用 ERP 系统是大势所趋，而由于不同的行业类型使得不同的企业管理系统软件有所侧重和区别。从基础层次来看，ERP 系统所包括的功能模块以及结构特点应该趋于统一和通用，而在各个具体的不同类型企业实际开发应用时，应能够在这个基础的层次上进行快速的配置应用。

不同类型企业的 ERP 系统功能需求对照见表 6-1。

表 6-1 不同类型企业的 ERP 系统功能需求对照

企业类型		对 ERP 系统需求的侧重点	共同的功能需求
制造行业	离散型	生产管理（计划、控制）、物流供应链管理（采购、库存）、财务管理、人力资源管理	物流供应链（销售、采购、库存）管理、生产管理、财务管理、人力资源管理
	流程型		
商业流通行业		物流供应链管理、财务管理、人力资源管理、客户关系管理	
服务行业		客户信息的存储与处理	

6.1.3 业务需求分析工具

1. 企业运作资本流动模型

企业的目标是使资本效率最大化（股东价值最大化）。阻碍资本增值效率的主要因素有两个：一是资本流动的速度，二是资本的损失。企业的问题就是阻碍资本流动的负面因素或者导致资本损失的因素。企业提高竞争力的关键就在于减少资本损失并加快资本的流动速度。

加快企业资本流动速度的五个关键因素：价格、产品质量、产品性能、交货期、交货的准时性。

减少资本损失的三个关键因素：逆向物流、在产品数量、库存量。

企业运作资本流动模型如图 6-1 所示。

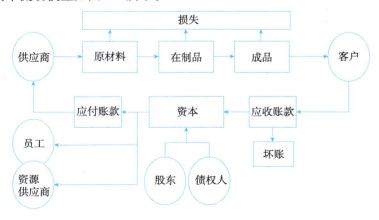

图 6-1 企业运作资本流动模型

2. 波士顿矩阵

波士顿矩阵又称增长-份额矩阵、波士顿咨询集团法、四象限分析法、产品系列结构管理法等。

制定公司战略最流行的方法之一就是波士顿矩阵。该方法是由波士顿咨询集团在20世纪70年代初开发的。波士顿矩阵将组织的每一个战略事业单元标在一种二维的矩阵图上,从而显示出哪个战略事业单元提供高额的潜在收益,以及哪个战略事业单元是组织资源的漏斗。波士顿矩阵的发明者、波士顿公司的创立者布鲁斯认为公司若要取得成功,就必须拥有增长率和市场份额各不相同的产品组合。组合的构成取决于现金流量的平衡。如此看来,波士顿矩阵的实质是为了通过业务的优化组合实现企业的现金流量平衡。波士顿矩阵如图6-2所示。

图 6-2 波士顿矩阵

波士顿矩阵区分出4种业务组合。

(1)问题型业务(高增长、低市场份额)。处在这个领域中的是一些投机性产品,带有较大的风险。这些产品可能利润率很高,但占有的市场份额很小。这往往是一个公司的新业务,为发展问题业务,公司必须建立工厂,增加设备和人员,以便跟上迅速发展的市场,并超过竞争对手,这些意味着大量的资金投入。"问题"这个词非常贴切地描述了公司对待这类业务的态度,因为这时公司必须慎重回答"是否继续投资,发展该业务?"这个问题。只有那些符合企业发展长远目标、企业具有资源优势、能够增强企业核心竞争力的业务才得到肯定的回答。得到肯定回答的问题型业务适合采用战略框架中提到的增长战略,目的是扩大战略事业单元的市场份额,甚至不惜放弃近期收入来达到这一目标,因为要使问题型业务发展成为明星型业务,其市场份额必须有较大的增长。得到否定回答的问题型业务则适合采用收缩战略。

如何选择问题型业务是用波士顿矩阵制定战略的重中之重和难点,这关乎企业未来的发展。通过市场增长来确定业务类型的优先次序,波士顿矩阵提供了一种简单的方法。

(2)明星型业务(高增长、高市场份额)。这个领域中的产品处于快速增长的市场中并且占据支配地位的市场份额,但也许会或也许不会产生正现金流,这取决于新工厂、设备和产品开发对投资的需要量。明星型业务是由问题型业务继续投资发展起来的,可以视为高速成长市场中的领导者,它将成为公司未来的金牛型业务。但这并不意味着明星型业务一定可以给企业带来源源不断的现金流,因为市场还在高速成长,企业必须继续投资,以保持与市场同步增长,并击退竞争对手。企业如果没有明星型业务,就失去了希望,但群星闪烁也可能会"闪花"企业高层管理者的眼睛,导致做出错误的决策。这时必须具备识别行星和恒星的能力,将企业有限的资源投入在能够发展成为金牛型业务的恒星上。同样的，明星型业务要发展成为金牛型业务适合于采用增长战略。

（3）金牛型业务（低增长、高市场份额）。处在这个领域中的产品产生大量的现金，但未来的增长前景是有限的。这是成熟市场中的领导者，它是企业现金的来源。由于市场已经成熟，企业不必大量投资来扩展市场规模，同时作为市场中的领导者，该业务享有规模经济和高边际利润的优势，因而给企业带来大量现金流。企业往往用金牛型业务来支付账款并支持其他三种需大量现金的业务。金牛型业务适合采用战略框架中提到的稳定战略，目的是保持战略事业单元的市场份额。

（4）瘦狗型业务（低增长、低市场份额）。这个剩下的领域中的产品既不能产生大量的现金，也不需要投入大量现金，这些产品没有希望改进其绩效。一般情况下，这类业务常常是微利甚至是亏损。瘦狗型业务存在的原因更多的是由于感情上的因素，虽然一直微利经营，但像人养了多年的狗一样，因恋恋不舍而不忍放弃。其实，瘦狗型业务通常要占用很多资源，如资金、管理部门的时间等，多数时候是得不偿失的。瘦狗型业务适合采用战略框架中提到的收缩战略，目的在于出售或清算业务，以便把资源转移到更有利的领域。

波士顿矩阵的精髓在于把战略规划和资本预算紧密结合了起来，把一个复杂的企业行为用两个重要的衡量指标分为四种类型，用四个相对简单的分析来应对复杂的战略问题。该矩阵帮助多种经营的公司确定哪些产品宜于投资，宜于操纵哪些产品以获取利润，宜于从业务组合中剔除哪些产品，从而使业务组合达到最佳经营效果。

3. 逻辑树

逻辑数又名问题树，是一个概念性框架，保证解决问题的过程的完整性。它是一个系统性的分解过程，能将工作细分为一些利于操作的部分、确定各部分的优先顺序、明确地把责任落实到个人。

逻辑树可分为议题树、假设树和是否树。议题树将一项事物细分为有内在逻辑联系的副议题；假设树假设一种解决方案，并确认足够的论据来证明或否定这种假设；是否树说明可能的决策和相关的决策标准之间的联系。

议题树适用于解决问题过程的早期，这时还没有足够的可以形成假设的基础；假设树适合对问题有足够多的了解，能提出合理的假设的情形；是否树适合对事务及其结构有良好的理解，并可以将此作为沟通工具的情形。

某房地产业务的价值逻辑树如图6-3所示。

还有像通用电气矩阵、市场吸引力矩阵、波特的行业结构模型等业务需求分析工具可供使用，这里不再一一介绍。

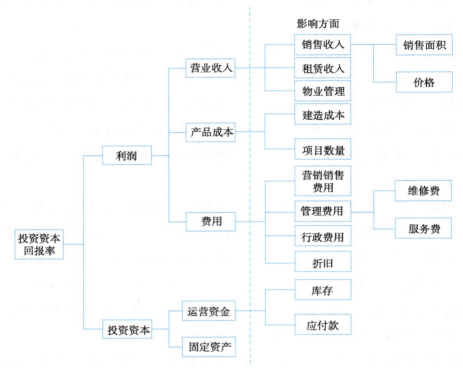

图 6-3 某房地产业务的价值逻辑树

6.2 企业建模与蓝图设计

设计这一过程是在对企业需求进行调查、分析的基础上，设计一个理想的管理蓝图，再基于需求和未来理想设计一个具体的目标，以及实现这一目标所需的工具、方法、组织结构等，是整个 ERP 项目实施的关键过程之一。

6.2.1 业务工程

业务工程（business engineering，BE）是改变公司工作方式的一种方法。BE 方法起源于信息技术领域，它需要开发出类似于建筑师的建筑图那样的蓝图。这些模型是基于实践的，它们已经被证明是可靠和适用的。在 BE 中，这些模型代表着可以应用于不同企业的标准业务流程和对象，并且能够加以配置，以满足公司的需要。

信息技术曾被当作工具，使 BPR 重新设计所规定的流程能够自动进行。因此，虽然信息技术是成功实施 BPR 的一部分，但过去它只被当作实现 BPR 目标的工具。在信息技术实施的基础上创建流程模型，并将这些模型应用到 BPR 的更好的业务流程思想中去，使业务工程拓展信息技术的使用范围。这些思想融合起来，产生了面向流程、使用信息技术的解决方案。BE 代表了信息技术和 BPR 之间的真正交集。更为具体地说，BE 争取的是对公司的增值链进行有效的重新设计。增值链是指在业务领域运行的一组相互连接的程序，这些程序一旦被快速有效地完成，将会同时给公司和客户增加价值。信息技术不再只能安排已有的增值链，还可以当作辅助流程重新设计的模型。

1. 业务工程的重要性

业务工程是信息时代的产物。社会已经从劳动和机器驱动生产力转向知识和信息驱动生产力的时代。业务工程为转向信息时代中隐含的深远的社会、技术和经济变革创建了一个解决方案。

技术的采用导致美国企业追求效率，在20世纪90年代，这种追求表现为压缩编制（downsize）的潮流。压缩编制集中于尽量缩减现有的组织，将技术用作人力资本的替代品。因为实施的风险因素，实际的、现实世界中的约束（如人力资本的缺乏）阻碍了业务流程，即便是最佳的业务流程也是如此。

尽管业务工程对可能具有与压缩编制相同的影响，但其主要目标是优化业务流程。BE将面向流程的企业解决方案和信息技术结合起来，创建了一个新的基础设施。这个新的基础设施专门用于应对构建一个企业环境所面临的挑战，在优化业绩的同时保持足够的灵活性以应对变化。

如今，业务工程已经得到一些寻求实现企业业绩最大化的公司的认同。遍观全球，很多公司都已采用业务工程的方法来解决信息时代面临的问题，诸如 Aetna Life and Casualty、Eastman Kodak、Cigna 等公司都已经建立了一些特殊的团队（通常由高层经理领导），专注于业务工程。

2. 业务工程的原则

业务工程代表着为适应经济的变化要求企业战略必须进行的一种转变。在过去，公司能从规模经济中获得好处——也就是说，为了降低生产成本，可以提高产量。规模经济性使得公司能够为更大的、相对稳定的消费市场提供标准的产品和服务，专注于在明确的领域中优化任务。

近来，强大的客户力量已经降低了规模经济的重要性，公司与客户之间的关系不再仅仅局限于销售和购买产品，已包括所有的企业活动，从客户服务、咨询、定价到生产和运输。随着产品越来越多，客户可以有更多的选择。为了应对这种趋势，经理人重新考察了20世纪50年代建立的业务流程，重新设置了组织结构、工作定义和工作流。

业务工程使得公司能够更加针对客户，能够及时响应市场的变化，通过业务流程重塑公司结构来达到这些目的。BE不是通过实现业务的完全自动化来实施变革，而是通过以整体的或者面向流程的术语定义公司的任务来实施变革。

只有那些拥有变革性的员工、产品和服务，以及较短开发周期的公司，才能保证它们的市场份额，或者有望获得更大的市场份额。同时通过最大化个体和团队的创造力，强调面向流程的方法，BE才能使公司实现自己的目标。

3. 业务工程的要素

BE 的主要目标是优化业务流程。为了实现这一目标，公司必须重新考察长期一直遵循的理念。正如前面提到的，从事 BE 绝不仅是现有流程的自动化或者裁剪现有的组织。BE 基于简明的信息技术结构，是对业务流程的再思考和重塑。此外，BE 的影响不仅仅扩展到了业务流程中，而且也扩展到了管理方法和组织结构中。一旦成功，BE 使得公司在自动化企业的各个领域之前，能够简化、整合和重组这些领域。业务流程并不认为部门（如采购、生产、销售、会计和人力资源管理）之间是相互独立的，在着手进行业务工程时，公司必须打破不同部门相互独立的观念。BE 使得个体员工参与众多的活动和决策，采用扁平化管理，组织的界限不再阻碍信息的流动，公司、供应商和客户可以更加有效的通信和协同工作。在组织完成之后，公司将会根据新的模式来自动化业务流程，最终将会组成一个能够快速响应消费者需求和市场变化的、敏捷的、更有效的组织。要实现这个集成的观念，公司中的有变通信是至关重要的，每个人（从软件提供商到部门用户和设计计划人员）都必须使用同一种语言。如果在 BE 的计划阶段出现误解，将会导致时间的延迟、成本的增加以及生产率的降低，因此由公司高层领导者来负责向公司的其他部门传达业务流程设计是极为重要的。

因为 BE 通常涉及公司大幅度的重组，因此它有可能是一件痛苦的事情。事实上，在 BE 作为实施 ERP 产品的一种技术出现之前，BE 的成本大概是安装新的解决方案成本的 10 倍。为了避免分裂，许多公司推迟了 BE 举措，但是这会损害到它们的长远财务目标。在 BE 实施的过程中，公司必须具有足够的耐心和灵活性，不仅要忍耐最初的巨变，而且在它们发展和应对消费者需求变化的过程中不断地改进业务流程。

6.2.2 企业建模常用的方法

1. CIM-OSA

CIM-OSA（computer integrated manufacturing open system architecture）是由欧盟的 21 家公司和大学组成的研究机构开发的一个 CIM 开放体系结构。它能够提供面向 CIM 系统生命周期的、开放式的 CIM 参考体系结构，从多个层次和多个角度反映 CIM 企业的建模、设计、实施、运行和维护等各个阶段，提供了 CIM 系统描述、实施方法和支持工具，并形成了一整套形式化体系。

CIM-OSA 是一种面向企业 CIMS 生命周期的体系结构。优点在于它具有全面性、完整性、开放性，并成为一种预标准，影响着其他建模框架。CIM-OSA 过于强调形式化，目前尚没有一种完全遵循 CIM-OSA 的商用软件。

2. IDEF

IDEF 是用于描述企业内部运作的一套建模方法。IDEF 是由美国空军发明，根据知识基础系统开发的。它本来只在制造业上运用，经过改造后，也适用于一般的软件开发。

从 IDEF0 到 IDEF14（包括 IDEF1X 在内）共有 16 套方法，每套方法都是通过建模程序来获取某个特定类型的信息。IDEF 是用于创建各种系统的图像表达、分析系统模块、创建系统的最佳版本和帮助不同系统之间的转换。IDEF 有时与差异分析并用。

以下列写了所有已开发和正在开发的 IEDF 方法，其中，最常使用的是 IDEF0～IDEF4。

IDEF0：功能建模（function modeling）；

IDEF1：信息建模（information modeling）；

IDEF1X：数据建模（data modeling）；

IDEF2：仿真建模设计（simulation model design）；

IDEF3：过程描述获取（process description capture）；

IDEF4：面向对象设计（object oriented design）；

IDEF5：本体论描述获取（ontology description capture）；

IDEF6：设计原理获取（design rationale capture）；

IDEF7：信息系统审定（information system auditing）；

IDEF8：用户界面建模（user interface modeling）；

IDEF9：场景驱动信息系统设计（scenario driven is design）；

IDEF10：实施体系结构建模（implementation architecture modeling）；

IDEF11：信息制品建模（information artifact modeling）；

IDEF12：组织建模（organization modeling）；

IDEF13：三模式映射设计（three schema mapping design）；

IDEF14：网络规划（network design）。

举个例子来说，IDEF0 用于分析企业内部的各项功能流程，通过图像模型说明这些功能是由什么掌控的，谁在执行这些功能，通过哪些资源来实现这些功能，这些功能流程的效果是什么，以及它与其他功能之间的关系。

3. GRAI 与 GIM

GRAI（graph with results and activities interrelated）方法于 20 世纪 70 年代由法国波尔多第一大学的 GRAI 实验室开发，后来 GRAI 实验室将之发展成为一种描述和分析整个企业的方法论，称为 GIM（GRAI integrated methodology）。GIM 的主要组成部分为概念模型、建模框架与参考体系结构、建模形式化方法、结构化方法和 CASE 工具。其中概念模型将一个制造系统分解成物理、决策、信息三个子系统；GIM 建模框架也包括视点、生命周期和抽象层次。同时，建立 GIM 模型时也需有一系列步骤可以遵循。

GIM 的优点是：GIM 提供了规范的系统分析步骤——GRAI/GIM 结构化方法；提供了实用的系统分析和优化方法——GRAI 网和 GRAI 格，通过对 GRAI 网和 GRAI 格的分析可以发现系统中存在的问题，实现系统的优化；GIM 有很好的关于 CIM 以及实施 CIM 开发项目的哲理；具有特有的决策视图，特有的具有不同视图的面向用户设计和面向技术设计。

GIM 的不足是：主要针对企业制造过程，对于其他过程考虑不多；注重系统分析和设计，而对实施和操作考虑不多；注重计算机系统实现工厂的集成，对人的因素考虑不多；建模框架缺少通用性层次。

4. PERA

PERA 是 Purdue 大学应用工业控制实验室的 T.J.Williams 于 1992 年提出的企业参考结构。它基于任务建模，将任务视为企业功能分解的最底层。它包括对信息系统任务、制造任务和人的任务，以及这三者之间相互关系的建模。PERA 体系结构包含了集成企业系统的完整生命周期，即概念、需求定义、设计（初步设计和详细设计）、建造与安装、运行与维护等各个阶段。PERA 通过功能视图和实施视图来描述企业。

PERA 最重要的特点是考虑了对人的行为活动的建模；PERA 体系结构是基于任务的建模方法，把生命周期图的结构按覆盖企业全部生命历程的任务阶段进行分层；PERA 参考体系结构及其相关方法论支持用户经历企业集成的所有阶段；作为一种非形式化的描述方法，PERA 最容易被没有计算机知识的用户理解。其相关方法论，特别是它对集成项目计划阶段的讨论是完备的。与其他参考模型相比，PERA 覆盖了 CIM 系统实施的最完整的生命周期。

PERA 的缺点是：由于描述的非形式化，PERA 的可执行性较差；PERA 缺乏对体系结构进行计算机建模所需的数学建模技术；没有支持建模的支持工具，不能进行仿真优化和冲突检验等。

5. GERAM

GERAM（generalized enterprise reference architecture and methodology）是国际自动控制联合会和国际信息处理联合会的企业集成体系结构工作组提出的一个通用的体系结构与建模方法。它汇集了 CIM-OSA、PERA 的思想，为企业集成领域提供参考模型，对企业的产品、流程、管理、研发、战略管理提供统一的远景。

GERAM 着重定义与企业相关的通用概念，包括五个主要部件：通用的企业参考体系结构——GERA；通用的企业建造方法学——GEEM；通用的企业建模语言——GEMLs；通用的企业建模工具——GEMTs；通用的企业模型——GEMs。

6. IEM

IEM（integrated enterprise modeling）是德国柏林弗朗霍夫的生产系统与设计研究所提出的一种基于面向对象技术的建模方法。它提供了一种可以生成集成化模型的企业建模方法和与之相应的支持工具，通过用一个模型的不同视图来描述企业的不同方面和层次。IEM 通过活动来描述每个具体的业务功能，用活动链来描述业务过程。IEM 定义了连接活动的 5 种控制逻辑，不同的活动之间通过这 5 种连接方式进行连接，从而生成活动链。IEM 采用面向对象的方法来建立企业模型，在深入分析企业特征的基础上，定义了一个通用的对象基类，这正是 IEM 的特点。

7. ARIS

ARIS 是德国 Saarland 大学的 A.W. Scheer 教授在对企业过程模型进行合并、抽象的基础上于 1992 年提出的一种基于过程的模型结构。ARIS 体系结构分为视图和生命周期两个维。在视图维：ARIS 将 IS 分解为功能、数据、组织、控制四个独立视图，前三个视图分别从流程、信息和组织的角度描述和设计系统，而它们彼此间的关系则由控制视图刻画。在生命周期维：划分为需求定义、详细设计及技术实施三个部分。通常运用的语义建模是在需求定义阶段。

ARIS 有许多优点：ARIS 采用独特的控制视图打破了相对孤立地从各方面描述企业的各个视图之间的界限，使它们联结成了一个整体；ARIS 提供了许多企业参考模型，可通过继承等手段在这些参考模型的基础上开发个别的企业模型；ARIS 支持大量的建模方法，适用于不同阶段的建模；同时 ARIS 是基于过程的二维模型结构，它有一套标准的可以互相集成的软件工具集来支持 ARIS 建模及仿真。ARIS 工具集的产品包括：应用系统 ARIS Easy Design、ARIS Toolset、ARIS for R/3、ABC（activity-based costing）、Web link 和标准界面。正是由于 ARIS 的这些优点，使得 ARIS 在企业建模中的应用相当广泛。

6.2.3　EPC 模型

事件驱动过程链（event-driven process chain，EPC）是一种过程建模方法，是 ARIS 建模方法的子集。EPC 模型有以下几个特点：

1）面向模型。模型抽象地描述了现实世界中发生的事情。但是，在信息内容和可理解性之间必须获得平衡。参考模型描述了最为常见的业务流程及其变体。这些描述确保那些最经常选择的业务流程可以利用 ERP 有效地实施。

2）面向客户。模型的一个基本原则是必须针对不同的目标群进行创建。比如，软件开发人员可能希望查看具体细节，但是最终用户和计划制订者在业务工程的第一阶段可能会被过于具体的信息所干扰。而 EPC 模型选择了一个简明的描述方法，它只采用少量不同的符号（这些符号组织在一个排列集合中），即使是一个外行也能够立即领会。

为了同时促进面向客户和面向模型，EPC 模型集中于 4 个主要元素：事件（事件应当什么时候完成）、任务或者功能（应当做什么）、组织单元（应该由谁来做）、信息、物料或资源对象要完成适当的任务，需要哪些信息）。换句话来说，这个模型定义了由谁在什么时候以怎样的方式来完成什么事情。事件是业务流程背后的驱动力，触发一个或者多个任务。

事件：提出诸如"任务应当什么时候完成？"的问题。在流程图中以一个带有阴影的六边形表示。事件（比如一个订单、一个采购或者一个交付）触发了公司中后续流程的整条链。比如，客户提交一个产品订单触发"订单到达"事件驱动了后续流程链，供应商递交生产物料触发"生产物料到达"事件或者供应商发送发票触发"发票已发送"事件等。事件触发驱动了后面的流程。

任务或者功能：提出诸如"如何完成？"的问题（用圆角矩形表示）。在一个公司中，一项任务或者功能描述了员工实际做的事情。在信息系统中，一项任务或者功能就是一个事物。要能够执行任务，计算机必须拥有有关任务的信息（信息以数据的形式体现）。反过来，这些数据可以作为后续相关任务的输入。功能树（function tree）显示出了不同的任务是如何联合在一起的。

组织单元：提出诸如"应当由谁来完成任务？"的问题（由一个带有阴影的椭圆表示）。一个组织单元可以是一个场所、一个办公室、一个部门或者一个人员。企业面临的最大挑战之一就是如何去优化其组织。最常见的一个活动就是区分组织结构和流程，但是在现实生活中，人们往往在实际结构上花费了过多的精力而了解流程不够。这种不匀称性通常会导致出现分裂的流程链和不必要的复杂性，导致过多的不同系统接口，导致部门、办公室和人员之间出现过多的交易。

信息、物料或资源对象：提出诸如"完成任务需要什么信息？"的问题（以一个带有阴影的矩形表示）。信息是完成一个特定企业任务所必需的，比如客户订单或者采购请求等方面的信息。信息要么是信息系统内部生成的，要么是从外部输入系统的。信息可以作为一个流程的输入，也可以作为流程的输出。换句话说，信息是流程发生必不可少的，同时也是触发下一个流程开始不可或缺的要素。

EPC 中的流程描述语言元素见表 6-2。

表 6-2　EPC 中的流程描述语言元素

名称	图标	定义	示例
事件		描述了状态的发生，它反过来又充当一个触发器	收到订单
任务或者功能		描述了初始状态向最终状态的转换	验收订单
组织单元		描述了组织的大体结构	销售组织
信息、物料或资源对象		描述了现实世界中的对象	销售信息
流程路径		描述了流程之间的前后关系	收货流程
逻辑操作符	∧ ∨ XOR	事件、功能或功能间的逻辑关系	和、或、异或
控制流		描述事件间的先后依赖关系	
信息/物料流		定义了某个功能是否被读取、变换或者写入	
组织单元分配		描述了哪个单元（或员工）或外部资源完成某个功能或者流程	

通过连接事件和任务，用户可以明确地建立复杂的业务流程的模型，并展开分析。EPC模型可以显示出如果任务链和责任链发生中断将如何影响公司优化流程的能力。通过将组织与各个任务进行匹配，用户可以非常方便地看到在一个流程中涉及哪些部门。公司试图识别优化业务流程的机遇时，通常涉及EPC的4个基本设计原则：事件，任务或者功能，组织单元，信息、物料或资源对象。

EPC描绘所涉及的任务、数据、组织单元和逻辑时间顺序之间的相互联系。事件总会触发某个任务或者功能，各个EPC至少都会从一个事件（起始事件）开始，最后终止于至少一个事件（结束事件），这一点是非常重要的。将负责执行任务的组织单元（部门、人员等）添加到链条中，以显示出任务执行的完整图像。EPC图形模型采用不同的符号表示复杂的业务流程的事件链，通过起始事件和结束事件，可以在不同的流程之间进行导航。

EPC中还提供一些附加视图使得业务流程视图可以得到进一步的补充。因为这些附加的视图提供了业务流程和信息系统（比如客户、服务器）功能的可访问的、详细的模型，公司可能希望在计划业务工程项目时参考这些视图。

功能视图（function view）描述了应用功能及它们之间是如何相互关联的，指明了功能任务是怎样相互激活的，以及功能的从属关系。功能可以细分为更明确、更详细的单元。在公司中，更高层的功能通常与更大、更一般的应用相关。比如物料管理和生产计划，最底层的功能与公司的某个事务相对应，比如报价的准备工作等。

组织视图（organizational view）表明了各个组织单元（工厂、供应商、转包商、客户等）之间的关系，目的是为了让用户调整和优化组织单元的结构，甚至将组织图保存在系统里。组织模型回答的主要问题是："将来哪些组织单元应该处理哪些业务流程？"，以及"哪些组织单元使用哪些方法来执行哪些功能？"。组织模型通过描述和分析组织单元、结构关系和信息系统的不同用户之间的分布，回答了这些问题。

数据视图（data view）分析了信息对象（即数据）是如何与业务流程模型的前后功能进行交互的。数据模型说明了执行一套给定的任务所需的数据输入，描述了信息对象及它们之间的关系。要成功地执行某项任务，数据输入必须从前面的任务中接收，一旦接收了数据输入，那么将生成新的信息对象，或者现有信息对象的状态将发生变化。这种信息对象及其操作关系存储在企业的数据模型中，但只有那些定义流程时所需的信息对象存储在业务蓝图中。

交互模型包括通信视图（communication view）和信息流视图（information flow view），使得公司能够分析信息在一般应用之间的流动情况，关心的是不同的组织或者应用程序组件之间必须交换的信息有哪些。交互模型反映了信息从传递者到接受者的流动，同时也反映了信息从接收者到传递者的流动。交互模型在应用和功能领域描述了这些交互，但没有具体地考察它发生的原因或时间。

6.2.4 价值链与 EPC 模型

由美国哈佛商学院著名战略学家迈克尔·波特提出的价值链分析法把企业内外价值增加的活动分为基本活动和支持性活动。基本活动涉及企业生产、销售、进料后勤、发货后勤、售后服务等。支持性活动涉及人事、财务、计划、研究与开发、采购等，基本活动和支持性活动构成了企业的价值链。在企业参与的价值活动中，并不是每个活动都创造价值，实际上只有某些特定的价值活动才真正创造价值，这些真正创造价值的经营活动，就是价值链上的战略环节。企业要保持的竞争优势，实际上就是企业在价值链中某些特定的战略环节上的优势。运用价值链分析法来确定核心竞争力，就是要求企业密切关注组织的资源状态，要求企业特别关注和培养战略环节，以形成和巩固企业在行业内的竞争优势。企业的优势既可以来源于价值活动所涉及的市场范围的调整，也可来源于企业间协调或合用价值链所带来的最优化效益。价值链分析法模型如图 6-4 所示。

图 6-4 价值链分析法模型

（1）增值流程。增值流程是对组织价值创造有着关键作用的流程。显然，增值流程为顾客传递价值，离开了顾客，任何流程都难以被认为是增值流程。向顾客提供产品和服务的流程被称为增值流程，其他流程则被称为支持流程。

增值流程的定义是相对的，在一定程度上带有主观性。首先，各个组织从事的行业和运作方式不同，在一个组织被定义为增值流程，可能在另一个组织则被定义为支持流程；其次，对增值流程的解释没有统一的术语和普遍的规则，甚至于同样的名称下可能代表着不同的含义；再次，在组织中的位置不同可能导致对增值流程识别的准则有差异。从概念和重要程度上看，识别增值流程不是一件轻而易举的事，但只要把握住增值流程的"增值"——为顾客创造价值，是可以得到对增值流程准确和合理的认识的。

增值流程的数量因企业的不同而不同，但并非企业规模越大增值流程就一定越多，因为所有公司在一些增值问题上都是一样的，都是通过产品或服务创新、让顾客满意来实现企业的目标。弄清公司通过哪些流程向顾客提供价值并界定其范围后，一个增值流程事实上已经出现了雏形。这里的识别标准就是价值，不能认为某个流程重要就将其界定为增值流程。例如，遵守国家法律当然会被认为是重要的，但它并不能给顾客创造价值，所以没有理由将其作为增值流程。从成功进行了增值流程改进和管理工作的企业的案例来看，一个组织位于第一层次的增值流程数量一般都在4~8个之间。这里的第一层次是相对于流程的级别而言的，因为企业可以对流程从大到小逐级分解，但随着分解层次的增加，增值流程的结构也会复杂化，管理流程的绩效效果可能也会降低。经验证明，将增值流程划分为两个层级——子流程（高级流程）和详细作业流程是一个比较合适的选择。

（2）支持流程。在任何产业内所涉及的各种支持性活动可以被分为以下4种基本类型：

1）采购：指的是购买企业价值链中各种投入的活动，采购既包括企业生产原料的采购，也包括支持性活动相关的购买行为，如研发设备的购买等。

2）研究与开发：每项价值活动都包含着技术成分，无论是技术诀窍、程序，还是在工艺设备中所体现出来的技术。

3）人力资源管理：包括所有类型人员的招聘、雇佣、培训、开发和报酬等各种活动。人力资源管理不仅对基本和支持性活动起到辅助作用，而且支撑着整个价值链。

4）企业基础设施：企业基础设施支撑了企业的价值链条。

企业所做的每一件事都可以归为基本活动或支持性活动，从价值链分类出发，可以进一步把每一个分类再细分为独立活动，确定哪些是对企业竞争优势最有贡献的活动。按照这种方式，就可以定义一条价值链。同时，围绕那些能最有效地提高企业竞争能力的价值活动，可以更好地建立企业的组织结构。EPC价值链模型如图6-5所示。

图6-5　EPC价值链模型

在进行ERP业务蓝图设计时，可以依据这些流程的路径利用EPC模型进一步细化。

6.2.5 蓝图设计

1. 蓝图设计的观点

当公司进行业务流程重设计时，一般需要首先研究业务流程，然后找出适用于新设计的软件解决方案。通常，公司对组织及其流程建模，在建模过程中设计出新的流程。建模方法在逻辑上恰好与蓝图设计相反，后者从现成的模板开始，并把它作为公司设计的基础。既然公司只能采用一种方法，那么这里就会出现一个问题，即哪种策略会更好——是建模，还是蓝图设计？

建模方法的论点几乎总是围绕着公司的业务状况、目标和流程等问题展开的。遵循这种逻辑，公司的业务工程师更倾向于为企业建模，因为他们认为一些模板不可能满足公司的特殊需求。因此，业务设计过程经常是以以下方式进行的。首先，公司重新定义企业目标，然后决定建立与这些目标相一致的公司模型。一旦建立了整个组织的模型，公司就可以开发自己的软件解决方案，或者购买与新模型匹配最好的标准软件。最后，公司开始在整个组织内实施此软件。

虽然这种建模策略偶尔也会成功，但是经常以失败告终，因为这个过程需要花费大量的时间、人力和资源。在从头开始设计新的流程时，公司经常会低估新流程投资和寻找合适的软件解决方案的成本。而且，建模方法存在这样一种风险，即新设计有可能受到较差的软件工具和系统的支持。许多公司不得不中断整个流程设计工作，就是因为它们的信息系统的软件不能支持新的设计。因此，在为公司的独特性而努力的时候，公司却在进展过程的后期发现，他们新建的模型失败了，就是因为它们太独特了，以至于得不到当前技术的支持。

有关蓝图设计的观点是，优化公司流程的最好方法不是集中于那些在类似行业中较为一般或者通用的领域，而是集中于公司特殊领域。在蓝图设计中，公司从设计蓝图开始，然后相应地匹配公司的结构。在这个过程的最初阶段，公司只注重自身的竞争优势，寻找公司特殊的领域，并采取一定的方法来优化流程。在蓝图设计中，这些特殊领域（而不是一般的领域）是重点。一般的领域可以从模板中找到，它是以特定业务流程的理想情形为基础的。通过将企业的一般领域快速映射到业务蓝图中，公司可以更好地集中于企业的特殊领域。

一遍又一遍地重复设计是没有意义的，但这正是在实际生活中发生的现象，很多公司投入了大量的时间和精力来建立一般领域的模型。与其冒着创建劣质模型的风险，公司最好能够充分利用模板，并根据自己的需要进行配置。根据需要配置的基本思想是，可为主要的业务流程领域创建蓝图，然后映射到企业软件中。它本质上使得客户可以简化 ERP 系统，以满足自己的功能需要。这种观点的优势在于只需花费少量的时间、成本和人力，就可以使用模板中包含的知识和经验。

2. 蓝图的标注

在蓝图中标注业务流程时，通常涉及查阅业务流程目录、选择公司认为最应当采用的流程、去掉那些不能应用的流程。顾名思义，标注（redlining）是指需要拿着红色钢笔浏览整个流程，并标出那些重要的或者必需的部分。为了修正流程选择，还应当收集一些重要的信息。首先，必须以图表的形式描述组织或公司的目标，列出不同组织单元的职责和任务。其次，应当清楚地描述现有的实际流程、程序和步骤。最后，还必须以图表的形式描绘信息在公司的不同功能部门之间的流动。项目团队必须确定哪些业务流程是必需的，哪些是需要丢弃的。

设计好了业务流程链，并且标记了上下游流程的链接关系以后，下一个任务就是完整地描述业务流程。此时，项目团队可以研究各个功能或任务的输入和输出信息对象。最重要的是，团队需要确定业务流程所涉及的组织单元。这将揭示出在 ERP 中哪些组织安排是可行的。最后，当公司的组织单元与 ERP 的组织单元相一致以后，从业务蓝图中选择流程的工作就完成了。

业务流程是由功能和事件组成的。功能通常具有一些属性，有助于人们理解用法、上下文和必要性。业务流程应当根据它们的属性进行组合。属性可以指到功能的版本标识、"必选"功能约定、"可选"功能约定等名称中。如果可选功能并不是必需的，可以将其关掉，这并不影响整体业务流程。目标功能和事件也可以指定为属性，来捕获流程的细节。

项目团队还可以从可用的信息中创建一棵功能树，并定义信息在应用之间的交换方式。业务对象、数据模型和交互图显示了各个领域之间的关系，包括组织单元间交换的信息对象（信息流）和通信流。项目团队还可以检查业务蓝图的信息流关系，以确保所有的重要信息对象都在功能领域之间进行了传递。如果因为没有包含在 ERP 的标准特性中，识别出的"当前"公司状况中缺少某些信息对象，他们可以添加进去，当业务流程和信息流与 ERP 系统相配套时，就可以将其作为重组步骤、程序和流程的基础了。

最后，项目团队可以评价功能和组织单元匹配的程度，并做相应的调整。在检查了给定组织单元的所有职能以后，就可以重新组合功能，并将其分配到合适的组织单元中。

3. 扩展业务流程设计

如果还需要满足一些特殊的要求、战略领域或新功能，公司可以选择扩展业务流程设计。ERP 软件的适用性要求其可以映射不同的公司结构。但有些时候，公司的组织结构不能映射到 ERP 的组织单元中，这已经成为 ERP 软件的一个非常大的约束。

在确定是否需要扩展业务流程设计时，必须回答以下三个重要的问题：

1）所选的业务蓝图中的流程是否包括了公司相应业务流程的所有功能？如果存在某些任务还没有映射到业务蓝图中，就需要把它加进去。

2）是否可以通过加入某些新流程来改进业务流程？如果可以的话，就应当同时选择这些任务。例如，业务蓝图中标准订单处理流程使得公司可以在输入新的报价时，直接参考存储在系统内的报价单，立即向仓库或工厂发出命令，以在特定的日期前供给所需的物料来满足订单。还可以通过邮件、电话、传真或 EDI 通知客户订单的信息。

3）是否存在某些不必要的功能？如果存在，删除即可。比如，如果公司不销售成批管理的物料，或者不需要执行任何查找操作，就可以从业务蓝图的标准订单处理流程中删除这些功能。

这三个问题有助于分析已确定的问题领域、弱点和提出的变革。确定以后，就可以通过业务蓝图进行选择，并根据需要修改和添加新的流程，设计出公司的新方案。此阶段项目的优先目标是要设置并记录系统原型，为实际生产应用做好准备。

业务流程的配置是很灵活的，其中提供了大量可以任意组合的参数，使得企业可以根据需要对业务流程进行微调。这种灵活性使得公司可以在 ERP 内快速创建和修改业务流程，从而节省了实施项目的时间和工作量。

6.3 本章小结

本章主要讲述 ERP 业务蓝图设计，其中包括系统分析和企业建模与蓝图设计两部分内容。

系统分析讲述调查研究的注意事项、步骤、流程、方法与手段、不同类型企业的 ERP 系统需求和业务需求分析工具。企业建模与蓝图设计讲述了业务工程、企业建模常用的方法、EPC 模型、价值链与 EPC 模型和蓝图设计等内容。

本章内容充分说明了企业 ERP 系统的业务蓝图设计方面的知识，阐述了从调查的方式步骤与手段到如何对 ERP 业务的需求进行分析，最后分别讲述了企业建模常用的手段与蓝图设计方法。

第 7 章

ERP 业务流程再造

7.1 业务流程再造的发展历程

18 世纪英国经济学家亚当·斯密在《国民财富的性质和原因的研究》中提出"劳动分工原理",提出分工有利于提高效率、增加产量,其理由有三:①劳动者的技巧因专业而日进;②分工可以免除由一种工作转到另一种工作的时间损失;③简化劳动和机械的发明使一个人能做许多人的工作。亚当·斯密的分工论蕴涵了最朴素的流程理念。1911 年,弗雷德里克·泰勒的《科学管理原理》一书阐述了科学管理理论——应用科学方法确定从事一项工作的最佳方法并很快被世界范围的管理者们普遍接受。分工理论和科学管理理论在企业的实践和发展的主要代表为:①亨利·福特将其应用于福特公司,形成了汽车流水作业线并使生产效率倍增;②阿尔弗雷德·斯隆在通用汽车公司构建了金字塔式的科层制组织结构,加强了部门管理。

但是,进入 20 世纪 80 年代,市场竞争日益加剧,信息技术迅速发展,全球化的浪潮日益增强,基于 3C(顾客、竞争和变革)为特征的三股力量使企业所处的环境发生了巨大的变化,原有的科层制管理造成的流程分工过细、追求局部效率、流程环节冗长、部门壁垒森严、忽视顾客利益等问题使其越来越难适应企业的发展。在影响企业发展的诸多环节中,高效率的流程是一个不可或缺的强有力的推动要素。流程对企业发展的影响如图 7-1 所示。

图 7-1 流程对企业发展的影响

业务流程存在问题的原因主要来自于以下 5 个方面:

1）市场环境变化，流程不能适应。
2）企业战略和发展阶段变化，流程不能支持。
3）面向职能的管理，使流程人为割裂，效率低下。
4）流程受人为因素影响多，管理不规范。
5）手工管理手段制约了流程的效率。

企业环境的变化和企业管理的实践成了企业管理理论发展的催化剂。业务流程再造理论因此诞生。从职能驱动到关键流程驱动模型如图7-2所示。

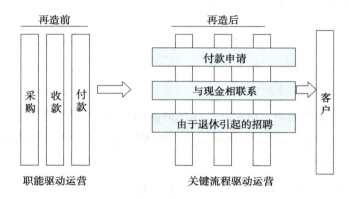

图 7-2　从职能驱动到关键流程驱动模型

20世纪90年代，自从前美国麻省理工学院迈克·哈默（Michael Hammer）教授和CSC管理顾问公司的董事长詹姆斯·钱皮（James Champy）在他们的著作《公司再造：企业革命的宣言》中提出了业务流程再造（BPR）的概念以来，BPR作为一种管理思想，成为一股新的管理革新的浪潮。

J·佩帕德与P·罗兰在《业务流程再造精要》一书中对BPR下的定义为"BPR是一种改进哲理。它的目标是通过重新设计组织经营的流程，以使这些流程的增值内容最大化，其他方面的内容最小化，从而获得绩效改善的跃进。"然而，BPR作为一种管理思想，它的真正意义在于：①通过对企业原有业务流程的重新塑造，包括进行相应的资源结构调整和人力资源结构调整，提高企业整体竞争力；②企业将由以职能为中心的传统形态转变为以关键流程为中心的新型流程向导型企业，实现企业经营方式和管理方式的根本转变。

哈默在其1995年与史蒂文·斯坦顿（Steven Stanton）合著的《再造革命》一书中回答了人们对再造的质疑。后来哈默也坦率承认，再造未将人的因素考虑在内。他在1997年出版的《超越再造》一书中对再造的得失做了总结，并澄清了实践中的混乱概念。

2001年，哈默又发表了《企业行动纲领》，向我们展示了9个管理理念。它们揭示了那些在本行业中出类拔萃的企业是如何在当今纷乱芜杂的商业环境中做到泰然自若从容面对的。这9个管理理念如下所示：

1）以客户为企业的经营导向——成为易于做生意的企业。

2）为客户提供它们真正想要的东西——提供更多的附加值。

3）业务流程至上——使追求优异绩效的愿望变成现实。

4）乱中求治——使创新工作系统化。

5）重视工作绩效的测定——使测定工作成为管理的一个组成部分，而不是数据统计的一项任务。

6）无结构化管理——从结构模糊的威力中受益。

7）将重点放在最终客户——把分销链变成分销利益共同体。

8）推倒公司的外"墙"——竭尽全力与其他公司合作。

9）企业拓展——虚拟整合而非垂直整合。

以上 9 个管理理念既相互联系又自成一体。

同年，哈默在《哈佛商业评论》发表了题为《超高效的公司》(*The superefficient Company*) 的文章，提出跨公司业务流程再造的理念。哈默预言：未来的胜利者将是那些能够采取全新业务模式，并与业务伙伴密切合作，设计并管理跨公司流程的公司，这一流程超越了传统意义上的公司边界。正是这些使公司实现从高效率到超高效的飞跃。

2002 年，詹姆斯·钱皮出版了《企业 X 再造》，提出 X 再造的概念：通过信息技术的广泛应用，重新规划跨越组织界限的业务流程，以实现营商绩效的突破性提升。

哈默在 2005 年 9 月的《流程的战略力量》(*The Strategic Power of Process*) 中，提出了几个主要观点：①运营创新（operational innovation）是方法：世界级公司的之所以成功的关键之一是运营创新，即创造并部署全新的工作方式以产生竞争优势；②流程是工具，再设计是方法：突破性的绩效提升来源于以端到端为基础的再设计工作；③信息技术是催化剂。

除哈默和钱皮之外，国外还有众多的学者对业务流程再造进行研究。比如，1990 年托马斯·达文波特（Thomas Davenport）的《新工业工程：再造与信息技术》(*The new industrial engineering: Information technology and business process redesign*) 一书中提出业务流程再设计的概念。认为 BPR 是组织中及组织间的工作流程及程序的分析与设计。

7.2 业务流程再造的相关概念

7.2.1 流程

流程是指按先后排列或并行的一整套活动或任务，它们基于指令完成特定的工作。这些工作将输入的指令转变为一个或多个输出的结果，从而达到共同的目的。它关心谁做了什么事，产生了什么结果，给谁传递了什么信息。

（1）流程的六要素。流程包括六个要素：输入资源、活动、活动的相互作用（即结构）、输出结果、顾客、价值。流程的六要素如图 7-3 所示。

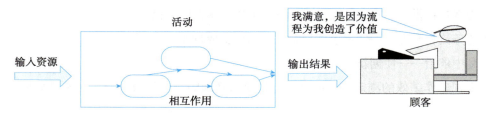

图7-3 流程的六要素

（2）流程的特点。流程的特点如图7-4所示。

1）目标性：有明确的输出（目标或任务）。这个目的可以是一次满意的客户服务，也可以是一次及时的产品送达等。

2）内在性：包含于任何事物与行为中。所有的事物与行为，我们都可以用这样的语式来描述，输入的是什么资源，输出了什么结果，中间的一系列活动是怎样的，输出为谁创造了怎样的价值。

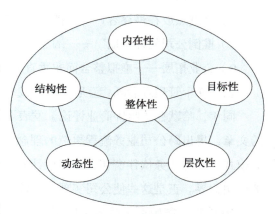

图7-4 流程的特点

3）整体性：至少由两个活动组成。流程，顾名思义，有一个"流转"的意思隐含在里面。至少两个活动，才能建立结构或者关系，才能进行流转。

4）动态性：由一个活动到另一个活动。流程不是一个静态的概念，它按照一定的时序关系徐徐展开。

5）层次性：组成流程的活动本身也可以是一个流程。流程是一个嵌套的概念，流程中的若干活动也可以看作是"子流程"，可以继续分解为若干活动。

6）结构性：流程的结构可以有多种表现形式，如串联、并联、反馈等。这些表现形式的不同，流程的输出效果也有很大的不同。

（3）流程的分类。按照安东尼（Anthony，1965）的观点，企业的经营管理有三个层次：①战略计划层，本层次为企业的最高层，主要工作为企业目标的设定和为实现目标所实施的资源配置；②管理控制层，即中间管理层，主要工作为实现企业目标有效地利用资源；③操作控制层，即下层管理层，主要工作为确保某项特定的业务能够被有效地、有效率地执行。为此，企业的工作流程可以分为战略计划流程、管理控制流程和操作控制流程。

根据哈佛商学院迈克尔·波特的价值链模型，企业活动分为两类：①为企业增加价值的基本活动，例如原材料储运、生产制造、产成品储运、市场营销和售后服务；②支持目前和未来的基本活动的辅助活动，例如采购、技术开发、人力资源管理、公司基本结构。为此，企业的工作流程可以分为增值流程和支持流程，详细内容在6.2.4中已有过介绍，此处不再赘述。

J·佩帕德和P·罗兰定义企业的高层流程为：①战略流程，包括战略规划、产品服务开发、新流程设计等；②经营流程，企业实现其日常工作的功能，满足顾客、顾客支持、现金收支等；③保障流程，为企业战略、经营提供保障的功能，例如人力资源、管理会计、信息管理等。上述三个流程可以继续向下分解，直至到达具体的单项任务。

按照工作内容可分为：管理流程和业务流程。

管理流程包括：人力资源管理流程、技术及设施管理流程、质量管理流程、财务管理流程以及考评管理流程等。

业务流程包括：市场营销流程、设计开发流程、生产工作流程、质量管理流程、销售管理流程、储运管理流程、财务管理流程、服务管理流程等（质量管理和财务管理跨越企业的管理工作和业务工作的范围，例如财务管理流程中的工资管理、固定资产管理等属于管理工作内容，而应收款管理、应付款管理属于业务工作内容）。

7.2.2 业务流程与管理流程

（1）业务流程。据美国管理学家哈默对流程的定义，所谓业务流程，就是企业以输入各种原料和顾客需求为起点到企业创造出对顾客有价值的产品或服务为终点的一系列活动。在一个企业中业务流程是指为完成企业某一目标或任务而进行的一系列逻辑相关的跨越时间和空间的活动的有序集合。从流程的观点来看，企业的组成元素是流程，而业务流程的组成主要是活动。活动与活动之间的相互作用和相互联系构成了业务流程系统。活动是一种变换式操作，它往往接受某一种输入，在某种规则控制作用下，利用某种资源，经过变换式操作转换为输出。不同的活动，它接受的输入、处理规则、利用的资源不同，输出也不同。

业务流程有以下4个特点：

1）每个业务流程都有输入和输出。

2）每个业务流程都有顾客。

3）每个业务流程都有一个核心的处理对象，一个大的业务流程往往实现一个对象的生命周期。

4）业务流程往往是跨职能部门的。

（2）管理流程。管理流程是对业务流程的监督、管理的集中体现，这些管理流程涵盖了企业高层管理者和主要职能部门在内的各种业务决策过程。管理流程与各职能部门和业务单元有密切关系，需各部门间紧密协调，以达到管理功能的目标。

明确清晰的管理流程能够帮助企业解决很多管理运作过程中遇到的问题。缺乏明晰管理流程导致的常见问题有以下几个：

1）管制与稽核的授权层次过高，决策权力过于集中在高层，权利的下放力度不够，既过多增加了高层管理层的负担，又不利于下层具体工作的高效率实施。

2）缺乏整合性的职能管理，部门之间各行其是，对内造成管理资源浪费，对外没有统一代表企业的标准。

3）部门之间的工作流程职责划分不够清楚，对于每个关键步骤必要的信息输入、产出以及任务接口均缺乏明确的规范，造成流程执行的品质难以提升，也导致绩效考核时的困难。

4）缺乏明确的流程规划与执行标准，以致员工缺乏遵循的依据，多以个人经验为标准，事后也难以评估绩效。

5）以部门或个人的角度来考虑工作分配或实施，忽略整体资源的共用的概念，造成流程或工作重复的现象。

6）无法透过标准化、量化的流程管理来积累经验，精益求精。

7.2.3 业务流程再造

1993 年，迈克尔·哈默和詹姆斯·钱皮在其著作《企业再造：企业革命的宣言》（*Reengineering the Corporation：a Manifesto for Business Revolution*）中，首次提出了业务流程再造（business process reengineering，BPR）的概念，并将其定义为：对企业业务流程进行根本性的再思考和彻底性的再设计，得以让企业在成本、质量、服务和速度等衡量企业绩效的关键指标上取得显著性的进展。该定义包含了四个关键词，即流程、根本性、彻底性、显著性。后三者的定义如下：

1）根本性是指要突破原有的思维方式，打破固有的管理规范，以回归零点的新观念和思考方式，对现有流程与系统进行综合分析与统筹考虑，避免将思维局限于现有的作业流程、系统结构与知识框架中去，以取得目标流程设计的最优解。

2）彻底性是指要在根本性思考的前提下，摆脱现有系统的束缚，对流程进行设计，从而获得管理思想的重大突破和管理方式的革命性变化。不是在以往基础上的修修补补，而是彻底性的变革，追求问题的根本解决。

3）显著性是指通过对流程的根本思考，找到限制企业整体绩效提高的各个环节和各种因素。通过彻底性的重新设计来降低成本、节约时间、增强企业竞争力，从而使得企业的管理方式与手段、企业的整体运作效果实现质的飞跃，体现高效益和高回报。

1. 业务流程再造举例

福特汽车发动机公司（简称福特公司）对包括采购、订货、验货、应付款处理在内的整个供应业务流程再造。原系统业务流程如图 7-5 所示。

1）采购员向供应商下达订单之后，随即传一份订单副本给应付款处理部门。

2）当供应商送来的货物抵达指定的库房时，验货员对货物进行清点、记录，然后将点货清单转给应付款处理部门。

3）供应商在送出货物的同时将货款发票送给应付款处理部门。

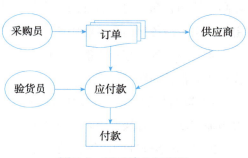

图 7-5　原系统业务流程

4)对每一批货物的三套单据——订单副本、点货清单和货款发票核对无误后,应付款处理部门发出货款支票。

经过分析,福特公司决定采用计算机系统代替原来的手工管理过程,以提高单据处理的速度。但在系统分析中发现,通过网络信息的传递,新的业务流程中根本不需要处理单据,原来单据传递过程被计算机信息传递取代。再造后的系统业务流程如图7-6所示。

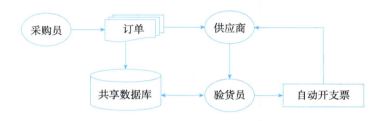

图7-6 再造后的系统业务流程

1)采购员通过共享的计算机系统生成采购订单。
2)供应商将货物送到库房。
3)验货员根据共享数据库中的订单验收货物。
4)验货员将处理结果返回共享数据库。
5)系统自动生成凭证,并开具支票给供应商。

对照两个业务流程可以发现,原业务流程完全是按照部门来划分的,各部门分别完成大量的单项任务(填写、传递、验货、单据核对、付款)。但其实订单、发票、验货清单上的很多项目都是相同的(如订购货物的名称、单价、数量、供应商等),但不同的数据来源,很容易造成数据的不一致,应付款处理部门要寻找差异存在的原因。

如果依照原有业务流程实施信息系统,根本不可能起到改进管理、提高效率、降低成本的作用,反而还会强化原来不合理的流程,加重企业的负担。原有业务流程不变,所需要的相关信息仍旧会依赖于原系统,就无法实现新系统的目标。

按照再造后的系统业务流程使共享数据库中的数据全部由采购员输入,保证了系统数据入口的唯一。同时,将付款审核这项原来由应付款处理部门完成的业务改由验货员来完成,减少了应付款处理部门的负担。审核的订单来自系统,验货员只需把它与所验收的货物核对,并将核对结果送回系统,由系统自动生成凭证并开具支票付款,增加了验货员的责任,对流程工作人员提出了更高的要求。整个业务流程实现了跨职能部门的业务管理。

2. BPR的内容

BPR理论强调以顾客为中心和服务至上的经营理念,其内容有以下几点:

(1)根本性的再思考。其原则有:横向集成活动,实行团队工作方式,纵向压缩组织,使组织扁平化,权力下放,授权员工自行做出决定,推行并行工程。

对长期以来积累和演变而成的、在人们心目中已熟视无睹的经营过程、组织管理模式和运行机制进行再思考，以顾客为中心考虑经营目标和战略导向，根据顾客需求考虑应设置哪些经营过程。彻底性的再设计要求彻底摆脱人们头脑中的旧框框，在一张白纸上面勾勒出一个全新的企业流程，不受现有部门和工序分割的限制，以一种最简单、最直接的方式来设计企业经营过程，要面向经营过程设置企业的组织结构，以实现企业的重构。

（2）企业经营过程的重构。BPR是一项复杂的系统工程，它的实施要依靠工业工程技术、运筹学方法、管理科学、社会人文科学和现代高科技，并且涉及企业的人、经营过程、技术、组织结构和企业文化等各个方面，其基本内容包括以下几部分：

1）人的重构。BPR的实施要求企业的高层领导者对市场变化反应敏锐，善于决策，能与公司内外进行有效沟通，具备广泛的知识面，能深入领悟BPR的内涵，切实转变思想观念。美国Intel公司的总裁葛洛夫是在二战中逃离匈牙利的犹太人，其危机感比一般人强烈，市场敏感性也高于常人，这一点是促使他决定在公司中推行BPR的关键所在。德国企业家罗伯特·纽曼说："企业推行BPR项目的最大阻力是项目启动时人们的惰性"。由此可见，实施BPR成败的关键取决于企业内部人员的整体素质与水平。高层领导者要有富于革新、勇于向风险挑战的精神。

2）技术的重构。先进的信息技术能改造企业的信息基础结构。利用先进的信息技术建立覆盖整个企业的信息网络，使每位员工通过网络就可得到与自己业务有关的各种信息。国外许多大企业在实施BPR时，都非常重视信息技术的作用，比如美国一大型汽车零部件公司利用图像技术和组织存储系统重构产品报价过程，使产品定价更及时、合理、更具有竞争力，同时公司还建立了企业级的信息网络和与供应商联络的通信网络，从而大大增强了公司的整体实力；柯达公司采用CAD/CAM系统和并行工程技术重构传统产品开发过程，使产品开发周期由70周缩短为38周；福特汽车公司财务会计部采用公共数据库和网络技术重构付款过程，使该部员工由原来的500人精简为125人；德克萨斯仪器公司利用专家系统重构资本预算申请过程，使完成一整套申请准备由过去的95小时减少到40分钟。先进的设计思想与制造技术面对顾客多样化与个性化的需求以及产品结构与制造工艺日益复杂化的特点，企业在产品设计、工艺设计和制造装配上，应尽量采用标准化、模块化和成组技术的设计思想以及柔性制造系统、柔性装配系统等。

3）组织结构的重构。按具体项目组成面向经营过程的工作小组，设立小组负责人，对内指导、协调与监督小组中各成员的工作情况，对外负责及时将顾客的意见和建议反馈回小组，并尽快改进工作。明确小组内部各成员的作用和职责，做到责权利统一，使小组形成一个享有充分自主权和决策权的团体。美国许多大公司，如IBM公司、美国航空公司、苹果计算机公司、通用电气公司、Intel公司和3M公司等被美国《幸福》杂志评为全美最富有革新精神的企业，它们均采用这种小组制的组织结构。在日本，这种组织结构也日益受到人们的重视。例如，川崎重工业公司是日本名列前茅的重型设备生产企业，它将公司分为150个事业部，每个部全面负责该部的生产、采购、销售和研究开发工作，总公司只从人事和财务两方面提供支持。

4）企业文化的重构。在当今时代，如果企业仅满足于以往的成就，安于现状、不思进取、固守老一套的思想作风和经营理念，往往会在激烈的市场竞争中败下阵来。营造适宜的企业文化氛围是企业实施上述重构的保障。树立企业员工是第一顾客的新观念。竞争是企业成功的动力，各种竞争最终都归结为人才竞争，人才是企业最宝贵的财富。因此，企业要为员工提供宽松的工作环境和良好的后勤保障，增强他们的主人翁责任感，使他们敬业爱岗、尽职尽责。国外一些企业提出："企业如何对待自己的员工，你的员工就如何对待顾客。"因此，要正确引导和教育员工，使他们能够处理好与顾客的关系，企业才能有竞争力。此外，办企业要像办学校一样，不断强化员工的培训和教育，尽快提高他们的素质。韩国一些大型企业，如三星、现代综合商社和大宇等财团，为了保证本企业员工的素质，都致力于开展培训活动，他们通过巨额投资，集中力量培养国际经营专门人才。树立顾客至上、全员营销的新观念，树立良好的企业形象，给顾客以信任感。企业的信誉扎根于产品与服务的高质量。品牌是产品立足市场的灵魂，企业要制定名牌战略，力争开创名牌产品、名牌效应和名牌意识。众所周知，日本企业之所以能在二战后迅速崛起，一个重要原因是日本人善于把中国文化、西方文化与本国文化结合起来，形成独特的日本企业文化。

7.3 业务流程再造的方法与阶段

7.3.1 业务流程再造的方法

业务流程再造的方法一般有两大类：全新设计法（clean sheet approach）、系统改造法（systematic redesign），前者遵循哈默的推倒重来的主张，从根本上抛弃旧流程，零起点设计新流程；后者继承逐步改善的思想。在这两个极点之间有一个广阔的中间地带，可以选择两种方式相结合的途径。对于我国企业来说，企业业务流程再造要注意以下几方面：

1. 业务流程再造的四要素

业务流程再造的四要素是企业愿景、组织架构、转变促成和绩效管理。

1）企业愿景。确定流程未来的受益对象，并根据他们对流程的重要性和影响力做出划分；确定客户对于未来流程的满意程度；客户需求调查；明确流程和期望之间的差距；评价项目所带来的转变与流程设计缩小这种差距的作用；寻找不断缩小差距的行动方案。

2）组织架构。确定一种最为有效的管理汇报体系；确定潜在的组织架构选择方案；选择最优的组织架构；确定组织架构中各个部门的职责；确定新组织架构中管理的跨度和层次；确定新组织架构中所需的专有技术。

3）转变促成。明确需求的沟通与载体；评价对于转变的障碍；确定转变的特点，设计行动的方案；推动所有参与者的能动性、团队精神、信任度和共同远景；寻找一种评价以便改进行为的载体或手段。

4）绩效管理。确认流程成功的关键因素，并发展出一套平衡的指标体系；在指标的有效性和复杂性之间寻找一个平衡点；保证绩效和指标之间的一致性。

2. 业务流程再造的原则

以核心生产能力为中心，再造业务流程。一个企业要想在激烈的市场中立足，必须不断培养和创新自己的核心能力，没有核心能力的企业迟早会被市场淘汰。为此，企业应当抓住机遇，充分搞好企业最基本的内部流程再造，以现有核心生产能力为基础，多角度、全方位地思考所有流程，大胆取舍，最后形成核心能力以及核心流程，进而形成具有自己核心产品和核心竞争力的立体式、网络化业务流程体系。

以顾客为起点，再造整合企业业务流程。目前我国的企业面临的市场已由卖方市场转向买方市场，对顾客的争夺越来越激烈。这些情况要求企业在进行业务流程再造时，应以顾客为"起点"，调整企业的研究与开发及生产经营活动。

围绕企业业务流程在造，其他方面也要适当的调整，为实现企业业务流程再造的目标提供良好的保证。

加强人力资源开发。目前整个社会正逐步步入知识经济时代，"知识资本"将取代"金融资本"成为发展的第一要素，拥有了高素质的人才，才能使企业的流程再造得以成功。为此，企业的人力资源开发与管理就显得尤为重要。

1）组织结构应该以产出为中心，而不是以任务为中心。这条原则是说应该由一个人或一个小组来完成流程中的所有步骤。围绕目标或产出而不是单个任务来设计人员的工作。

2）让那些需要得到流程产出的人自己执行流程。过去由于专业化精密分工，企业的各个专业化部门只做一项工作，同时又是其他部门的顾客。例如会计部就只做会计工作，如果该部门需要一些新铅笔就只能求助于采购部，于是采购部需要寻找供货商，讨价还价，发出订单，验收货物然后付款，最后会计部才能得到所需的铅笔。这一流程的确能完成工作，并且对于采购贵重货物的确能显示出专业化采购的优势，但是对于铅笔这类廉价的非战略性物品，这一流程就显得笨拙而缓慢了，并且往往用以采购的各项间接费用会超过所购产品的成本。现在有了信息系统，一切变得容易了。通过数据库和专家系统，会计部可以在保持专业化采购所具优势的条件下，自己做出采购计划。

3）当与流程关系最密切的人自己可以完成流程时，大大消除了原有各工作组之间的摩擦，从而减少了管理费用，但是这并不意味着要取消所有的专业部门的专业职能，例如对于企业的主要设备和原材料，还是需要由采购部门来专门完成的。具体如何安排，要以全局最优为标准。

4）将信息处理工作纳入产生这些信息的实际工作中去。过去大部分企业都建立了这样一些部门，它们的工作仅仅是收集和处理其他部门产生的信息。这种安排反映了一种旧思想，即认为低层组织的员工没有能力处理自己产生的信息。而今伴随着信息技术的运用和员工素质的提高，信息处理工作完全可以由低层组织的员工自己完成。

5）将各地分散的资源视为一体。集权和分权的矛盾是长期困扰企业的问题。集权的优势在于规模效益，而缺点是缺乏灵活性。分权，即将人、设备、资金等资源分散开来，能够满足更大范围的服务，但却随之带来冗员、官僚主义和丧失规模效益的后果。有了数据库，远程通信网络以及标准处理系统，人们不再为"鱼和熊掌不可兼得"而伤透脑筋，企业完全可以在保持灵活服务的同时，获得规模效益。

6）将并行工作联系起来，而不是仅仅联系他们的产出。目前存在着两种形式的并行，一种是各独立单位从事相同的工作；另一种是各独立单位从事不同的工作，而这些工作最终必须组合到一起。新产品的开发就属于后者的典型代表。并行的好处在于将研究开发工作分割成一个个任务，同时进行，可以缩短开发周期。但是传统的并行流程缺乏各部门间的协作，因此，在组装和测试阶段往往就会暴露出各种问题，从而延误了新产品的上市。现在配合各项信息技术，如网络通信、共享数据库和远程会议，企业可以协调并行各独立团体的活动，而不是在最后才进行简单的组合，这样可以缩短产品开发周期，减少不必要的浪费。

7）从信息来源地一次性地获取信息。在信息难以传递的时代，人们往往会重复采集信息。但是，由于不同人、不同部门和组织对于信息有各自的要求和格式，会不可避免地造成企业业务延迟、输入错误和额外费用。然而今天，当我们采集一条信息之后，可以将它储存于在线数据库中，与所有需要的人实现共享。

3. 业务流程再造的分析方法

（1）头脑风暴法和德尔菲法。在讨论公司战略远景规划、决定企业再造时机过程中，头脑风暴法和德尔菲法是两种有用的方法。在运用头脑风暴法进行讨论时，鼓励与会者提出尽可能大胆的设想，同时不允许对别人提出的观点进行批评。运用头脑风暴法有助于发现现有企业流程中的弊病，提出根本性的改造设想。一些软件工具也可以用来支持这种讨论，与会者可以同时和匿名地对讨论议题提出他们的建议和意见，根据关键字来进行存储、检索、注释、分类和评价。德尔菲法则经常用来论证企业再造方案的可行性。可以将初步的再造方案发给若干事先选定的信息系统专家，征求他们的意见。然后将各位专家的反馈意见经过整理和分析后，再次发给专家，让他们考虑其他专家的看法，对有分歧的地方进行更深入的思考。这样，经过几轮征集，最终可获得比较一致的意见。这对于减少 BPR 的风险、设置正确的信息化战略是十分有用的。

（2）价值链分析法。在对企业的流程进行分析并选择被改造流程时，可以采用哈佛大学波特教授提出的价值链分析法。价值链分析法是辨别某种价值活动是否能给本企业带来竞争力的方法，这一理论最早发表在波特的一篇关于如何将价值链分析与信息技术结合起来的论文中，后来发展成为企业战略分析的重要手段，对企业信息化建设也有很重要的应用价值。波特认为：在一个企业中，可以将企业的活动分为基本活动与支持性活动两种。基本活动包括采购物流、生产制造、发货物流、市场营销、售后服务等；支持性活动包括高层管理、人事劳务、技术开发、后勤供应等。以上各项活动因企业或行业不同而具体形式各异，但所有的企业都是从这些活动的链接和价值的积累中产生了面向顾客的最终价值。因此，将一个企业的活动分解开来，并分析每一个链条上的活动的价值，就可以发现究竟哪些活动是需要改造的。例如，可以将某项业务按照有关的活动细分为几个范围（如将产品销售分解成市场管理＋广告＋销售人员管理＋…），从中发现可以实现差别化和产生成本优势的活动。

（3）作业成本分析法。作业成本分析法又称 ABC 成本法，主要用于对现有流程的描述和成本分析。作业成本分析法和价值链分析法有某种程度的类似，都是将现有的业务进行分解，找出基本活动。但作业成本分析法着重分析各个活动的成本，特别是活动中所消耗的人工、资源等。

（4）标杆瞄准法。标杆瞄准法可用在设立改革的目标和远景、确定流程再造的基准等方面。在许多行业都有一些成功的企业，这些企业的做法可以为行业中的其他企业所效仿，因此，也可以将这些企业的一些具体的指标作为其他企业的标杆。例如，丰田汽车的投资回报率（ROI）曾被作为日本汽车行业的标杆。当日产公司发现自己的投资回报率还不到丰田的一半时，就能意识到问题的严重性。

（5）奥利里（O'Leary）给出了两种进行再造的基本方法：全部推翻的再造和技术驱动的再造。

1）全部推翻的再造。在全部推翻的再造中，一切都从零开始。从本质上来说，全部推翻的再造过程包括：首先，进行再造；其次，选择最适合新系统的软件。先要识别组织的需求，然后按照这些要求进行流程再造。正如它的名称所暗示的，全部推翻的再造没有预先设定的限制。从理论上来说，这样就可以为组织设计出最理想的系统。这种方法比技术驱动的再造更加昂贵，但是全部推翻的再造能更好地满足组织的需求。

比起技术驱动的再造，全部推翻的再造方法所需的实施时间更长，实施难度更大。然而，应用全部推翻的再造方法，组织已经建立的竞争优势可以保留下来。在理想的情况下，这种方法能够为组织建立完美的系统。全部推翻的再造也会极大地改变组织开展业务的方式。不过，组织成员的工作方式虽然改变了，但他们过去认为比较好的工作方式通常会保留下来。既然如此，全部推翻的再造带来的影响很可能会小于技术驱动的再造方法。当然，员工培训仍然是必需的。

2）技术驱动的再造。在技术驱动的再造中，首先选择要安装的系统，然后再进行再造。奥利里将这种方法称为受约束的再造，因为这种再造过程要受到所选定的系统的限制。比起全部推翻的再造，这种方法耗时较短，斥资较少，因为软件系统不需要进行更改（软件系统是设计的基础）。凯普·格米尼（Cap Gemini）将技术驱动的再造称为一致性改革。

技术驱动的再造是根据供应商软件的功能来设计组织系统的。技术驱动的再造是最容易实施的，其实施过程往往比其他方法快得多，且成本也比较低。从消极的方面来看，这种方法对组织活动方式的更改比较大，在培训方面最为复杂。因此，虽然这类 BPR 实施项目在时间、预算和能力方面的表现都很不错，但是实际上组织所获得的收益不能令人满意。

奥利里认为，技术驱动的方法在实践中占据着统治地位。全部推翻的再造和技术驱动的再造的优缺点比较见表 7-1。

表 7-1　全部推翻的再造和技术驱动的再造的优缺点比较

	优　点	缺　点
全部推翻的再造	不会被工具的局限性所约束； 不会受到数据库的限制； 可以保持企业的独特性； 不受供应商软件修改的限制； 良好的扩展性； 保持企业竞争优势	没有预先存在的结构可供设计者借鉴； 不可行的可能性比较大； 可能需要较多的咨询人员参与； 可能耗资较大，进展缓慢； 可能与选定的 ERP 系统不匹配
技术驱动的再造	可以集中精力实施 ERP； 工具可以帮助再造； 流程受到限制，再造比较容易； 设计是可行的； 可以借用顾问的经验； 有现成的软件可以应用	再造受到工具的限制； 目前系统的演化可能受到技术的限制； 未来系统的演化可能受到技术的限制； 没有相对的竞争优势； 不一定能实施所有的最优方案

虽然并不是别无选择（这两种方法是实施再造的一系列方法中的两个极端），但它们的概念可以用来阐释可选的再造方案。

奥利里的建议是：全部推翻的再造适用于拥有充足的储备资金的大型企业，这类企业具有所需的各种资源，并且更倾向于将流程作为战略竞争优势的基础；技术驱动的再造适用于预算限制较大或者要求再造尽快完成的企业。企业流程的标准化程度越高，技术驱动的再造就越有吸引力。不管应用什么方法，业务流程再造对于采用 ERP 系统的企业都是必需的。

7.3.2　业务流程再造的阶段

BPR 的实施可分为制定再造策略、重新设计、具体实施、效果评估四个阶段。BPR 的阶段如图 7-7 所示。

图 7-7　BPR 的阶段

1. 第一阶段：制定再造策略

一是企业定位，确定可能开展的项目，确定哪些流程可能划入再造的范围，同时提出再造要求与目标；二是进行初步的分析，在前项的基础上对项目加以审议；三是选择第一项目，明确范围，第一项目的选择意义重大，事关以后各流程是否能顺利改造。

1）寻找现有流程中增加管理成本的主要原因，组织结构设计不合理的环节，分析现存业务流程的功能、制约因素以及表现的关键问题。

2）根据市场、技术变化的特点及企业的现实情况，分清问题的轻重缓急，找出业务流程再造的切入点。

3）根据市场的发展趋势以及客户对产品、服务需求的变化，对业务流程中的关键环节以及各环节的重要性重新定位和排序。

4）设定业务流程再造的定性、定量指标。

2. 第二阶段：重新设计

一是开始业务流程的再造工作，特别是要弄清楚现有业务流程中存在的问题；二是界定新的业务流程备选方案；三是评估每一个被选方案需要付出的代价及其产生的效益。最终应该提出一个可以实施的方案。

（1）业务流程设计的原则。

1）要从工作的目标而非过程出发，定义岗位职责。工作目标是可以衡量的，只有达到目标，过程才有意义，如果只考虑工作活动中的过程，最多只能简化过程。

2）识别不增值的过程。不增值的过程并非不重要的工作；对不增值的过程进行判断；设计有效的手段，尽可能地将企业的资源从不增值的活动中解放出来；剔除不增值的活动，使企业对内部和外部的反映速度加快。

3）在工作过程当中，设置工作检查机制。质量控制是工作的一部分，只有工作成果的质量符合标准，工作才算完成；对于任何工作，在工作过程中发现问题比在工作完成后返工的成本要低；

4）使决策点在尽可能靠近需要决策的地点做出。决策点和工作地点之间的时间延迟会使流程中断，增加成本。

5）部门间沟通、问题的决策和解决应该在直接参与作业的层面进行。凡事报给领导部门，由领导部门沟通解决的方式，会导致时间的浪费和企业成本的增加；部门领导对具体事务的了解比基层人员少；部门领导应该利用其经验给出指导，而不是进行决策；反复的上下沟通会导致信息失真。

6）尽可能使同一个人完成一项完整的工作。完整的工作增加员工的责任感和积极性；完整的工作使得对员工的绩效评价有衡量的依据；由一个人完成一项工作减少了工作交接和重复的工作。

7）在工作过程中，尽量减少交接的次数。工作的交接不增加工作的结果；大多数的工作问题是由于交接引起的；大多数的工作交接会引起扯皮现象，导致时间延迟。

8）在工作过程中建立绩效考核和激励机制。对工作的考核、评价、纠正是工作的一部分，不是无用工；不能单纯依靠外在的激励，内部的激励更重要；内部激励可以减少外部监控。

9）尽可能将组织目标分解到基层。将工作结果尽可能量化，以增强员工的时间和成本观念；对基层员工授权，以增强员工的责任感。

10）业务流程的改造和设计中，必须充分利用信息技术。国内外业务流程再造的实践中，都非常重视信息技术的作用。信息系统功能在业务流程再造中的作用见表7-2。在业务流程的改造中，必须注意信息化对管理的影响以及进行组织变革管理的方式。

表 7-2 信息系统功能在业务流程再造中的作用

	信息系统功能	目标	作用
1	自动化处理	效率提升	减少人力劳动
2	信息处理	处理效率	进行业务信息处理
3	控制方式	缩短时间	改串行为并行处理
4	远程交互	空间	随时随地异地信息处理
5	监控与跟踪	安全性	减少人为失误
6	决策处理	复杂性	员工参与决策
7	电子商务处理	提高服务效率	基于 Internet 的客户服务

（2）对流程进行简化和优化的方法。

1）将现在的多项业务或工作组合，合并为一。

2）业务流程的各个步骤按其自然顺序进行。

3）权力下放，压缩管理层次，给予员工参与决策的权力。

4）为同一种工作流程设置若干种进行方式。

5）工作应当超越组织的界限，在最适当的场所进行。

6）变事后管理为事前管理，尽量减少检查、控制、调整等管理工作。

7）尽量改串行工程为并行工程。

对于提出的多个业务流程改进方案，还要从成本、效益、技术条件和风险程度等方面进行评估，选取可行性强的方案。

（3）制定业务流程再造方案。制定与业务流程改进方案相配套的组织结构、人力资源配置和业务规范等方面的改进规划，形成系统的业务流程再造方案。

企业业务流程的实施是以相应组织结构、人力资源配置方式、业务规范、沟通渠道甚至企业文化作为保证的，所以，只有以流程改进为核心形成系统的业务流程再造方案，才能达到预期的目的。

组织结构与文化的变革包括以下几点：

1）组建自主的、多功能化的工作小组；

2）引入项目小组的工作方式；

3）改革生产管理者和监督人的角色；

4）缩小各组织单元的规模；

5）引入质量小组的方式；

6）精简某些管理层；

7）员工持股计划；

8）与业绩挂钩的弹性的薪资制度；

9）基于企业价值观和态度的培训，对全面质量管理的责任感；

10）弘扬团队精神；

11）重新确立公司目标，完善使命宣言。

3. 第三阶段：具体实施

实施业务流程再造方案，必然会触及原有的利益格局。因此，必须精心组织、谨慎推进，要克服阻力，在组织内形成共识，才能保证业务流程再造的顺利进行。BPR 实现的两个利器是信息技术和变革组织结构。BPR 之所以能达到巨大的提高在于充分发挥了信息技术的潜能，既利用信息技术改变了业务的过程，又简化业务过程。另一个手段就是变革组织结构，实现组织精简，效率提高。没有信息技术的深入应用，没有变革组织，严格地说不能算是实现了 BPR。

4. 第四阶段：效果评估

在该阶段中，企业需要将改进后状况与第一阶段中所制定的再造策略进行比较，对效果做全面的评估，并提出今后工作重点以及改善意见。

在整个四个阶段的过程中，项目管理以及转变促成的工作也相当重要。就转变促成的工作来讲，它是指在企业面临内外部环境的不断变化时，通过管理企业内部人的转变和组织的转变，积极地促成企业整体的转变，从而使企业平稳地过渡至更适合企业发展的状态。企业进行业务流程再造的过程中，由于涉及原有业务流程的重新构造，必然会影响相应岗位的安排、人员角色和职责的界定等，从而对企业员工及企业中的组织产生一定的冲击力。通过"转变促成"工具，借助企业内部持续的沟通行为，可以使得企业员工从最初的抗拒变革，逐步转变为认同变革，并且进一步转变为将企业的变革视为己任，由此将在企业内实施的业务流程再造的阻力降至最低，有效地提高业务流程再造项目的成功率。

7.4 组织变革

7.4.1 组织结构与企业价值的关系

面对挑战，很多企业原有的经营模式、组织结构已不能保持公司的竞争优势。企业价值集中反映在企业的战略、结构、流程、制度、资源、文化等六个方面，组织结构与企业价值的关系如图 7-8 所示。企业在组织结构方面常见的问题有部门职责不清、业务衔接不畅、内部协作困难、资源难以共享等。因此，组织变革成为企业重新获取竞争优势的必然选择。应及时建立团队型组织、推行结构扁平化、构建网络结构。

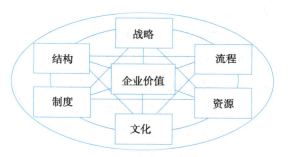

图 7-8 组织结构与企业价值的关系

7.4.2 企业发展阶段与组织变革

在企业的快速增长阶段、组织转型阶段和稳定增长阶段，由于企业内外部环境的变化，企业面临着组织变革的挑战。企业在不同发展阶段的组织变革如图 7-9 所示。

在企业的快速增长阶段，企业必须投入必要资源以保证业务增长。当市场环境和业务结构的变化给企业管理结构带来影响，企业效率受到困扰时，该阶段企业成功的关键因素是初步形成服务线，保证服务质量，建立基础客户群。

在企业的组织转型阶段，企业设计并实施新的管理体系以适应环境的变化和实现企业战略目标。该阶段组织转型的关键成功因素是形成规范的管理体系，服务线重心转移和地域扩张。

在企业的稳定增长阶段，企业竞争的焦点逐步集中于成本、质量和服务水平。该阶段企业成功的关键因素是提供高质量高附加值服务，维护并发展核心能力，开发新服务。

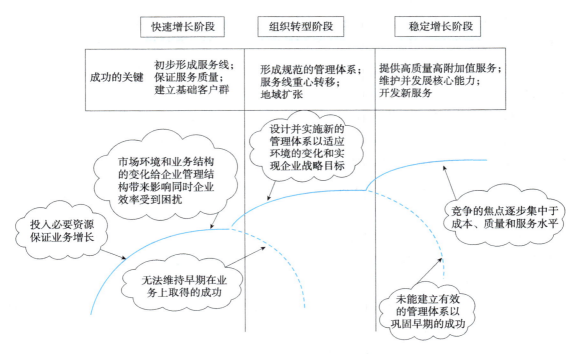

图 7-9 企业在不同发展阶段的组织变革

7.4.3 组织变革的考虑因素

组织变革要考虑横向跨度与纵向层级、集权管理与分权管理、规范化与灵活性、正式组织与非正式组织等方面的因素。

（1）横向跨度与纵向层级。组织结构的横向跨度和纵向层级如图 7-10 所示。

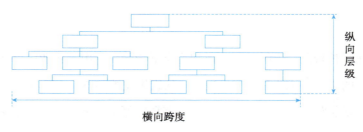

图 7-10　组织结构的横向跨度和纵向层级

1）横向跨度：横向业务细分能够使员工更为专业化，从而提高工作效率。但是，横向跨度的增加往往会导致员工过多地关注于本部门或本团队的成本和质量，从而使企业在整体沟通和全面规划等方面更为困难。

2）纵向层级：增加纵向层级能够更好地加强业务控制，但往往会造成企业决策效率下降并形成官僚作风。

（2）集权管理与分权管理。

1）集权管理：集权管理体系使企业高层管理人员能够直接协调业务活动，确保企业的主要精力集中于首要目标，并使资源分配和控制更为有效。但是，集权管理可能会造成企业高层管理人员被淹没在大量的日常运作决策中，从而使企业的日常反应速度大幅降低，同时战略性决策也会受到严重影响。

2）分权管理：分权管理体系通过给予基层管理人员现场决策授权而提高组织的反应速度和应变能力，并且能够鼓励基层管理人员勇于承担更大的责任，面对更大的风险。此外，一些管理人员还能够得到展示个人才能的机会。但是，当得到各种授权的管理人员数量较多，并且存在一定内部竞争时，组织整体的规划和协调工作将变得比较困难。

（3）规范化与灵活性。

1）规范化：规范化的管理体系有利于组织进行预测和控制，并且能够依据既定程序对客户需求和外部环境变化做出标准化的反馈。但规范化管理可能难以处理特殊的客户需求和非常规的外部环境变动。

2）灵活性：灵活应变式的管理体系有助于发挥员工的创造力，但也会造成组织行为的不一致性并可能使某些管理人员形成独断的作风。

企业中有一些业务和部门应当建立规范化的管理体系，例如会计部门和法律事务相关部门，同时另一些部门的管理体系却应当具有足够的灵活性，例如研发部门和营销部门。

（4）正式组织与非正式组织。管理人员应当建立和维护一个非正式组织和相应的组织文化，这种非正式组织和组织文化有时和企业的正式组织之间存在着冲突。

非正式组织往往是最难塑造和改变的，其蕴含的深层次的信念和行为规范将围绕在管理人员周围。

组织中出现的一些矛盾及其相应的解决方案往往受到非正式组织和组织文化的影响，如果要形成有效运作的组织结构，非正式组织和正式组织以及两者体现的文化应当能够相互包容。

7.4.4 典型的组织结构

1. 组织结构的划分

（1）按职能划分。人员和工作按照其业务职能进行划分，依靠职能经验支撑组织核心竞争能力，是形式上最为清晰简单的组织结构。这种划分方式专注于某个狭窄的专业技术或经验领域，适用于技术常规化、产品类别较少并且职能单元之间的交互性较小的组织。

优势：当需要专业化资源的时候较为理想，当存在规模经济和需要进行成本控制的时候比较有效，职能部门内部的工作协调和质量控制容易得到保证，易于监控，在需要时动用专业技能资源较为容易。

劣势：当存在多种产品线或服务线时难以管理，难以进行及时决策和采取快速行动；很难依据对价值链的贡献进行绩效管理，以职能为中心将导致职能部门之间难以进行协调合作，如何削减管理成本和保证组织效率将成为管理者面临的一个挑战。

（2）按产品或服务线划分。每个业务单元负责设计、生产和销售某种或某类产品，各种咨询都可以在产品单元内部得到保证，每个产品单元负责在组织业务战略框架下制订本部门的业务计划。

优势：能够适应外部环境的快速变化，容易按照产品核算销售收入、利润以及对组织的贡献，职责比较明晰，当产品单元内部的资源都支持同一个产品时，各个职能之间的协调较为容易，部门内部决策的速度和质量能够得到加强。

劣势：由于难以获得规模经济因此面临潜在的高成本问题，在一些资源和工作上存在重复投入现象，技能的专业化程度有所降低，在同一地域上多种产品或服务之间存在协调方面的困难，在业务单元和产品单元之间存在发展方向上的潜在冲突，与其他组织结构类型相比，其成长速度往往较慢。

（3）按地域划分。各地域直接向CEO汇报，在地域分界之内，各地域业务负责人拥有地域内各项业务的全部控制权限，组织总部保留战略规划的职责。

优势：能够及时响应地域需求，如果地域生产能力得到共享则有可能获得规模经济，地域业务应按照利润中心管理，并应建立能够满足地域需求的产品研发和市场营销队伍，从客户服务和市场响应方面来说能够保证地域的管理质量。

劣势：由于存在重复投入而导致管理费用较高，在组织总部和各地域之间存在潜在的冲突，产品变更和新技术难以在区域间传递，产品难以走向全球市场，难以实施全球性的商业战略，各职能领域（例如研发、市场营销等）难以在地域间形成协作。

（4）按前端或后端划分。一些部门集中负责处理与客户相关的事务，另一些部门集中负责产品开发。前端的业务包括销售、服务、软件应用等，后端业务包括研发、工程、采购、制造等，相对较新的业务模型，两端对各自的损益负责，两端的综合业务和联系包括市场营销、业务拓展和信息系统等，英国电信在20世纪90年代采用了这一形式的组织结构。

优势：能够及时响应特定客户的要求，例如前端的培训服务和软件应用服务，产品和服务组合在一起推向客户，两端的业务可以比较容易地分别进行衡量。

劣势：两端的连接可能存在困难，两端之间的协调和配合也往往存在问题，后端可能希望直接向外部市场销售产品，前端则可能向客户提供外部产品，需要灵活的会计核算系统和预算系统作为支持。

（5）混合式结构。混合了两种以上的传统组织结构设计模式，往往出现于拥有多个经营策略、市场和产品的大型组织中，往往源于兼并或是组织中心逐步变迁过程中的中间形态，以产品为中心的组织结构基本都在某种程度上有混合式结构的成分。

优势：有利于对问题和解决方案进行定位。

劣势：在一些方面存在冗余，在管理方面控制和协调更为困难。

2. 当前组织变革的发展趋势

传统的职能型、层级型组织结构主要关注于指令传达效率和直接控制能力的提高，但在市场高度细分、竞争空前激烈的今天已经显得有些过时了。

战略联盟、合资企业以及外包生产等商业模式的出现使传统的企业边界变得更为模糊。

混合型、前端或后端型以及以过程为核心的组织结构已经变得越来越普遍。

直线职能型、产品或服务型和地域型组织结构仍将被继续沿用，但主要是用于那些传统组织结构仍旧有效的特定业务方面。项目型组织将变得更为扁平化，企业将围绕项目进行组织，技能专业化程度将不再是企业关注的焦点。

7.4.5 组织结构与ERP实施

明茨伯格认为组织的各个基本组成部分出于权力最大化的动机，各自给组织施加了一种牵引力。由于形势总会对一方有利，组织最终会呈现出五种不同的形态。这五种形态分别为简单结构、机械式官僚结构、专业式官僚结构、事业部制结构、变形虫结构。

（1）简单结构。简单结构不够精致。一般而言，它的技术结构规模很小，甚至没有。组织中的支持人员很少，劳动分工不严格，单位之间的差异化很小，管理层级也很少。它很少规范员工的行为，培训很少。简单结构中的协调主要靠直接监督来完成，重要事务的执行权往往集中在首席执行官手中。因此，战略高层是这种结构中最为关键的部分。实际上，简单结构多为光杆司令式的战略高层加上灵活有机的运营核心。简单结构所处的环境往往是简单而动荡的，大多数组织在草创之初都采用过简单结构。在组织遭遇突发危机事件时，无论它平时采取什么结构，都会暂时回归简单结构。

（2）机械式官僚结构。机械式官僚结构中设计参数的配置始终一致，工作高度专业化、常规化。运营核心的程序非常规范。规章制度渗透到组织的每个角落。在操作层面上单位规模较大（例如车间主任可以管理上百名工人）。分组以职能为主，决策相对集中。行政管理结构完善，业务部门和职能部门泾渭分明。由于机械式官僚结构主要依靠操作工作流程的标准化来实现协调，所以技术结构（组织分析者和制度制定者）的地位在这类组织中最高。由于规章制度无所不在，各个层级都非常注重正式沟通。决策往往也依循正式的权力链。这是一个迷恋控制的组织结构，大多数权力在高管手里，技术结构中分析者能获得一些分权。它所处的环境往往是简单和稳定的。官僚组织结构倾向于工作常规化，从而得以规范化。

（3）专业式官僚结构。专业式官僚结构的协调主要靠技能标准化以及培训和思想灌输。它要雇用专业人士来负责运营核心，并赋予他们可观的工作控制权。这些组织仍然是官僚化的，它的协调机制和机械式官僚结构一样，是通过设计实现的，通过预先规定的标准来完成。官僚制在管理学上并无贬义，只是科层制更正式的说法而已。机械式官僚结构依靠职位权力，专业式官僚结构提供的权力来自专业能力衍生出的专业权力。这种结构在纵横两个方向上都是高度分权化的结构。例如，医生和大学教授所在的组织就是专业式官僚结构。

（4）事业部制结构。在事业部制结构中，中间线的高层是依照市场来分组的。运营职能的分散和重复，把各事业部之间的相互依赖性降到了最低，这样每个事业部都可以作为准独立实体来运作，而不需要和其他事业部进行协调。但是事业部制造结构中所要求的分权是高度受限的，只不过是总部的几个管理者向事业部的几个管理者授权而已。换句话说，事业部制结构需要的是一种平行的、有限的纵向分权。总部允许事业部近乎完全自主地制定决策，并事后监督这些决策的结果。事业部制结构的主要协调机制是工作输出的标准化，绩效控制系统是其关键的设计参数，与之配合最融洽的是机械式官僚结构，也可以说事业部制结构骑在机械式官僚结构背上。

（5）变形虫结构。复杂的创新需要第五种配置方式，它与之前的结构大不相同，它能够把来自不同学科的专家结合成特别的项目组，平稳地开展工作。明茨伯格借用阿尔文·托夫勒在《未来的冲击》（*Future Shock*）一书中的说法，称之为变形虫结构。变形虫结构是相当灵活的，它的行为规范化程度很低，为了便于日常管理，让专家按职能分组成单位，但又把他们编入以市场为基础的小型项目组来进行工作。这个结构依靠联络机制来促进团队内部及团队之间的相互调节，在组织内部进行选择性分权。他们的主要工作是创新，这意味着要打破现有模式，所以创新组织就不能依靠任何标准化模式来协调。传统的统一指挥原则在这样的组织里是被轻视的。团队围绕项目组建，专家依靠知识获得权力。

同时，明茨伯格认为任何模式只是对真实世界的简单化反应，这个对管理实践极为看重的大师不会忽视真实组织中的复杂性。在他眼里，这个五种结构只有在组织的各组成部分在其中占有压倒性优势时才会出现，它们是一种边际情况。真实组织往往同时具备几种不同组织结构的特征。对于管理者来说，拿这些理想意义上的组织结构比对自己所处的组织，可以更深刻地了解组织现状，有助于改进或选择更恰当的组织结构。

对于组织结构对 ERP 实施的影响，尼尔（Neil）等人提出了组织结构和 ERP 系统匹配模型，它的研究框架如图 7-11 所示。通过实证研究得出 ERP 与组织结构的匹配见表 7-3。

图 7-11　组织结构和 ERP 系统匹配模型

表 7-3　ERP 与组织结构的匹配

组织类型	规范化	跨度	分权	匹配度
简单结构	低	适中	低	低
机械式官僚结构	高	适中	低	高
专业式官僚结构	高	高	高	低
专业式官僚结构辅助机构	高	适中	低	高
事业部制结构	适中	高	高	低
变形虫结构	低	高	高	低
变形虫结构运行机构	高	适中	低	高

在简单结构、专业式官僚结构、事业部结构、变形虫结构的企业中实施 ERP 时，如果其和 ERP 系统不匹配，需要引起重视。

7.5　业务流程再造与 ERP 的关系

企业实施业务流程再造主要关注管理思想，ERP 系统主要关注技术手段。BPR 的提出是管理领域的最新成果，其本身与 ERP 系统的应用并没有直接的关联关系。早期 ERP 系统在企业的应用，人们也没有明确的意识到需要进行业务流程再造。

尽管不能将早期 BPR 实施效果不佳或失败项目的原因都归结于未能有效利用信息技术，但有一点可以肯定的是，不应用信息技术，实施 BPR 的很多原则难以实现，必定会影响 BPR 的效果，效果差到一定限度也就意味着项目失败。我们可以从很多 BPR 成功案例中都应用了信息技术这一点上得到启示。可以想象，如果没有信息在流程上的连续传输，要消除信息重复录入和处理等无效劳动是不可能的；没有信息共享机制要想将过去的串行业务处理流程改造为并行业务处理流程也是不可能的；没有信息系统要将决策点定位于业务流程执行的地方也是很难的。

BPR 主要是规模化企业发展过程中对管理进行改造的需求（当然 BPR 的思想适合于任何企业管理甚至政府管理），而规模化企业在管理领域应用信息技术主要是 ERP 系统的应用，可以说，BPR 的成功离不开 ERP 系统的应用。

但是人们在企业管理模式和管理手段改造的实践中，从失败的经验教训中找到了问题的答案：进行企业管理模式改造的 BPR 离不开 ERP 系统的应用，并通过 ERP 系统的应用支撑新的业务流程。可以说，在 BPR 从思想到现实的转变中，信息系统作为一个重要手段起到了催化剂的作用，不考虑信息系统的应用一般难以达到对管理业绩的戏剧性改善目标。要想靠 ERP 应用改善经营，需要对企业原有业务流程进行再造，不做 BPR，ERP 应用也很难达到预期效果。

企业实施 BPR 和应用 ERP 在设定的绩效改善指标方面大多是相同的，而两者又几乎是对方取得成功的前提条件。因此，BPR 和 ERP 应用走向结合不仅是必然的，而且能在改善企业管理绩效方面达到"双赢"的效果。BPR 与 ERP 的关系如图 7-12 所示。

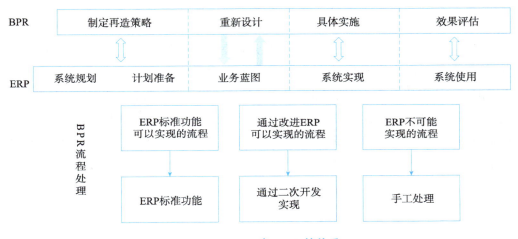

图 7-12　BPR 与 ERP 的关系

将 BPR 和 ERP 的关系总结如下：

1) 面向顾客、面向流程是 ERP 实施的出发点。顾客是企业生存的根本，所有其他因素，包括信息技术应用在内，存在的目的都是为了支持和保持企业的顾客。而企业通过流程向顾客提供产品和服务，流程的有效性（effective）、高效性（efficient）和适应性（adaptable）就成为企业成功的关键。因此必须明确，实施 ERP 的目的不仅仅是加强管理和控制，它也必须适应顾客消费观念的变化，了解顾客是谁和在哪里、顾客的需求及满意程度，以及怎样支持业务流程更好、更快地向顾客提供产品和服务。所以，有必要在企业范围内建立起一种以顾客满意为宗旨，以市场需求为导向的企业文化。企业在建立顾客服务远景目标的基础上，注重企业内部环境的营造，并教育企业的每一个员工如何共同参与，完成使命。

2) 流程优化是企业实施 ERP 的基础。所有的组织都建立在三个主要基座：流程、人员和技术。设计和改善流程时必须使这三个因素适应市场的需要，并且相互之间协调一致。一方面，人的表现只能达到流程所允许的程度；另一方面，流程的绩效要受人的技能、知识和积极性的制约。所以首先需要辨别和设计企业的流程，然后考虑操作这些流程的人员，接着考虑应用什么技术支持这些流程和人员。

3）组织变革是 ERP 实施成功的保证。信息的流转和控制过程总是与企业的组织结构紧密相连的。信息过程的优化或者业务流程的优化，必须伴随着企业组织的优化。信息技术在企业的应用正在使企业的组织结构从垂直型向水平型、从层级式向网络式转变。另外，企业要更快、更好地向顾客提供产品和服务，客观上也要求企业采取以项目或任务的生产作业流程为组织基础，以价值链为纽带，以充分授予生产作业基层决策权力为准则，以"团队或小组"为生产作业的基本组织单元的动态的、灵活的、高效的企业生产作业组织方式。因此，在 ERP 实施过程中，既要抓住信息再造，又要抓住组织重构，并使两者相互匹配，更好地取得协调，这样才能使企业信息化真正成功。

7.6　本章小结

本章讲述了业务流程再造的发展历程、业务流程再造的相关概念、业务流程再造的方法、实施方案与阶段、组织变革和业务流程再造与 ERP 的关系等五部分内容。

本章阐述了流程的定义，说明了业务流程与管理流程的区别和业务流程再造的概念。还讲述了业务流程再造的方法和业务流程再造的四个阶段。说明了组织结构与企业价值的关系、企业发展阶段与组织变革、组织变革的考虑因素、几种典型的组织结构和组织结构与 ERP 实施五个方面的相关内容。

第 8 章

数据管理

8.1 基础数据

运行 ERP 涉及的数据很多，这里只介绍其中最基本的数据，这些数据不仅是实施 ERP 系统的企业需要关注的，尚未实施 ERP 的企业同样值得关注。实现信息化管理是企业走向现代化管理的必由之路，打好基础非常重要。无论企业是否运行 ERP 系统，基础数据的管理都是企业管理的重要内容。一旦企业要运行 ERP 系统，将会像水到渠成一样，很容易转换，大量的数据资源可以得到保护，能够继续使用，同时也将会大大缩短 ERP 项目的实施周期。

8.1.1 数据的规范性与准确性

信息集成的首要条件是信息必须规范化，或者说必须有统一的标准。数据的准确性是保证 ERP 项目实施成功的必要条件，而信息规范化又是准确性的前提，没有规范就谈不上准确。数据的及时性、准确性和完整性是企业信息化管理的基本要求。这里，及时是指必须在规定的时间进行和完成数据的采集处理，数据的价值是有时效性的；准确是指必须去伪存真、符合实际；完整是指要满足系统数据项规定的要求，没有疏忽和遗漏。这 3 方面要求缺一不可。

软件的功能再强，也难以分辨数据的真伪，最多只能做一些逻辑判断。人们比喻说：计算机最讲诚信，不论人跟它说什么，它总认为是真实的。换句话说，计算机是一个"聪明的大傻瓜"，它有很强的运算能力，但却分辨不出真伪。对计算机讲假话，你得到的回答只能是没有意义的废话，国外叫"垃圾进、垃圾出"，数据不准是实施 ERP 失败的重要原因之一。企业在实施 ERP 系统之前，一定要下决心，用严肃认真的态度，采取必要的严厉措施保证各项数据的准确与完整，把"保证数据准确"作为一项质量问题对待，建立必要的激励机制，严格管理。

数据准确性从广义上讲还有合理性的含义。但是数据的合理性不是在录入数据时就能全部做到的，要在实施和应用的过程中，对输入数据的合理性做反复验证，这样才能真正提高管理水平。

为了做到数据准确，有一些工作应当引起注意。企业高层经理要把数据质量作为一种严肃的质量问题看待，不良数据会产生质量成本，同样会影响企业的竞争优势。

企业必须挖掘出所有影响数据质量的因素，并将其解决。

1）把重视数据准确作为树立全员质量意识的企业文化对待。
2）培训员工，使人人都了解真实数据对管理的重要性，了解 ERP 系统对数据的要求。
3）健全责任制，建立鼓励员工提供正确数据和信息的激励机制和奖惩制度。
4）定期清理数据，改进数据流和业务流，清除数据冗余和无用数据。
5）建立自检和例行的审计制度，发布数据质量通报。
6）创造必要的物质条件，为数据准确提供保证。例如，足够的仓储设施保证物料的分类存放，便于存取和盘点；添置必要的计量仪表和相关设施等。

8.1.2 数据类型

1. 静态数据

静态数据，又叫主数据（master data），一般指的是生产活动开始之前就可以着手准备的数据，如物料清单、工作中心的能力和成本费率、工艺路线、仓库和货位代码、会计科目的设定、供应商文档和客户文档等。

由于我们所处的客观环境总是在不断变化，因此，即使是所谓静态也只能是相对的；就是说，静态数据也要定期维护，保持其准确性。系统运行时，访问静态数据一般不作处理。

为了缩短 ERP 系统的实施周期和投资回收期，在大量投资之前，就可以在接受和理解 ERP 原理的基础上，着手准备各类静态数据。

2. 动态数据

动态数据一般是指经营生产活动中发生的数据，它们不断发生、经常变动。如客户合同、库存记录、完工报告等都会不断增减修订，一旦建立，就需要随时维护。当我们说"实时企业（RTE）"时，对企业内部来讲，就是指有的相关业务部门和人员，不论身处何处，都能够实时地掌握动态数据。如果是管理整个供需链，还必须有相应的信息技术和远程通信设施支持，才能实现。

3. 中间数据

中间数据是指根据用户对管理工作的需要，由计算机系统按照人们设定的逻辑程序，综合上述静态和动态两类数据，经过运算，形成各种报表。它是一种经过加工处理的信息，供管理人员掌握经营生产状况，进行分析和决策。

ERP 内部集成系统中的主生产计划（MPS）和物料需求计划（MRP）都是根据静态和动态数据加工处理后生成的中间信息。进一步说，基于数据仓库和数据挖掘技术的业务智能（BI）系统提供的信息也属于中间信息。如何综合处理静态和动态信息得到中间信息，完全是根据管理特点而定的，制造业中的不同行业和企业对中间信息的报表形式的要求是不同的。因此，作为一个 ERP 管理软件，报表生成工具是必不可少的（有的软件叫作报表生成器）。这样的工具应当便于不具备太多计算机知识的一般管理人员使用。ERP 软件会提供大量基本的、各类制造行业都会用到的中间信息报表，只有当人们对 ERP 原理理解得比较透彻时，才能有效地发挥这些中间信息报表的作用，项目实施进程中的原型测试模拟，就是要着重解决这个"理解"问题。

8.1.3 主数据

运行 ERP 系统必须先建立一系列主数据，这对任何 ERP 系统基本上是相同的，已形成一种默认的标准。主数据的相互关系及输入顺序如图 8-1 所示。图中各行数据上下排列位置只是为了便于用连线表达其相互关系，在同一行中的数据有录入先后的要求，如先有仓库，后有货位，设置仓库和货位后，才能运行仓库管理等。

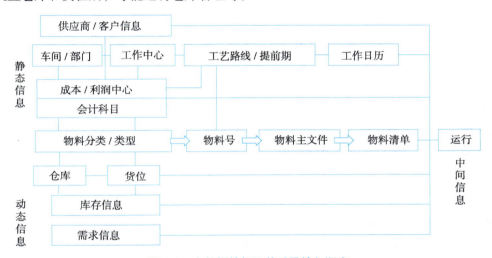

图 8-1　主数据的相互关系及输入顺序

主数据包含了物料与产品信息、能力信息、库存信息、财务成本信息、需求信息、供方信息、员工信息和主数据管理等，详细可参考 5.4.1，此处不再赘述。

8.2　编码方法

8.2.1　数据编码原则

在进行数据编码时，有以下几个原则：

（1）唯一性。必须保证一个编码对象仅被赋予一个代码，一个代码也只反映一个编码对象。

（2）全面性。由于物料的品种可能不断地增加，因此，在对物料进行编号时应尽可能地注意为物料编码留有一定的弹性，为将来可能做出的更改或调整留有余地。例如，图书馆在对所有书籍进行分类时，如果只给小说类的书籍留下一千种的余地，这显然是不够的。遵循有弹性的原则，可以使物料管理工作更为灵活、实效。

（3）实用性。编码体系应当符合企业的业务特点和管理需求，既充分考虑企业发展对信息编码的需求、又兼顾企业的现状。要从实用性出发，掌握好编码的颗粒度，过细的编码不实用，过粗的编码不管用。

（4）统一的编码结构。编码由一个或者若干不同分类角度的分类码构成，统一的编码结构含意如下：任何对象在其整个生命周期内的标识码保持不变，所有分类码具有相同的编码结构。就是说物料的特性不能够变化。

（5）不能编到海量数据。针对不同企业不同物料的属性有不同的含义。比如服装行业的衣服颜色，就不能作为一个编码的属性，因为颜色的种类太多，分不清楚，会造成海量数据，使编码不能够完成。

（6）标准化。编码应提高标准化程度，充分考虑到与外部环境的接轨而尽可能地与相关国家、行业标准相吻合。例如使用国家标准所确定的行业分类作为行业编码，邮政编码作为地区编码等。

（7）易用性。编码应尽可能好记易用。所以要在满足要求的情况下尽可能的短小，常用的编码应尽量避免字母与数字混合，以提高录入效率。

（8）便于 ERP 系统处理。由于编码将在计算机信息处理系统中得以实现，故编码应当符合数据处理的要求，便于用 ERP 系统处理。

8.2.2　内部编码

内部编码也称无意义编码，是指编码没有意义，见到编码后不知道含义。编码是计算机识别物料的一种方式，而使用人员识别物料主要通过物料描述和其他一些方式。

物料描述是识别物料的主要方式，在 20 个汉字或 40 个字母内清楚地定义物料，可以在物料描述中加入物料的名称、规格、图号等，在 SAP 的系统功能应用中，任何出现物料编码的地方都会出现物料描述，所以说无意义编码不会引起使用的障碍。

物料组是一种对物料的分类方法，把物料分成较小的类别的方法往往与物料的具体属性有关，在不知道物料编码的情况下，物料组就代表着这一组物料。如分成金属材料、非金属材料，金属材料又可分为有色金属、黑色金属等。

旧料号是指企业以前使用的料号，可以方便地进行查询，当然也可以把其他字段当成旧料号进行使用，如图号。

物料类型是对物料大类的一种区分，它从整体上和从管理角度对物料进行区分，不包括物料的具体属性。常见的物料类型种类有原材料、半成品、成品、备品备件等。

内部编码方法有以下几种：

（1）流水序号法。由于时间是永远不会重复的，流水序号法的产生正是出于这一基本原理。这种方法通常根据物料的开发、入库、投入使用的时间等来进行编号，从而获得永不重复的物料编码。根据开发日期编号不但容易记忆，而且不会重复，这在隐义法中比较常见。一般情况下，企业可以根据不同的产品、行业、生产特性、物料使用阶段等各方面的内容来对

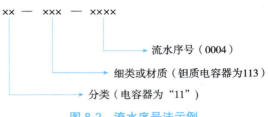

图 8-2 流水序号法示例

物料进行流水编号。流水序号法示例如图 8-2 所示，11 为电容器编号；113 为钽质电容器的编号，表明了电容器的细类或材质；流水序号 0004 表明了电容器的形状。如果不懂编号规则，外人是无法理解编码的真正含义的。

（2）部位结构法。部位结构法是从装配业务演化而来的，依照物料组成的分解结构分别予以标示。生产流水线的运作是按照产品的不同部件，在不同的各道工序分别进行组装，如果对产品进行层层分解，就能根据产品的构成进行编号标示。部位结构法模型如图 8-3 所示。

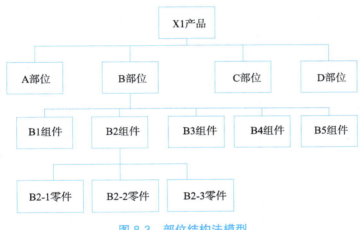

图 8-3 部位结构法模型

部位结构法虽然简单易行，但是也存在一些不足之处。例如，在大部分装配厂中，众多的零配件是可以共用的，这种情况很难从各产品的结构中显示出来。因此，同一规格的零配件却拥有不同物料号的情况经常发生。

（3）分类编号法。分类编号法是指使用英文字母和阿拉伯数字混合进行一系列编码的方法。在内部编码方法中，分类编号法是应用最为广泛的方法。这种方法的特点是逻辑性非常严密，系统架构比较完善，同时有利于从事物料仓储的管理人员自行进行编码。

例如，零件编号为 412362 的物品，乘以下列数字 987321（数字及公式规则由管理人员自行设定），累加后得到 81，81 除以 10 得到 8 余数 1，再用 10 减去余数 1 得到 9，最终得到该物料的编号为 412362/9。分类编号法示例如图 8-4 所示。

$$
\begin{array}{cccccc}
4 & 1 & 2 & 3 & 6 & 2 \\
\times & \times & \times & \times & \times & \times \\
9 & 8 & 7 & 3 & 2 & 1 \\
= & = & = & = & = & = \\
36 & + 8 & + 14 & + 9 & + 12 & + 2 & =81
\end{array}
$$

图 8-4 分类编号法示例

分类编号法还可以划分为多种基本的类型，主要包括：杜威氏图书馆编号法、英文和数字分类法、自由化的分类法、品类的分类编号法等。分类编号法的基本类型及方法特点见表 8-1。

表 8-1 分类编号法的基本类型及方法特点

基本类型	方法特点
杜威氏图书馆编号法	用一组数字表示，每个（组）数字代表一个"范围"或"意义"
英文和数字分类法	把字母和数字结合起来使用，更加直观和易于管理。由于英文字母的 O 和 I 与阿拉伯数字的 0 和 1 容易混淆，所以仅使用 24 个字母
自由化的分类法	不用每个位数代表一个"规格""范围"或"分类"，而是用 2 个以上的位数组成一段的定义范围。这种分类应用更广泛和自由
品类的分类编号法	品类是物料种类或分类，它可以独立在物料号之外，也可融合在物料号之中

8.2.3 外部编码

外部编码也称有意义编码，是对整个企业的物料进行管理的过程，体现企业的管理思想，带有倾向性，含有企业的价值判断。因为物料的编码位数有限，必须在有限的位数以内选择表达哪些信息。同时，物料的编码涉及全公司，比如会涉及各个部门，而各个部门有着不同的价值判断，且都具有一定的合理性。设计部门、生产部门、采购部门、财务部门等对物的理解都是不同的，因而对于物的表达也不同，而编码要考虑到各个相关部门的需求与具体的业务。

外部编码体现未来的需求。因外部编码体现对未来物料管理的要求，所以编码含有预测的成分，进入编码的有意义字段都表明了企业对未来的理解，不仅仅是预测物料的种类，还要预测物料分类、管理的方式。当然预测具有一定的不确定性。这体现在编码原则上，就是编码的可扩展性。

除此之外，外部编码还要注意编码人员的培养与培训。外部编码客观上要求企业有精通物料的人才，要求对企业所有的物料有一个通盘的认识，包括所有的原材料、半成品、成品、工装等，并且能提出一种大家都能够接受的编码方案。一般要求设立正式的编码机构，确定各种物料的相应编码流程。

外部编码一旦建立，就要组织相应人员培训。大家能不能熟悉起来，对一套有效的编码的推广也是至关重要的，编码培训的成功也能够检验编码方案是不是符合企业的实际情况。

外部编码示例如图 8-5 所示，它是应用显义法对某种型号的电容进行编号的例子。

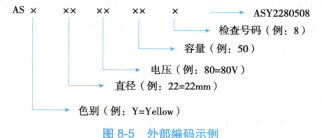

图 8-5 外部编码示例

第一组编码为色别,黄色的简写为 Y;

第二组编码为电容器的直径参数,22mm 即编码为 22;

第三组编码表示标准电压,80 V 编码为 80;

第四组编码表示该种型号的电容器的容量,容量为 50 则编码为 50;

最后再加上检查号码。这样,该种型号的电容器的编码就产生了:ASY2280508,非常直观并容易记忆。

结合内部编码和外部编码的优点,根据企业的实际需要进行编码。即以实用性为原则,不过分强调编码的有意义和无意义,灵活处理难以界定的物料分类。在编码时是有意义的,但随着时间的推移,原来的规则和含义都会进行调整,有意义的物料编码就变得无意义。业务部门在使用物料编码时,并不关注编码本身的含义,关注的是编码对应的描述以及是否是所需要的物料。

8.3 数据准备方法

8.3.1 数据准备的步骤

企业需要如何来整理数据呢?数据整理的策略见表 8-2。

表 8-2 数据整理的策略

需要标准化的数据	可以直接输入系统的数据	系统需要但目前没有的数据
制订相应标准,转化现有数据为符合标准的数据,如果数据不完整,则补充完整;将完整的数据输入或导入 ERP 系统	数据整理,使其符合系统要求;数据直接输入或采用工具导入系统;进行数据检查	根据需要进行记录;收集数据,制成符合系统格式、内容要求的数据;输入或采用工具将数据导入系统;进行数据检查

企业如何进行数据准备呢?数据准备的步骤如图 8-6 所示。

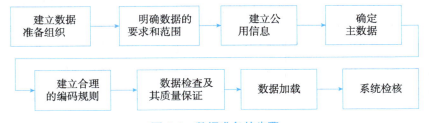

图 8-6 数据准备的步骤

1. 建立数据准备组织

ERP 实施要建立相应的项目组织。在具体的实施过程中,一般还要在项目组内进行相应的分工。为了更好地完成数据准备工作,建议在项目组内专设数据组,从组织上保证数据准备的顺利进行。数据组的主要工作是分析数据准备的范围,建立数据搜集模板,组织必要的培训,监督数据质量,并负责数据的最终导入和使用。

2. 明确数据的要求和范围

一般经过初期的项目调研和培训后，项目组会确定基础数据的范围和要求。

数据组应该在此基础上分析基础数据从哪些部门搜集，明确数据准备的难点和重点，从而确定数据准备的分工和进度安排。

3. 建立公用信息

公用信息的范围包括公司、子公司、工厂、仓库、部门、员工、货币代码的信息等基本信息。这些数据会在其他基础数据中被引用，并且数据量不大，可以利用较少的时间和人力完成。如果整理其他数据的时候发现缺少公用信息再补充的话，整体效率和进度会大打折扣。

4. 确定主数据

运行 ERP 的内部集成系统必须有一系列最为基础的数据。ERP 系统中，主数据主要包括：物料与产品数据、物料需求计划（MRP）数据、库存数据、财务成本数据、需求数据、业务合作伙伴主数据、员工主数据等。有了这些数据才能够实行 ERP 管理。

5. 建立合理的编码规则

ERP 系统对数据的管理是通过编码实现的，编码可以对数据进行唯一标识，并且贯穿以后的查询和应用，建立编码原则是为了使后面的工作有一个可以遵循的原则，也为庞杂的数据确定了数据库可以识别的唯一标识方法。

除此之外，编码原则的制定属于企业级标准的建立，应该按照 ISO9000 的标准制定和管理，尤其对于量大的基础数据（例如物料主文件的编码）必须由多个部门共同确定方案。

在所有的数据中，物料数据是数量最多、分布最广的。这里所指的物料包含的范围很广，既包括原材料、半成品、产成品，也包括设备、固定资产等。

6. 数据收集的方法

收集第一手资料，将原来的离散数据从不同部门集中在这些离散数据中，仅物料基本信息一项，字段就包括生产、采购、销售、库存、财务等信息。在这步中，应利用统一格式的表格在各个部门间交叉流转，让各部门将与本部门相关的数据填入表格，完成后传递给下个部门，以此类推，直到完成此步工作。在工作中应注意传递路径需提前确定。为了保证工期，可以让不同部门同时开始，然后交叉传递，或者一个部门完成小部分后就传递给下个部门。同时，将每张发出的表格统一编号（唯一），并在部门间交接时做好记录，这样不仅可以控制进度，还能避免数据丢失。

从原系统导入，很多企业都有自己的 MIS 系统，销售、库存、财务系统都是分开的。而这些系统的数据库中就有很大一部分数据是可以用在 ERP 项目中的。只要从数据库中导出，把需要的字段根据 ERP 系统的具体要求进行处理就可以了。

7. 数据检查及其质量保证

（1）数据检查。在数据准备的过程中，为了保证数据的完整性、正确性和唯一性要对数据进行检查。

1）完整性即数据数量是否完整。可以请企业中有经验的人员复查或计算一下总数，并和历史数据比较。同时还要检查字段的完整性，所有的 ERP 系统都有必须输入的字段，如果缺少这些字段就会造成系统的不稳定，如物料的提前期、默认仓库等。另外还有一些非软件要求的必须输入的字段，对企业今后的业务和统计分析有用的字段也要列入检查范围，例如客户分类和所属地区等。

2）正确性检查。数据的正确性是最重要的，基础数据是许多程序正确运行的基础，如物料计划和生产计划就是根据物料文件设定的提前期、库存量、BOM 结构等计算得到的，如果其中任何一个数据与实际不符，计划结果就将没有任何指导意义。

正确性的范围很广，这里不一一说明，可以由企业根据需要制定检查原则。比如：某会计科目是资产类型的，但是因为人为错误输入成负债类型的；有的物料是采购来的，但是录入成自制件，这样的错误在系统上线前必须发现并改正。

3）错误类型。数据输入不规范，同一部门不同的成员有不同的数据输入格式，从而造成数据不唯一。

数据操作权限混乱，从而存在"数出多门"，同一业务变量在不同部门出现不同值。

企业本身一些业务不规范，没有及时形成业务数据，导致在系统中的数据不完整。因此，在实施 ERP 的时候，必须加大力度来认真整顿企业的前台数据管理，规范数据操作规则和权限，并且及时地盘点企业的各项业务数据的完整性。

在改正错误的同时，要做好资料版本的控制，这个工作在多部门参与的数据整理工作中尤为重要。例如某个企业，多个部门都在同时修改一份相同的资料，修改之后的文档中只有自己的一部分数据是正确的，其他部门数据还是错误的。在录入数据时，无论以哪个部门的数据为准都是不行的，必须用正确的数据替换错误数据后进行合并才行。由此可见，针对每类数据都应该设置负责部门和负责人员，每次修改后由负责人员将文档的版本更新，同时旧版本数据也要保存。这样做可以将错误操作的损失降低到最小。

（2）数据质量保证。数据质量是数据的生命，因为错误的数据没有任何现实的意义，反而是系统无法上线或者掉线的导火索。保证数据质量是时时刻刻要做的事情。在这方面，经验更显宝贵，不过我们还是可以探询出一些成型的方法：

在系统上线前做数据收集时，要事先做好下发表格。如果数据量较少，可以用 Excel 模板做表格，并锁定不允许修改的部分，以利于汇总、排序。如果数据量比较大，最好另编一个小程序，以自动控制重复的数据，同时便于同步检查。

在系统上线时，先通过管理措施减少期初数据量，再对每一条期初数据都要力保准确。要尽早对账，因为越晚对账数据的差异越大，越难对得上。

在系统上线后，要从管理上严格要求业务处理与数据录入同步进行，不能积压单据一次性补录。

做好以上几点，就可以控制好数据质量。但不管如何努力，数据都不可能百分百的准确。

我们所谈的数据准确是指数据的错误率控制在可以接受的范围之内，并逐步求精。企业要有一套高效的管理制度以保证及时发现并处理数据差异。在 ERP 实施期间，企业要为数据的损失做好"买单"的准备，有时重复工作是不可避免的，也可能会因处理账实不符而需要财务费用。在 ERP 应用期间，短期的对不上账，只要是控制在范围之内，就可以接受。

8.3.2 数据加载方法

数据加载就是把准备好的基础数据录入到 ERP 系统中。在加载之前应该将基础数据原始档案归档，对于以电子文档保存的数据，应该将数据备份好，并注明整理人员、完成时间和最后版本，如果是打印的纸质档案，应该将其保存在专门的文件柜中，作为重要文档管理。

接下来的录入工作是艰巨而枯燥的重复工作。通常的录入方法有手工直接录入和利用系统工具导入这两种，而比较高级的方法可以写数据库录入。这些方法各有利弊。

1）直接录入。所有软件都提供录入界面，可以调集人员将数据逐条录入，或者利用软件的复制功能复制类似的数据，然后进行关键字段的修改。根据经验，每当录入几条数据后，必须经过别人的检查才可以保存，这种方法比较安全。完善的 ERP 系统可在录入的同时自动查错，大多数的错误可以在录入时被系统提示并禁止录入，由此保证数据的准确性。这种方法的缺点是工作量大，完成时间和记录条数是倍数的关系。如果数据量不大，推荐利用此方法，安全、可靠，事后检查工作量也小。

2）系统工具。在目前的 ERP 产品中，一般的系统都会提供一个数据加载的工具。利用这套工具来录入数据可以提高工作效率。但是在录入之前必须把数据整理为系统提供的工具所要求的模板格式。例如，SAP Business One 这个 ERP 系统，就提供了一个叫 Data Transfer Workbench（DTW）的附加组件。这种方法优点是效率比直接录入有明显的提高。但在整理数据的时候会带来一些额外的任务，需要把数据整理为系统要求的模板。如果数据量比较大，直接录入有一定的困难时，推荐使用这种方法。

3）写数据库。如果项目组中有数据库高手，而且对 ERP 系统非常了解，此外用人工录入在人力和时间上都不能实现时，可以采用直接导入数据库的方法。这样做的优点是效率高，完成时间与数据表的个数成倍数关系。缺点是隐含错误多，不易检查，曾经有个客户在上线几个月后发现有问题，反复检查后发现是数据中有个字段空缺造成的。如果采用此方法，应该在前面的检查工作中设定严格的检查步骤，尤其在正确性检查中，对重要字段要逐个检查，这项工作可以利用各种软件技术辅助人工进行。如果没有对系统数据库完全掌握，不推荐使用这个方法。因为容易产生一些想象不到的错误，一旦出现错误，对整个项目来说都是致命的打击。

4）CATT。CATT（computer aided test tool）是一个计算机辅助测试工具，它可以将企业所有的操作记录下来，制作成一个模板，企业还可以根据需要对模板进行修改。此外，我们还可以创建变式，对模板的一些数据使用不同的变式运行。

在 SAP 系统中，CATT 是批量导入各类企业原始数据的一个常用工具。它的功能是先让使用者操作一遍，让系统记录下使用者的操作，做适当的调整后，导出一个输入格式文件，将要输入系统的数据按格式输入到文件中，再在 CATT 中用此文件沿用之前录制的操作让 SAP 系统逐一完成后续录入工作。

在 CATT 执行完毕后，可以观看导入日志，如果过程中有错误发生，可清楚地看到是哪一条记录在哪一处发生错误，这样可以清楚地把错误原因找到，并重新处理该笔数据。正常的数据会保存在 SAP 系统中，但有问题的数据不会被记录。

数据加载方法优缺点比较见表 8-3。

表 8-3　数据加载方法优缺点比较

方法	优点	缺点
直接录入	简单，技术要求低	工作量太大
系统工具	效率高	数据整理量比较大
写数据库	效率最高	技术要求很高，必须完全掌握系统数据库
CATT	效率高，是一种计算机辅助工具	必须按照规定的程序执行

具有数据清理功能的交互式数据迁移模型如图 8-7 所示。

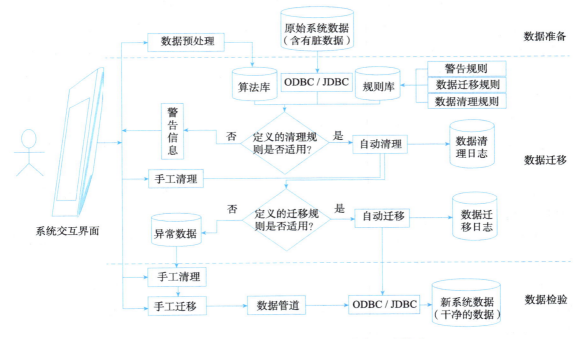

图 8-7　具有数据清理功能的交互式数据迁移模型

（1）数据准备阶段。把原始系统中需要转换的数据通过开放式数据库连接（open database connectivity，ODBC）或 Java 数据库连接（Java database connectivity，JDBC）调入到数据迁移系统中来，这些数据表可能含有一些错误数据，在原始系统的数据显示窗口中观察原始数据的正确性，对发现的错误数据进行修改。

（2）数据迁移。按照数据表的依赖关系，按顺序分步执行数据迁移。在数据迁移运行的同时，数据清理过程在后台运行，根据预定义的数据清理规则，自动选择合适的算法查找并修改错误数据，完成数据迁移和数据清理工作。若没有发现合适的规则，系统会调用警告规则，发出警告信息，用户根据警告信息，进行手工处理。在这一阶段，正确的清理方法、准确的业务分析是提高整个清理质量的关键。

（3）数据检验。程序运行结束后，在新系统数据显示窗口中检验迁移后新系统中的数据，并根据警告信息，手工迁移不符合系统预定义规则的数据、处理未清理的数据，从而完成系统的数据迁移，并得到一致的、正确的数据。此外，用户还可以查看数据清理日志和数据迁移日志，检验数据迁移和数据清理的正确性。

8.3.3 数据准备注意事项

总的来说，数据准备工作应该在意识上、方法上、操作上注意以下几个方面的问题：

1）企业领导要对数据准备工作给予足够的重视。

2）数据准备要兼顾科学性和实用性。以 BOM 数据为例，在对某一企业实施 ERP 的过程中发现，由于企业多年来实行的是较为粗放的生产管理方式，因此对于系统要求的一些基础数据，企业没有完整记录，企业的 BOM 数据是七、八年甚至是十几年前的消耗定额。这期间生产部门早已对其进行了更新和改动，但由于缺乏精细的管理方式，这些改动没能以有效的文件形式保留下来，造成技术部门与生产部门的严重脱节。实施中由于一开始在 BOM 资料准备上过分依赖技术部门，导致系统试运行时许多数据实用性很差，后来又不得不召集技术部门和生产部门的人员坐在一起重新讨论 BOM 嫁接，从而对系统上线造成了一定的延误。

3）数据准备可以和其他实施阶段并行。数据准备贯穿于 ERP 实施的各个阶段，不同阶段对数据的要求也不同。对于一个分期上线的系统，如生产计划，物料需求模块等所需要的品号、制造前期、采购提前期、固定前置天数、变动前置天数以及经济批量等基础数据的搜集就可以放在稍后进行，前期的数据准备可以先忽略这些字段，而将精力集中于更为紧要的要求并不十分高的数据，那么数据组准备这些阶段数据时就可以不必进行严格的校验和核对，从而降低数据准备的难度，缩短数据准备的时间。

4）数据准备可以采取"分步实施，先易后难"原则。准备数据时，可以采取"分步实施，先易后难"原则，即先准备编码和物流管理系统的有关数据，在实施物流管理系统的同时进行其他数据的准备工作。各种定额和期量标准的制定，可以先按现有定额输入系统，再通过生产管理系统的试运行或上线后采取逐步调整的方式加以完善。

5）数据准备工作要承担责任，要有相应的制度保证。在准备数据之前，成员要准备一份"数据准备文档"，该文档中要明确数据准备的时间和范围，即明确何时完成、准备何时的数据、准备哪些数据。为了明确双方的责任还应建立相应的规章制度，如明确基础数据建立和维护的责任单位、建立规范的数据管理工作流程等。

6）数据准备要建立长期的数据收集和审批机制。经历了实施阶段的数据准备工作，企业在 ERP 项目上线后往往还需要不断补充新的数据，这就需要在实施过程中建立起长期的数据收集和审批机制，形成正规的制度和流程，如新品号的建立流程、客户及供应商信息的更新流程等。只有这样，才能保证数据长期的及时性与稳定性，保证 ERP 上线一段时间后后续数据收集的质量。

8.4 编制物料清单

对制造业来讲，各项核心业务都是围绕产品开展的。产品构成和形成过程的模型是时间坐标上的产品结构，而物料清单（BOM）是报表化的物料集成模型。如果没有正确完整的物料清单，等于不知道企业产品产生的流程，一切业务都将无法有效进行。所以，应用 ERP 系统首先要理解物料清单的重要意义，知晓不同产品类型建立物料清单的正确方法。

8.4.1 物料特性

从管理的角度看，物料的管理特性（就像材料有物理性能和化学性能一样）主要是指 3 个方面。

（1）相关性。从供需链的概念出发，任何一种物料都是由于某种需求而存在的，没有需求的物料，就没有产生或保存的必要。一种物料的消耗量受另一种物料的需求量的制约，如购买材料是为了加工零件，而生产零件又是为了装配产品。从大范围来讲，一个企业的原料是另一个企业的产品，一个企业的产品又是另一个企业的原料，无数的供需关系联系到一起形成供需链或供需网。只有当市场有需求时，企业生产的产品才有价值。这种相关需求不但有品种、规格、性能、质量和数量的要求，而且有时间和空间的要求。

（2）流动性。既然任何物料都是由于某种需要而存在，它就必然处于经常流动的状态，而不应当在某个地点长期滞留。物流的相关性必然形成物料的流动性，不流动的物料只能是一种没有需求的积压浪费。通过物料的流动性来检查物料的相关性上存在的问题，是物流管理的一项重要内容。

（3）价值。物料是有价值的。库存或存货是流动资产，要占用资金，而资金是有时间价值的，使用了资金就应体现资金成本，要产生利润。因此，不仅要把物料看成是一项资产，还要看到它也是一种"负债"（尤其是超储物料），它占用了企业本来可以用在其他方面获取利润的资金，应当计算资金的机会成本。产品研发人员需要知道每个零件的价值，从设计源头把住成本关。

8.4.2 物料清单的作用

物料清单是企业所有核心业务都要用到的共享管理文件，它对任何业务都是重要的，不是某一种业务所独占的文件。但要求物料清单全面细致、使用最频繁的是计划与控制部门。物料清单的作用可以分为以下几方面：

（1）使系统识别产品结构。用计算机辅助管理，首先要使系统能够"读出"企业制造的产品结构和所有涉及的物料。为了便于计算机识别，必须把用图表达的产品结构转换成数据报表格式，也就是物料清单。物料清单同产品结构图所说明的内容是一致的。

（2）联系与沟通企业各项业务的纽带。物料清单是运行ERP内部集成系统的主导文件，企业各个业务部门都要依据统一的物料清单进行工作。

1）物料清单是确定配置产品需用的可选件、计算累计提前期，是销售部门洽谈客户订单的依据。

2）物料清单是按照实际的生产装配顺序编制的，是计划部门编制生产计划和采购计划的依据。

3）物料清单是仓库部门向生产工位配套发料的依据。

4）物料清单是跟踪物流、工序及生产过程、追溯任务来源的依据。

5）物料清单是供应部门采购和外协的依据。

6）物料清单是改进产品设计的3化工作（标准化、系列化、通用化）需要参照的重要文件。

7）物料清单是成本部门计算成本的依据。

8）物料清单是销售部门投标报价的依据。

如果把工艺装备也包括在物料清单中，就可以同步地生成生产准备计划，并按加工的零件数量合理分摊消耗工艺装备的间接成本。

不难看出，上述各项业务涉及销售、计划、生产、供应、物料、成本、设计、工艺等部门。物料清单体现了信息集成和共享。对一个制造业企业来讲，信息化管理离开物料清单是不能运行的。

因为物料清单是系统识别产品的依据，说明产品是如何生产出来的，要为企业众多部门所应用，它的准确度必须达到100%。物料清单是时间坐标上的产品结构，是数据模型的报表形式，可以说明动态的期量标准，如果模型不准确，运行MRP的结果会完全失去意义。

8.4.3 编制物料清单的顺序

在编制物料清单之前，也要先做好一些前导工作。首先要做的是定义企业所有物料的分类。建立各种分类码的基本要求是能说明物料的来源（自制、外购等）、物料的处理方式（虚拟、库存、选配等）以及同会计科目的关系。使任何一种物料都必须归属于至少一种分类之下，每一项物料必须有唯一的物料号。然后为每一种物料建立各自的物料主文件只有建立了物料主文件的物料才允许进入物料清单。物料分类→物料号→物料主文件→物料清单依次编制。这是一个非常规范的操作程序，前道程序没有完成，后道程序就不能进行。

1. 物料分类

按照各种不同的需求对企业所有物料进行分类，是一项基础的管理工作。物料分类的主要作用如下：

1）定义相关的会计科目。物料分类最主要的目的是说明每一类物料同什么会计科目有关，也是实现物料信息与资金信息的静态集成的第一步。

2）查询物料库存。分类的另一个重要作用是物料查询。例如，按管理要求可以把物料分为钢材、化工材料、机电配件、低值易耗品等；如果管理上需要再细化，可以把钢材再分为板材、型材、棒材；化工材料再分为橡胶制品、油漆等；机电配件可分为电机、轴承等。如果再细分，板材又可分为厚板、中板、薄板；型材又可分为角钢、工字钢等。按类查询可以帮助业务人员知道仓库现有的物料都有哪些规格，哪些有积压，尽可能先用掉。也可以把规格相近的物料归并为一种优选规格，以简化采购、运输和保管流程，降低成本。

3）说明物料的来源。物料有不同的来源，最基本的来源于两类，即自制或采购。MRP系统在展开运算时按照"来源码"将物料分别归属到车间订单和采购订单，执行加工作业或采购作业。

4）说明处理方法。不同特征的物料，系统的处理方法也不同，有不同的处理类型码。

如果物料是一种可供客户选择的基本组件，有多种选择，系统会自动进入一个选择目录，由客户选定后记入销售合同并生成"定制物料单"。

如果物料是一种搭配出售件，即根据客户要求，一个包装中有多种搭配的规格的情况，则要确定搭配的方案。

如果是虚拟件，在制订计划时会自动越过。

对流程行业中的联产品、副产品，会按照同主导产品的比例关系分摊成本。

计算非库存件或某些消耗品存量时，也会使用不同的处理方法。

5）便于建立物料文档。同一类物料往往涉及相类似的属性，在建立物料主文件时，只要复制同类型物料的数据，然后更改编码、名称和少量参数就可以形成一个新物料的主文件。

一个物料可以从不同角度设置多种分类。不同的软件采用的分类所用的名词是不同的，例如，也可称为物料分类、物料类型、产品组、来源码等，要弄清楚软件的真正含义和作用，这也是系统实施进程中，原型测试阶段的重要任务。

2. 产品的单层结构

任何一个产品都是由若干个单层结构组成的，单层结构由一个母件和从属于母件的一个或一个以上的子件组成。相对于设计图纸而言，母件指的是组装图上的装配件，子件是零件明细表中的众多零件。不少企业在自行开发管理软件时，由于没有单层结构的概念，对所有产品的描述都从最顶层一直扎到最底层，相同的单层结构在各个产品文件中重复出现，数据的冗余量很大，极不合理。

以单层BOM结构为例，其模型如图8-8所示。X作为最上层的母件是一个出厂产品，它由 A、B、C、D 四个子件组成。X 同 A、B、C、D 组成一个单层结构，在 MRP 系统中称之为单层物料单。B 对于 X 来讲是子件，但它对于 E、F 来讲又是母件，并一起组成一个第二层次的单层结构。同理，E 同 J、H、I，D 同 G 又组成位于不同层次的单层结构。任何一个产品都是这样由无数个单层结构组成的。母件同子件的关系是唯一的，如果品种或数量不同，将视为有不同代码的单层结构。母件同子件之间的连线是工艺路线，单层结构上每一项物料代表的是已完工并可以入库的物料，而不是正在工序之间未成形的在制品。

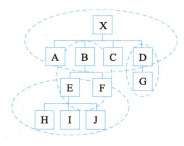

图 8-8　单层 BOM 结构模型

如果一个企业的无数产品是由一定数量标准的单层结构配置而成，即用少量的标准单层结构组成性能多样的各种产品或产品系列，这就是我们常说的标准化和系列化。MRP 系统可以通过反查物料清单，查询每一个物料（零件）是用在哪些单层结构上；每一个单层结构又是用在哪些产品上。如果有许多产品都借用相同组件，说明产品设计的通用性很好。MRP 系统还可以通过物料分类功能查询每一类别下所有物料的规格品种，通过分析，将其作为确定标准化过程中优先选用的依据，对简化诸如各种原材料、紧固件等带有通用性物料的品种规格很有帮助。把这些功能同成组技术结合起来应用，正是产品研发部门的主要工作。产品研发人员值得自豪的事莫过于他们亲手设计的产品，在市场上得到公认和畅销，而且能够以较低的成本为企业带来较大的利润。作为 MRP 基础文件的物料清单是将产品设计标准化、系列化的得力工具。

3. 物料编码

物料编码可参考第 5.2 节中的编码方法。需要强调的一点是，在物料编码问题上要结合自动识别技术的应用。随着条码技术的发展，二维条码可以包含物料的更多信息（例如，批号、工艺记录、作业的指导性信息等），已经在国内一些行业（例如汽车制造行业）得到普遍应用。此外，无线射频识别（RFID）技术在 ERP 系统数据采集应用方面，将随着这些装备设施成本的下降，在一些行业会有所应用。

4. 物料主文件

企业在实施 ERP 时必须为每一种物料建立一份文档，这份文档被称为物料主文件或物料文档，用于说明物料的各种参数、属性及有关信息，反映物料同各个管理功能之间的联系，ERP 系统通过物料主文件来体现信息集成。物料主文件中包含的数据项很多，一般都要用多个屏幕画面分类分页显示，每一页对一项业务，便于查询和明确维护数据信息的责任人。物料主文件记录的信息如下：

1）同设计管理有关的信息。机电产品的图号或食品、药剂、烟草的配方号（或原料、成分）、物料名称、重量、体积（对比重小或占空间大的物料需要说明，如空心构件、箱体或棉花包）、设计修改号或版次、生效日期和失效日期等。

一个物料在不同产品上的用量是不一样的，因此，物料的需用数量只在物料清单上标识，在物料主文件里是无法说明的。这也是为什么许多 ERP 软件把物料主文件同仓库、货位、批次等文件一起，放在物料管理或库存管理子系统中进行维护；而把物料清单同工作中心、工艺路线等文件一起，放在制造数据子系统中维护的缘故。

2）同物料管理有关的信息。如计量单位，计量单位可以是单体（件、盒、箱……），也可以是长度、重量、面积或体积单位。采购、销售与存储可能采用不同的计量单位，存储与发料又可能采用不同的计量单位，这种情况要有相应的换算系数。对那些有有效期和容易变质的物料要规定复验周期或保质期，期末系统会自动发出警告和提示。对外购件来讲还应有采购员码、主要和次要供应商以及物料在供方的代码等。

3）同计划管理有关的信息。如处理方法的分类代码、独立需求（MPS 运算）或相关需求（MRP 运算）标识（有肉物料如备件及可包装或不包装的产品，都可以既是相关需求件又是独立需求件，软件必须满足这个要求）、需求时界和计划时界、固定、变动和累计提前期、低层码、计划员码、成组码、主要工艺路线码（当物料有多种加工方法时）等。

4）同销售管理有关的信息。如销售员码、计划价格、折扣计算、佣金、物料在买方使用的代码等。

5）同成本管理有关的信息。如标准单位成本、实际单位成本、采购费用等。

6）同质量管理有关的信息。如批号、待验期、复验间隔天数、最长保存期等。

以上数据中有些直接影响 MRP 的运算结果，如提前期、成品率、安全库存、批量规则等，在确定这些数据时要特别慎重。

物料主文件中会包含一些动态数据，如现有库存量、实际成本等，它们与有关程序集成，可以随时显示更新的数据。

8.5 本章小结

本章主要讲述了数据管理的相关内容。包括基础数据、编码方法、数据准备方法和编制物料清单四部分内容。

其中基础数据讲解了数据的规范性与准确性、数据类型和主数据的相关知识。编码方法讲述了数据编码原则、内部编码与外部编码的区别。数据准备方法阐述了数据准备的步骤有哪些和数据加载方法和数据准备注意事项。编制物料清单讲述了物料特性、物料清单的作用和编制物料清单的顺序。

第 9 章

ERP 系统集成与扩展

9.1 ERP 系统集成与扩展概述

9.1.1 ERP 内部集成的扩展功能

Gartner 提出内部集成主要包括三个方面的集成，分别是：产品研发、核心业务和数据采集。就 MRP Ⅱ 来说，只是实现了内部核心业务的信息集成。

《MRP Ⅱ 标准》列出的 MRP Ⅱ 基本功能，归纳为以下 16 个方面：

1）销售与运作规划。

2）需求管理。

3）主生产计划及最后总装计划。

4）物料需求计划。

5）物料清单子系统。

6）库存事务处理子系统。

7）计划接收量子系统。

8）车间作业排产、派工及控制。

9）能力需求计划。

10）投入/产出工作量控制。

11）供应商计划及采购作业。

12）分销资源计划。

13）工具计划及管理。

14）财务计划界面。

15）模拟。

16）业绩评价。

这些内容，也是 ERP 内部集成的主要内容。

ERP 系统更多的是对管理功能的扩展和业务流程的优化，ERP 产品侧重于按照流程来设置程序之间的链接。一方面，ERP 能够适应业务流程的变化，做出相应的调整；另一方面，一旦形成规范化的流程，系统会按照流程的顺序，做出操作提示或自动进入下一个程序，运行更加灵活，集成面更广。

在实现内部集成方面，ERP 系统相对于传统的 MRP Ⅱ 而言，管理功能的扩充主要有以下各项，但不同行业的企业并不都会同时用到。

1）满足集团企业多元化经营的需求，增加适应不同生产类型信息化管理的需求，如流程行业，以及具有不同生产类型并存的企业的需求。

2）完善和充实企业内部管理功能，弥补传统 MRP Ⅱ 系统的不足。如完善实验室管理（实验设备、设备能力计划等），质量管理（质量标准、抽样规则、质量检验、批次跟踪、废品分析等），资金管理（融资、投资、股东权益、股金分配等），支持各国政府和地区（如欧盟等）的法令法规、条例及标准的管理等。

3）在设备管理方面，包括设备维修计划，备品备件采购计划和库存管理，提高设备可靠性，优化资产利用，主要是在全面生产力管理的管理理念指导下开发的应用系统。可以是 ERP 系统的子系统，也可以是独立的软件，如计算机维护管理系统。在企业资产管理系统中也有设备管理的功能。

4）增加人力资源管理。如人才计划、招聘、培训、考核、晋升、工资、考勤、员工自助服务以及知识管理等，其中考勤、工资级别信息同工作中心能力和计算产品成本的人工费集成。

国内 ERP 系统受大环境的影响，人力资源模块加入到 ERP 系统较之其他三个功能模块最晚，大多现行的 ERP 系统人力资源模块是由于便于与企业外部交往的记录而存在的，真正能实现企业内部人力资源管理与系统的集成的很少。基于数据仓库技术的商业智能系统解决方案提供的劳动规划应用，应在企业翔实的人力资源数据基础之上，完成决策者多视角的人力资源统计分析，并通过对现有的人力资源的使用状况，能预测劳动满员和紧缺，分析超时和工作量，鉴别无效的工作和优秀的雇员，计算出某段时间内劳动的收益率等，使劳动资源得到最大的利用。商业智能的人力规划分析也可以实现不同角度的员工工资查询和分析，结合完成的工作量，提高员工利益分配的科学性。

ERP 系统人力资源模块的具体功能包括：

1）按部门、职称、专业、学历、性别等的职工统计和查询从职称、学历、工作量等方面进行人才能力综合评介。

2）多角度职工工资查询，按不同视角进行职工工资统计分析。

3）实际完成工作量和工时对比分析。

4）人力工作量负荷分析。

5）分析各类员工所获奖励、惩罚等个人特性与共性之间的关系。

6）增加物流管理功能，如运输管理（运输计划、车辆调度、运输费用、运输方案优化等）和仓库管理。

7）支持跨国、跨地区经营。增加实时切换多语种、多币制、多汇率、多税制以及多工厂管理的功能，满足不同国家和地区的财务、税务、环保、交通等法规的要求。

8）增加售后现场服务，维修和备品备件管理的功能。实时向产品研制开发和质量管理部门提供产品实际使用状况的反馈信息，了解产品的生命周期，以利于推陈出新，提高客户满意度。

9）为了及时响应客户需求并及时给予切实可行的答复，缩短交货期，采用高级计划与排产技术，把计划的范围扩大到供需链的各个环节，采用各种优化排产方法，支持同步运算，支持分布各地的销售人员向企业有关部门进行远程访问和模拟操作。

10）增加企业高层经理决策支持功能。为管理决策者提供决策信息的高层经理信息系统（EIS）以及业务信息智能系统（BI）；支持专家系统、人工智能或基于规则的决策支持系统以及各种分析和优化功能。

11）支持同 CAD、PDM 的集成。

12）与分布式控制系统（DCS）和各类数据采集器（data collector）接口。

13）支持企业信息门户（EIP）。

14）支持电子商务。

9.1.2　ERP 外部集成的扩展功能

ERP 外部集成扩展功能框架如图 9-1 所示。

图 9-1　ERP 外部集成扩展功能框架

1. 增加优化供应和流通渠道的供应链管理（SCM）功能

实现物料供应、运输配送和交付的协同和同步，通过供应商关系管理 SRM 选择最佳的供应商、运输路线和运输手段，通过仓库管理系统 WMS 控制分散在各地的仓库库存，控制整个供需链流通领域的提前期，控制总体运营成本。

SCM 产品覆盖的范围可以延伸到企业的渠道管理，包括企业的分公司、原始设备制造商（OEM）和销售代理。遇到例外事件，可以按照设定的规则和业务流，提出处理建议，即供应链管理（SCM）。SCM 没有统一的标准，依据企业的需求而定。

2. 增加前端客户关系管理（CRM）的功能

加强了客户调查、跟踪、分析、手机市场和商业情报、销售管理和客户服务和技术支持的功能，把握不同层次客户的价值观，弥补了掌握客户需求信息不足的被动状况。一方面要提高客户的满意度和忠诚度，另一方面帮助企业寻求并定位最能为企业带来效益的客户群。

CRM 系统还实现了企业各业务部门对客户信息的实时共享，是信息集成的范围向需求市场扩展极其重要的一步。

如果发生了客户投诉，企业与之相关的所有业务，如质量、供应、产品研发、生产、工艺都能够共享信息，在分析原因的基础上加以改进。同时，也指导营销业务的工作流程，即营销团队工作流程自动化（sales force automation，SFA）。例如，提示销售人员在客户意见很大，问题还没有得到圆满解决时，不宜去推销新的产品；什么是经理人员应该亲自出面同客户谈判最恰当的时刻等。

CRM 系统集成度比单独的 CRM 软件更高，可以免去许多冗余的通用基础数据，如客户代码和文档。CRM 系统通常对客户数量较多的生产企业更为有用，对客户群体比较固定，而且数量有限的制造企业不一定需要，例如，生产手机、电脑或其他消费品的企业需要 CRM，而主机厂配备生产企业就不一定十分迫切，或者不需要太多的功能。对一些非制造业，例如旅游、保险、金融等行业对 CRM 系统的需求可能更为迫切。呼叫中心（call center）属于 CRM 系统，对提高售前售后服务质量是必要的。

3. 加强辅助决策的分析功能（BI）

在数据仓库技术基础上，发展数据挖掘技术，实现多维数据的查询分析，开发了联机分析处理（OLAP），为实时决策提供有力工具，这也是 CRM 和 BI 系统的重要组成部分。

9.1.3 大集成趋势

AMR 公司于 2004 年 8 月对 SAP 公司做了一个调查，虽然 SAP 有 ERP、CRM、CM 等不同产品，但是，许多公司往往是按 ERP-CRM 或 ERP-SCM 这样捆绑着选购的。这个现象说明 Gartner 公司最初定义的 ERP 本来是应当包括 CRM 或 SCM 软件内涵的。这样的系统 APICS 称之为企业全面集成（total enterprise integration，TEI）系统，Aberdeen Group 公司称之为企业业务集成（enterprise business integration，EBI）系统，这样的信息化系统也被称为企业业务管理系统（enterprise business management system，EBMS）。不论其称谓如何，大集成是发展趋向的实质。可以这样预计：只要企业要管理什么或要处理什么业务，就会有相应的信息化系统被开发出来支持这些业务。最后，必将形成一个映射虚拟供需链的大的集成系统。

所有扩展的系统，都是对基本系统的完善和补充，是继承和发扬，而不是否定。即使是 MRP 的基本概念和功能，也是熔融在 ERP 系统中的，并没有被废黜。在制造业 ERP 系统中，MRP 依然是一个核心，MRP 系统中的产品结构和 BOM 是一个反映集成销售、生产与供应 3 大主要业务信息的数学模型，这是客观规律，没有也不会过时。

2004年8月，Aberdeen Grouped 在 *The ABC's of ERP: An Executive Primer* 一文中高度概括了 ERP 的 5 项特点，以此作为本节的结束语。

1）ERP 应用系统专注于业务流程。
2）ERP 应用系统是可配置的模块化组件。
3）ERP 应用系统是集成的系统。
4）ERP 应用系统超出了一个企业的四壁，包括供应商、客户和合作伙伴等。
5）一个完整的 ERP 应用套件将涉及企业所有的（或最主要的）业务领域。

9.2 ERP 系统集成与扩展专题

9.2.1 基于 RFID 实现拉式生产

目前，国内许多企业都用上了 ERP 系统，但是实际应用效果并不理想。其中最主要的原因是企业基础数据采集困难，人工录入数据经常出错，导致生产经营活动的障碍。射频识别（radio frequency identification，RFID）技术可以帮助企业实现数据的自动实时采集，可以对生产信息提供实时反馈，加强对加工数据的分析和监控，加强车间生产控制，全面反映生产过程状态信息，有效敏捷地指导生产。

1. RFID 相关技术

RFID 读写器可以通过无线的方式，对存储于 RFID 标签中的数据进行自动采集，以获取被标识对象相关信息。随着技术的发展，RFID 相关技术逐渐开始被应用到离散制造行业中。RFID 相关技术在离散制造业中的应用将改变离散制造企业的生产经营方式。

（1）RFID 数据采集单元。一个 RFID 数据采集单元由 RFID 读写器（固定或移动）、RFID 天线（内置或外置）、RFID 标签 3 部分组成，RFID 数据采集单元示例如图 9-2 所示。

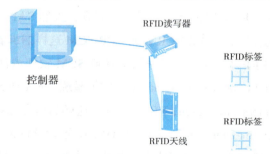

图 9-2　RFID 数据采集单元示例

RFID 标签具有体积小、容量大、寿命长、可重复使用等特点，可支持快速读写、非可视识别、移动识别、多目标识别及路径跟踪等。

（2）RFID 集成框架。RFID 集成框架包括 3 个部分。RFID 集成框架如图 9-3 所示，这 3 个部分为 RFID 识别设备、RFID 边缘服务器和集成服务器。这 3 个部分与企业的管理信息系统相连接。

图 9-3 RFID 集成框架

1）RFID 识别设备。RFID 识别设备是指包含了 RFID 数据采集单元的设备，这些设备可能与 PDA、扫描仪和打印机等设备集成在一起。

2）RFID 边缘服务器。RFID 边缘服务器和 RFID 识别设备相连，对传入的 RFID 事件进行聚合、监视、解释、筛选和存储。如果事件达到系统管理员指定为临界点的阈值点，预期的收件人将收到实时警报。

3）集成服务器。集成服务器接受 RFID 边缘服务器传来的信息。并对信息进行业务逻辑加工，以便与管理信息系统进行业务逻辑集成。此类系统包括供应链管理（SCM）、客户关系管理（CRM）和企业资源规划（ERP）等。

当 RFID 采集数据量不是太大，或者业务逻辑不太复杂的应用时，RFID 边缘服务器和集成服务器可保持良好的可伸缩性。

2. 拉式生产

拉式生产是指准时制（just in time，JIT）生产方式，JIT 生产方式是在日本丰田汽车公司生产方式基础上发展起来的一种管理模式，主要用于重复式生产。JIT 生产方式的主要理念为："仅仅在需要的时刻，按照需要的数量，生产真正需要的合格产品"，从而控制库存，甚至追求企业内部达到"零库存"的理想境界，其核心思想是消除无效作业和浪费。看板作业和反冲是拉式生产的两项关键技术。

（1）看板作业。看板作业根据主生产计划（main production schedule，MPS）和客户需求制订日产计划。从最后总装开始，生产线上的每一个部门都只生产下一个部门所急需的产品与半成品，每一个生产活动都受到下一个生产活动的拉动。传递信息的看板可以利用软件系统来实现。看板作业可以大大减少在制品库存以及等待排队时间，消除不必要的存货，从而缩短了制造周期，降低了企业的成本。看板作业示意如图 9-4 所示。

（2）反冲。短周期和小批量是提高响应市场变动灵活性的有效方式，但小批量会增加事务处理的工作量。反冲是一种事后扣减登录的方法，可以减少物料发放和

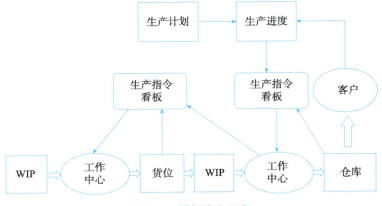

图 9-4 看板作业示意

接受事务。它根据实际消耗量（完成和报废的零部件和成品）及单层物料结构冲销库存记录中相关物料的库存量，更新库存现有量，同时计算成本。根据监控要求可以在用户定义的任意两点设置反冲点进行反冲。采用反冲的条件是准确无误的单层物料单和替代记录以及反馈和执行信息（完成数量和废品数量）。

（3）当前实现拉式生产面临的主要问题。

1）难以突破重复生产的限制，支持小批量、多品种生产。

2）缺少确定加工提前期的方法和数据，难以协调生产工序间进度。

3）质量问题无法跟踪，无法实现反冲。

4）由于不良率的存在，使各个工作中心将交接的单据和手续非常复杂。

5）瓶颈工序难以确认，问题难以解决。

3. 基于 RFID 的拉式生产系统

（1）基于 RFID 的拉式生产系统体系结构。基于 RFID 的拉式生产系统体系结构如图 9-5 所示。该系统在各工作中心配置 13.56 MHz 的 RFID 读写器及存储容量为 2KB 的标签，以构成 RFID 数据采集单元。RFID 数据采集单元和控制器通过 RS485-RS232 经多串口卡扩充并连接。控制器与看板系统之间通过千兆以太网连接，进行基于 TCP/IP 协议的数据传输。看板系统通过和 ERP 系统集成获取和 BOM、工作中心等相关信息，并将 RFID 数据采集单元采集到的信息汇总处理。一方面将相关信息反馈给 ERP 系统进行物料反冲和提前期、工作能力等方面信息的修正，另一方面通过液晶显示屏指示工作中心进行拉式生产。

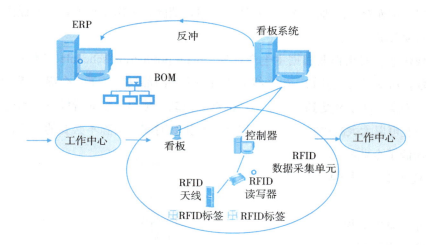

图 9-5　基于 RFID 的拉式生产系统体系结构

（2）RFID 系统与 BOM 集成。RFID 系统与 BOM 集成如图 9-6 所示。BOM（bill of material）按照其在生产线上的生产顺序展开，工作中心同货位对应，便于发料和统计物料消耗。看板系统与 BOM 集成以实现对不同物料需求的控制，通过安装在工作中心的 RFID 数据采集单元实现工作中心之间的拉式关系。工作中心和其原材料供应子库一一对应。设计工作中心 WIP 的定置区域，并将存放在 WIP 货位的材料与工作中心一一对应起来。定置区域要求确定品种、数量及指定的管理人员，设计使之能通过工人物料转移（即出库入库操作）和完工反冲等特定的操作，使之当 WIP 货位材料发生进或出变化时，计算机系统中货位能自动地进行增减计算。

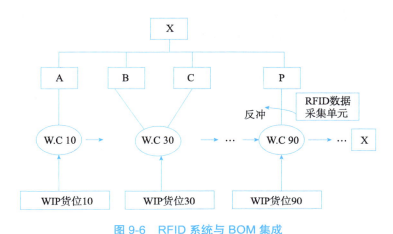

图 9-6　RFID 系统与 BOM 集成

通过以上集成，可以实现以下 4 方面的功能：

1）根据不同的加工物料和加工工艺快速组织新的生产。这种方法在一定程度上缓解了拉式生产仅适用于重复生产的限制，使拉式生产线可以适应小批量、相近品种的变化。

2）通过工作中心的在产品和货位的货物信息实现物料管理的反冲。反冲的使用使得产品成本被精确核算，并且可以减少物料发放和接受事务，提高了生产效率。在完成反冲工序后，工序的拉式物料立即被发放至重复性计划。这些物料是从分配给该物料的供应子库存中拉出的。

3）生产线管理的可视化。生产线管理的可视化目标是使企业管理层能够实时地发现在制品生产和生产线的运转状态。通过安装工作中心的 RFID 数据采集单元，可以实时采集到各个工作中心的生产情况，并反馈到看板系统，管理人员可通过看板管理系统实时监控。

4）协调各个工作中心的生产节拍。通过不同工作中心之间的配合数据，协调各个工作中心的工作节奏。生产线上的生产节拍受瓶颈工序的制约，物料的流速超过瓶颈工序后，在瓶颈工序的前端就会出现多余的库存。拉式生产要求，如果生产线上出现故障，则全线停车，以防止生产过量库存，同时彻底清查故障，并排除故障根源。根据实际情况，为保证瓶颈工序能力的充分发挥，在瓶颈工序前可以设置缓冲量，以保证在上游工序出现问题时，有足够储备使瓶颈工序不会停工。同时应想方设法压缩瓶颈工序的加工提前期。可以使用企业生产诊断器在工作中心内部进行诊断。

（3）企业生产诊断器。为缩短交货期，必须缩短加工提前期，瓶颈工序的提前期是必须重点压缩的部分。瓶颈工序提前期中哪些部分是可以压缩的，哪些是难以压缩的，要进一步划分加工提前期，再深入分析。加工提前期可以分解为 5 种作业时间，分别是排队、准备、加工（质检）、等待和传送。其中，只有加工为增值作业，如果要想缩短加工提前期，应当分析压缩其他 4 种作业时间。可在工作中心内部设置的基于 RFID 的企业生产诊断器，如图 9-7 所示，进行 5 种时间的分析，将 RFID 数据采集单元集成到工作中心，在质检环节通过 RFID 手持设备写入相关信息。通过企业生产诊断器可以有效减少拉式生产中的非增值作业时间，同时通过质检环节的 RFID 信息记录，有效降低拉式生产中的不良率。

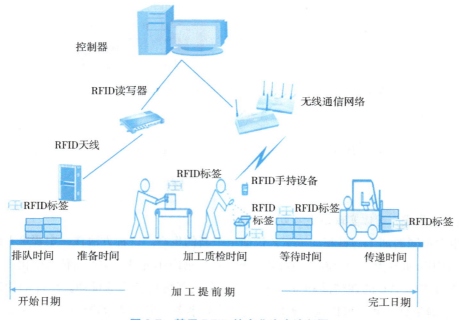

图 9-7 基于 RFID 的企业生产诊断器

9.2.2 商业智能系统

ERP 系统提供了许多强有力的工具，能够更好地评估和控制组织的运营情况。许多组织发现，这个宝贵的工具还可加入有效的商业智能系统，发挥更大的作用。在这种情况下，商业智能系统需要两方面工作的支持：一是存储数据（通过数据仓库和相关系统），二是研究如何运用这些数据解决商务问题（例如，通过数据挖掘）。在 ERP 系统中，为客户关系管理提供支持是数据挖掘最普遍的应用之一。数据仓库是 ERP 系统的一种常见的扩展，美国超过三分之一的制造企业已经采用或者计划采用这种系统。

1. 数据存储系统

计算机数据存储技术已经取得了巨大的进步。数据容纳能力的提高，使其在许多方面都有用武之地。海量存储能力的主要用户之一就是 ERP 系统。由于 ERP 系统全面规划的性质，它们需要大量的存储数据。

以数据仓库为例，数据仓库是指已知的事实和相关数据组成的知识库。作为有效管理决策的基础，其中知识必须排列有序，从而方便查询。另一个更为完备的定义是，数据仓库是指面向主题的、综合的、因时而异的、非易失性的数据集合，用于支持管理者的决策过程。数据仓库使得人们能够方便迅捷地访问公司业务、产品和客户的信息，从而使得面向主题（而非面向过程）的管理成为可能。数据仓库系统将来源各异的海量数据综合并存储起来，这些数据是按照时间阶段区分的。非易失性的意思是：数据在初始格式化和清理之后，一直保持稳定，不再被移动或删除。数据仓库的另一个特征是高效，通过它能够迅速检索到特定的数据。ERP系统会产生大量的数据，而数据仓库往往用于支持ERP系统。

数据仓库通常按照细粒形式存储数据。其数据可供其他相关系统进行归纳或聚集操作，例如数据集市、联机分析处理（OLAP）及其他形式的决策支持系统。数据仓库还包括一个元数据知识库，用以保存所有存储数据的相关信息，从而保证数据的完整性，加速检索过程。数据仓库还配有对数据进行抽取、转换、加载的工具，能为特定的应用程序提取数据。

在数据仓库中，数据被分类，并按照对公司有意义的主题组织起来，例如旧客户、员工以及产品等。这些数据是通过两条渠道收集而来的：一条是运营系统，除了ERP系统产生之外，数据还可以来自收银台的条形码读码器、电子商务信息、每日报表等；另一条是外部数培来源，包括行业销售量、经济数据等。来源不同的数据（发货、销售、账单）被整理成一种通用的格式。转换过程还包括：筛选数据——删除不必要的细节；清理数据——清除错误和重复数据；将不同来源的数据统一起来。这个转换过程，更像是数据仓库管理的一部分，而不属于数据挖掘流程，它提高了获取数据的效率。

数据仓库的目标是永久保存详细的信息。这个知识库是可靠的详细信息来源。为了保证数据仓库内的数据清晰、完备、格式正确，数据在输入仓库之前需要先经过处理。

2. ETL

数据抽取、转换和加载（extraction-transformation-loading，ETL）是将业务系统的数据经过抽取、清洗转换之后加载到数据仓库的过程，目的是将企业中分散、零乱、标准不统一的数据整合到一起，为企业的决策提供分析依据。ETL是BI项目重要的环节。通常情况下，在BI项目中ETL会花掉整个项目三分之一的时间，ETL设计的好坏直接影响到BI项目的成败。

ETL的设计分3部分：数据抽取、数据的清洗转换、数据的加载。在设计ETL的时候，也是从这3部分出发。数据的抽取是从各个不同的数据源抽取到操作型数据存储（operational datastore，ODS）中——这个过程也可以做一些数据的清洗和转换，在抽取的过程中需要挑选不同的抽取方法，尽可能地提高ETL的运行效率。ETL 3个部分中，花费时间最长的是"T"（transform）的部分，一般情况下这部分工作量是整个ETL的三分之二。数据的加载一般在数据清洗完之后直接写入数据仓库（data warehousing，DW）中去。

ETL的实现有多种方法，常用的有3种。一种是借助ETL工具（如Oracle的OWB、

SQLServer2000 的 DTS、SQLServer2005 的 SSIS 服务、Informatics 等）实现，一种是通过 SQL 方式实现，最后一种是通过 ETL 工具和 SQL 相结合的方式实现。前两种方法各有各的优缺点，借助工具可以快速地建立起 ETL 工程，屏蔽了复杂的编码任务，提高了速度，降低了难度，但是缺少灵活性。SQL 方法的优点是灵活，提高 ETL 运行效率，但是编码复杂，对技术要求比较高。第三种是综合了前面二种的优点，会极大地提高 ETL 的开发速度和效率。

（1）数据抽取。这部分需要在调研阶段做大量的工作，首先要搞清楚数据是从几个业务系统中来，各个业务系统的数据库服务器运行什么，是否存在手工数据，手工数据量有多大，是否存在非结构化的数据等，当收集完这些信息之后才可以进行数据抽取的设计。

1）对于与 DW 数据库系统相同的数据源处理方法。这一类数据源在设计上比较容易。一般情况下，DBMS（如 SQL Server、Oracle 等）都会提供数据库链接功能，在 DW 数据库服务器和原业务系统之间建立直接的链接关系就可以写 Select 语句直接访问。

2）对于与 DW 数据库系统不同的数据源的处理方法。对于这一类数据源，一般情况下也可以通过 ODBC 的方式建立数据库链接，如 SQL Server 和 Oracle 之间。如果不能建立数据库链接，可以有两种方式完成，一种是通过工具将源数据导出成 .txt 或者是 .xls 文件，然后再将这些源系统文件导入到 ODS 中。另外一种方法是通过程序接口来完成。

3）对于文件类型数据源为 .txt、.xls 格式的文件，可以培训业务人员利用数据库工具将这些数据导入到指定的数据库，然后从指定的数据库中抽取。或者还可以借助工具实现，如借助 SQLServer2005 的 SSIS 服务将平面数据源和平面目标等组件导入 ODS 中去。

4）增量更新的问题。对于数据量大的系统，必须考虑增量抽取。一般情况下，业务系统会记录业务发生的时间，我们可以用来做增量的标志，每次抽取之前首先判断 ODS 中记录最大的时间，然后根据这个时间去业务系统取大于这个时间所有的记录。利用业务系统的时间戳是解决增量更新问题的有效手段，但一般情况下，业务系统没有或者只有部分有时间戳。

（2）数据的清洗转换。一般情况下，数据仓库分为 ODS 和 DW 两部分。通常的做法是从业务系统到 ODS 做清洗，将脏数据和不完整数据过滤掉，再从 ODS 到 DW 的过程中进行转换，进行一些业务规则的计算和聚合。

1）数据清洗。数据清洗的任务是过滤那些不符合要求的数据，将过滤的结果交给业务主管部门，确认是直接抽取，还是由业务单位修正之后再进行抽取。不符合要求的数据主要有不完整的数据、错误的数据、重复的数据三大类。

不完整的数据：这一类数据主要是一些应该有的信息缺失，如供应商的名称、分公司的名称、客户的区域信息缺失、业务系统中主表与明细表不能匹配等。将这一类数据过滤出来，按缺失的内容分别写入不同 Excel 文件向客户提交，要求在规定的时间内补全。补全后再写入数据仓库。

错误的数据：这一类错误产生的原因是业务系统不够健全，在接收输入后没有进行判断直接写入后台数据库造成的，比如数值数据输成全角数字字符、字符串数据后面有一个回车操作、日期格式不正确、日期越界等。这一类数据也要分类，对于类似于全角字符、数据前后有不可见字符的问题，只能通过写 SQL 语句的方式找出来，然后要求客户在业务系统修正之后抽取。日期格式不正确的或者是日期越界的这一类错误会导致 ETL 运行失败，这一类错误需要去业务系统数据库用 SQL 的方式挑出来，交给业务主管部门要求限期修正，修正之后再抽取。

重复的数据：这一类数据常在维表中出现应将重复数据记录的所有字段导出来，让客户确认并整理。

数据清洗是一个反复的过程，不可能在几天内完成，需要不断地发现问题，解决问题。对于是否过滤、是否修正，一般要求客户确认，对于过滤掉的数据，写入 Excel 文件或者将过滤数据写入数据表，在 ETL 开发的初期可以每天向业务单位发送过滤数据的邮件，促使他们尽快地修正错误，同时也可以作为将来验证数据的依据。数据清洗需要注意的是不要将有用的数据过滤掉，对每个过滤规则认真进行验证，并要用户确认。

2）数据转换。数据转换的任务主要是进行不一致数据转换、数据粒度的转换，以及一些商务规则的计算。

不一致数据转换：这个过程是一个整合的过程，将不同业务系统中相同类型的数据统一，比如同一个供应商在结算系统的编码是 XX0001，而在 CRM 中编码是 YY0001，这样在抽取过来之后统一转换成一个编码。

数据粒度的转换：业务系统一般存储非常明细的数据，而数据仓库中数据是用来分析的，不需要非常明细的数据。一般情况下，会将业务系统数据按照数据仓库粒度进行聚合。

商务规则的计算：不同的企业有不同的业务规则、不同的数据指标，这些指标有的时候不是简单的加加减减就能完成，这个时候需要在 ETL 中将这些数据指标计算好了之后存储在数据仓库中，以供分析使用。

3. 数据集市

数据仓库是永久性的数据存储设施，而数据集市则可以以多种形式存在。下述是其中的三种形式：

1）根据数据仓库信息的子集创建的数据集市，通常重点关注某些用户的需求。
2）独立的数据集市，作为数据仓库的一种实施方式，比较迅速，相对便宜但功能比较弱。
3）独立的数据集市可以作为将来全面实施数据仓库的原型。

数据一旦存入数据仓库，没有特殊原因就不再改动。为了实施数据挖掘，需用到一种中间存储介质。有些时候，我们就使用数据集市来抽取特定项目的信息，用于数据挖掘分析。数据集市有许多优点。首先，它可供数据挖掘者使用，进行信息转换，创建新的变量（例如比率或者用于特定程序的编码），而不必担心这些转换会损害数据仓库内的数据；其次，数据集市只抽取与特定数据挖掘分析相关的数据，这大大节约了计算机处理数据的时间。

4. 数据挖掘

在数据仓库的应用中，要对大量的数据进行分析，从中提取数据中隐含某些事物的发展规律和事物之间的联系，这需要用到一些统计、建模、分析的技术和工具。数据挖掘是指新兴的一种从大量数据中获取有用信息以支持管理决策的技术。

数据挖掘也可以称为数据库中的知识发现（knowledge discovery in database，KDD），是从大量数据中提取出可信、新颖、有效并能被人理解的模式的高级处理过程。

数据挖掘的重要性就来源于数据仓库中巨大的数据量。数据仓库组合许多不同来源的信息，创建一个具有比任何单个数据源有更多列或属性的数据实例。尽管这会增加数据挖掘工具的精确度，但是也会使得人们很难对大量的信息进行排序并寻找其中的趋势，而且，因为数据仓库中信息太多，从而无法完全利用每一条信息。所有这些因素都促使人们对数据仓库使用数据挖掘工具。数据挖掘的结果可以增加收入、降低费用，甚至二者兼而有之。

数据挖掘所涉及的学科领域和方法很多，比如：

1）数据总结：其目的是对数据进行浓缩或给出它的紧凑描述。

2）数据分类：其目的是学会一个分类函数或分类模型（也称作分类器），该模型能把数据库的数据项映射到给定类别中的某一个。

3）数据聚类：把一组个体按照相似性归成若干类别，使属于同一类别的个体之间的距离尽可能地小，而不同类别的个体间的距离尽可能地大。

ERP 系统和商务智能的应用是互相促进的。这两种系统都可以独立存在，但同时使用必将增强两种系统为企业创造利润的能力。数据仓库往往被用作大型 ERP 系统的高效数据存储部件。同时，它们还能通过数据挖掘的形式，为商务智能提供支持。

实践证明，数据挖掘能够有效地改善许多业务的运营情况。数据挖掘对信息技术的依赖性很强，因为它需要信息技术提供数据存储支持（数据仓库、数据集市和/或联机分析处理工具），也需要数据挖掘软件对数据进行分析。然而，数据挖掘的过程远不是将软件工具应用于公司数据那么简单。它需要分析员运用自身的智慧，选择模型类型，为特定问题选择和转换相关数据，还要解释和分析结果的含义。

9.2.3 企业电子商务系统规划

互联网是近年来经济发展的最大推动力，电子商务则是对互联网的深化和应用。电子商务作为一种崭新的商务运作活动，将给人类带来一次史无前例的产业革命。成功的电子商务企业首先应使企业内部运作电子化、信息化。企业利用互联网进行信息处理、内外部沟通，在管理和业务流程上进行革新，减少中间环节，使企业降低运营成本，提高效率。进行企业电子商务系统分析，需要先对企业的商务活动进行分析，分析电子商务会对企业的哪些商务活动产生影响，产生什么样的影响进行分析。

1. 企业电子商务流程分析

企业的商务流程包括 3 个主体和 5 个主要的环节。3 个主体分别是：供应商、企业、客户。5 个主要环节是市场、交易、货物移动、资金移动和服务。企业基本商务流程如图 9-8 所示。

另外强调一点就是，基本流程中的所有环节都是双向的。

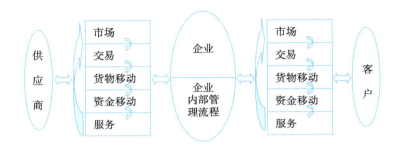

图 9-8　企业基本商务流程

电子商务环境中，这些环节都可能有一定的变化，各个环节需要实现的基本目标、可能的变化及主要注意事项如下：

（1）市场。

1）主要目标加强企业及相关商品、服务的认知。寻找优秀的合作伙伴。

2）电子商务方式下效果持久，但没有传统市场活动效果明显。

3）利用电子商务开展市场的活动的效果受行业影响较大。

（2）交易。

1）主要目标完成合作伙伴及商品的搜索，进行报价议价，完成交易订单。

2）电子商务方式下交易成本明显降低。

3）商品、价格等基本数据维护工作量增大，提高了对企业内部处理订单能力的要求。

（3）货物移动。

1）主要目标是完成商品所有权的转移。过程包括货物的包装、运输和提交等。

2）电子商务方式下对货物移动的全程进行可视化管理。

3）注意电子商务环境下应包括对逆向物流的管理。

（4）资金移动。

1）主要目标是完成交易中资金的支付和返还。

2）电子商务方式下移动速度明显加快，支付成本明显降低。

3）注意资金移动的安全性和逆向资金流的处理问题。

（5）服务。

1）主要目的是完成对合作伙伴的服务。

2）电子商务下，对合作伙伴的服务的内容和速度明显增强，服务成本明显降低。

3）在电子商务环境下服务是商务环节的起点，而不是商务环节的终点。

另外，要注意企业的内部业务流程，在电子商务环境下对企业的内部管理流程也有非常明显的影响。

2. 进化的企业电子商务系统基本框架

企业电子商务的核心是电子商务应用系统，而电子商务应用系统的基础是不同的服务平台，它们构成了应用系统的运行环境。进化的电子商务系统基本框架见表9-1。该框架将企业的电子商务系统的环境分为三个平台分别为：环境平台、技术平台和商务平台。并按照企业进行电子商务涉及的远近关系由下至上分层排列为七层，分别为社会环境、网络环境、商务服务环境、硬件环境及技术、软件及应用环境、企业内外部资源管理系统及分析工具、电子商务应用。

表9-1　进化的电子商务系统基本框架

商务平台	7 电子商务应用（广告宣传、网络购物、电子市场、拍卖等）				
	供应链管理（SCM）			客户关系管理（CRM）	
	6 企业内外部资源管理系统及分析工具				
	企业信息管理工具				
	在线分析工具（OLAP）、商业智能（BI）、数据挖掘（data mining）、统计产品和服务解决方案（SPSS）、知识管理（KM）等				
	企业信息管理系统				
	企业资源规划（ERP）、企业门户（enterprise portal）、呼叫中心（call center）、仓库管理系统（WMS）、物流分拣、车辆调度、车辆跟踪、定位系统等				
技术平台	5 软件及应用环境				
	操作系统 Windows、UNIX等	网络通信 TCP/IP、HTTP/WAP、IPV6等	开发工具 Java、C/C++、html、XML、JSP、ASP等	数据库 Oracle、DB2、MS SQL Server、My SQL等	应用环境 办公自动化（OA）、FTP、网管软件等
	4 硬件环境及技术				
	服务器及终端设备 PC、计算机组成、计算机接口、PDA、手机、笔记本电脑等	存储设备及技术 磁带库、双机热备、磁盘阵列、网络附加信息存储（NAS）、信息存储区域网络（SAN）等	网络设备 路由器、交换机、无线网络设备、蓝牙、防火墙等	定位设备 全球定位系统（GPS）、通用无线分组业务（GPRS）等	标识设备 IC卡、条形码、射频识别（RFID）、读写器、指纹识别、电子标签等
环境平台	3 商务服务环境				
	标准	支付	认证	物流	交易平台
	2 网络环境　　（电信网络、行业性数据通信网络、无线通信网络等）				
	1 社会环境　　（信用、法律、税收、隐私、国家政策、专门人才等）				

通过不同平台和层次的组合可以形成不同的电子商务系统。各个平台和层次内涵相互作用、组合，进化方向如下：

（1）环境平台。环境平台是企业电子商务系统的外部运行环境，包括社会环境、网络环境和商务服务环境三个层次。电子商务系统的环境平台在三个平台中可变性最小，企业电子商务系统一般只能在这些层次中做出较小的选择。层次越低，选择性越小。

1）社会环境是指电子商务系统的存在和发展必须以特定的法律、税收等政策来规范，也需要满足企业和个人在信用和隐私等方面的需要。同时国家也要制定相应的政策来指导，鼓励电子商务的发展。电子商务的社会环境主要包括：信用、法律、税收、隐私、国家政策、专门人才等。企业只能适应而不能选择社会环境。

2）网络环境是电子商务系统的底层基础。包括电信网络、行业性数据通信网络、无线通信网络等。企业可以根据实际需要选择不同的网络，网络环境对企业电子商务的开展影响不大。

3）商务服务环境是指由外部的电子商务服务商或组织为企业顺利开展电子商务而提供的服务环境。包括标准、支付、认证、物流和交易平台五个部分，其中物流特指第三方物流等。交易平台是指由买方和卖方之外的第三方投资而建立起来的中立的网上交易市场。企业在开展电子商务时应根据实际情况有效利用以上的商务服务环境。

4）环境平台的主要进化是将原来在第五层的商务服务环境设置到第三层，并排除了原来商务服务环境中技术部分，增加了物流和交易平台等商务服务环境。

（2）技术平台。技术平台是指企业电子商务系统的内部运行环境，包括硬件环境及技术、软件及应用环境两个层次。电子商务系统的技术平台在三个平台中的可变性最大、选择性最强。企业可以通过不同组合，形成有自身特色的电子商务系统。

1）硬件环境及技术包括服务器及终端设备、存储设备及技术、网络设备、定位设备、标识设备等。这一层为电子商务系统的数据存储、应用系统运行提供关键设备。

2）软件及应用环境包括操作系统、网络通信、开发工具、数据库、应用环境等。这一层为电子商务应用系统的开发维护提供平台支持。

3）技术平台的主要进化是将原来的企业内部网和硬件环境合并为一层，并强调了支持移动电子商务的PDA、手机等终端设备和支持物流技术的定位和标识设备。

（3）商务平台。商务平台是企业利用电子手段开展电子商务活动的核心，也是电子商务的核心组成部分，电子商务的应用程序实现就运行在这个平台上。包括企业内外部资源管理系统及分析工具、电子商务应用两个层次。

1）企业内外部资源管理系统及分析工具包括以ERP为核心的企业管理信息系统和各种企业信息管理工具。

2）电子商务应用包括以供应链管理（SCM）和客户关系管理（CRM）为核心的电子商务应用。

3）本平台的主要进化之一是将以ERP为核心的企业管理信息系统和企业的各种系统管理工具划分到商务应用平台。

4）本平台的主要进化之二是将企业对数据、信息和知识的管理作为商务平台的一部分。

5）本平台的主要进化之三是在电子商务应用中突出了供应链管理和客户关系管理的核心位置。

3. 电子商务应用系统核心框架

电子商务应用系统是电子商务系统的核心部分。电子商务应用系统的核心框架如图9-9所示。电子商务应用系统核心框架包括三个层次四部分内容。第一个层次是企业数据库；第二个层次是企业资源计划；第三个层次是企业外部商务，包括供应链管理和客户关系管理两个部分。

该模型基于企业的供应商、客户、内部员工等关联人员的参与，以业务驱动和业务目标为导向，贯穿管理、数据、技术三个基本角度。

企业进行电子商务应用系统分析的四个关键点如下：

（1）统一规划。电子商务应用系统应从信息化技术体系和管控体系两方面着手，统一规划、统一规范、统一标准、分步实施。

图 9-9　电子商务应用系统的核心框架

（2）数据统一。在企业的各个部门实现数据的统一，解决口径一致、按需取数、提供及时、数据精准、保证共享，满足企业运营管理的基本需求，基础数据收集、统计和管理过程。

（3）流程梳理。业务流程梳理具体是指业务流程总体设计及业务流程的优化。理顺、优化并重组业务流程，使企业的业务从供应商→企业→客户的整个价值链畅通，提高企业运营和管理效率。

（4）系统集成。通过分析业务需求，规划 ERP、SCM、CRM 的系统集成框架，划分集成功能，实施规划，完成集成运行。使企业的核心流程都有有效、规范的 IT 支撑，提高企业运营和管理效率，降低企业运营成本和 IT 支撑成本。

9.3　企业集成

信息技术和网络技术的飞速发展，促进了经济的全球化和市场的国际化，使同行业和跨行业企业之间的竞争日趋激烈。企业获得竞争力的根本在于其经营过程的各个环节是否协调和整体优化，只有实现企业各个经营环节的信息前后贯穿和共享，使企业的应用系统紧密匹配企业的发展战略、核心业务流程及模型，在整个企业范围内甚至行业内实现企业集成，才能对快速变化的市场和竞争做出及时响应。企业集成致力于提高企业内相互发生作用的组织、个体及系统之间的协调能力和协同效果，以完成一定的市场机遇或经营目标。特别是面向企业间协作的网络化制造模式的应用，要求企业不仅要实现其内部业务应用系统的集成，还要实现不同企业之间应用系统的集成和相互协作。

企业集成的水平在很大程度上取决于企业内部各种系统、应用或服务的集成化运行水平，良好的软件支持工具可以帮助企业快速实现企业系统集成。企业集成不仅表现在技术层面上对企业各种应用的集成，还需要从企业战略、管理及业务操作层面考虑纵向集成。通过企业信息化整体规划，可以实现企业生产经营发展战略与待建的信息系统之间的关联，在综合考虑企业发展目标和当前瓶颈问题的基础上，完成对整个企业的信息化工作的全面规划，建立一个可逐步发展和系统进化的信息系统框架，并在此基础上给出正确的实施途径，从而保证企业信息化工作顺利、高效、低成本的进行，这是在网络环境下保证企业实现全面集成的必然要求。

9.3.1 企业集成的基本概念

集成是指由部分构成整体、由单元构成系统的主要途径。它一般包含两层含义：一层是将分散、异构的部件联合在一起形成一个协同的整体，从而实现更强的功能，完成各个部分独自不能完成的任务；另一层是通过提高组成整体的不同功能子系统之间的通信与协调效率、精简冗余功能或过程，达到实现系统总体最优的目的。基于集成的这两层含义，可以将信息时代的企业集成目标具体化为两个方面的内容：实现纵向的决策层策略、管理层业务体系及操作层的业务运作（配置）的一致性映射和管理；实现横向的跨功能部门（甚至企业）的价值流、物流、信息流的协同和优化运行。对于多个企业间的集成，则是指实现一个特定产品生命周期的全部或部分环节之间的集成，如跨企业的设计制造集成，供应链的集成和商务的集成等。通过集成，使具有不同核心能力的企业间实现优势互补，并以最高的协同效率形成一个有机的市场竞争群体，实现产品价值链的优化运行。

企业集成是一个综合性的策略和技术，它需要利用管理科学、系统工程、工业工程及信息技术等学科的知识、理论和方法，为企业系统集成提供方法论、使能技术和工具上的支持。信息技术的飞速发展，为企业系统的集成化运行提供了良好的运行环境和支撑工具，使很多使能企业集成的先进管理思想或方法可以具体化为对信息系统的功能操作。基于这样一种思想，可以将企业集成的内涵具体化为四个层面的内容：①企业决策层的策略匹配；②企业业务体系的规划与管理；③企业业务策略与体系规划到信息系统的一致性映射；④企业系统的集成化运行。其中决策层的策略匹配主要是指企业（包括虚拟企业）竞争策略的制定，所制定的竞争策略与围绕价值链或产品生命周期各阶段的（组织部门或企业）功能实现策略的一致性匹配，实现决策层的策略匹配是企业集成的发展方向和高层目标。企业业务体系的集成规划与管理则侧重于将这种相互匹配的竞争策略实现到其内部的各种业务体系和运作过程中去，它是企业集成得以实现的根本保证。业务策略与规划到信息系统的一致性映射将企业的业务体系、过程的需求通过相应信息系统的开发实施与相关信息资源的配置加以实现，它是实现企业集成的关键。在上述工作和系统的基础上，通过企业集成平台的支持实现企业系统的集成化运行，企业集成平台为企业集成提供使能工具的支持。

9.3.2 企业集成化运行

企业集成涉及企业的策略、规划、运作、组织、过程等多方面的内容，但最终是以企业内的各种业务应用、信息系统、数字化资源的集成运行作为其物化形式的。如果不能实现围绕产品全生命周期各阶段功能系统之间的集成化运行，任何先进的业务策略、业务体系规划及管理方法都难以达到所期望的效果，信息化整体规划也就成了空中楼阁。

利用先进的信息技术将企业内各种信息、软件应用、标准和硬件集成起来完成多个企业应用系统之间的无缝集成和应用互操作是提高企业整体运行水平和业务流程快速处理能力的基础。下面给出的四种状态或阶段层次可以反映出企业集成化运行的不同深度：

1）互联。就是要使各种孤立的设备、单元技术能通过接口连接起来在一起工作，它并没有涉及功能水平上的集成。由于企业集成是个全局性问题，它要求整个企业的各个组成部分（包括组织单元、数字化设备、应用软件、基础服务等）之间都能实现互联，因此，互联是实现企业集成运行的基础。

2）语义互通。在系统互联的基础上，语义互通实现数据单元、术语、含义等方面的一致维护和控制。通过定义标准化的数据结构和属性格式，尽可能减少人工操作造成的错误，通过对相关数据单元所给出的命名、定义、结构、约束的辨识和处理，为用户提供一致的数据和正确的视图。

3）语用互操作。语用互操作是指系统的各个组成部分中有关联的各应用软件与业务功能在语义一致性的基础上，能够互相发出对方能理解的指令，去激活相应的功能，共享或修改公共业务数据等。

4）会聚集成。这是实现企业集成化运行的最高阶段和最复杂形式，前三个层次都属于技术层次，而会聚集成通过企业的策略、过程及各种功能系统的一致性协同运作来实现技术与流程、知识以及人工效能之间的集成。它将使企业拥有对市场机遇快速响应的能力和对业务流程快速重组的能力。会聚集成可使整个企业范围内的应用软件和计算环境，都可以针对新的应用需求进行快速的配置和剪裁，从而真正实现技术与企业的组织、策略、过程运作的高度协调。

9.4 大数据时代技术

大数据给互联网带来的是空前的信息大爆炸，它不仅改变了互联网的数据应用模式，还将深深影响着企业运作。大数据时代的技术从服务器、数据库到流式计算系统等，都出现了新兴的具有巨大潜力的技术。下面将介绍目前很有发展前景的大数据时代技术。

（1）Web 服务器 Nginx。Nginx（engine x）是一种高性能的 HTTP 和反向代理 Web 服务器，同时也提供了 IMAP / POP3 / SMTP 服务。Nginx 是由伊戈尔·赛索耶夫为俄罗斯访问量第二的 Rambler.ru 站点开发的，第一个公开版本 0.1.0 发布于 2004 年 10 月 4 日。其将源代码以类 BSD 许可证的形式发布，因稳定性、丰富的功能集、简单的配置文件和低系统资源的消耗而闻名。

Nginx 是一款轻量级的 Web 服务器 / 反向代理服务器及电子邮件（IMAP/POP3）代理服务器，在 BSD-like 协议下发行，其特点是占有内存少，并发能力强。Nginx 的并发能力在同类型的网页服务器中表现较好。

Nginx 还提供了 fastCGI 这一与各种编程语言之间的通信接口，开发者可以很方便地将服务器的功能逻辑用 fastCGI 插件的形式实现，而无须关注响应 HTTP 请求的细节。

（2）分布式配置和集成管理工具 Zookeeper。Zookeeper 是 Googel 的 Chubby 的一个开源实现，是 Hadoop 的分布式协调服务，它包括了一个简单的原语，分布式应用程序可以基于它实现同步服务、配置维护和命名服务等。Zookeeper 本身也允许单机模式，但是一台服务器很难表达出 Zookeeper 的强大功能，所以真实生产环境下 Zookeeper 一般是 3 台以上的奇数量，证实了 Zookeeper 本身是一个分布式集群的存在。

Zookeeper 的目标就是封装好复杂易出错的关键服务，将简单易用的接口和性能高效、功能稳定的系统提供给用户。Zookeeper 代码版本中，提供了分布式独享锁、选举、队列的接口，代码在 Zookeeper-3.4.3\src\recipes。其中分布独享锁和队列有 Java 和 C 两个版本，选举只有 Java 版本。

（3）全文检索引擎 Lucene。Lucene 是一个开放源代码的全文检索引擎工具包，但它不是一个完整的全文检索引擎，而是一个全文检索引擎的架构，提供了完整的查询引擎和索引引擎以及部分文本分析引擎（英文与德文两种语言）。Lucene 的目的是为软件开发人员提供一个简单易用的工具包，以便在目标系统中实现全文检索，或者是以此为基础建立起完整的全文检索引擎。

Lucene 是一套用于全文检索和搜寻的开源程式库，由 Apache 软件基金会提供支持。Lucene 提供了一个简单却强大的应用程式接口，能够做全文索引和搜寻。在 Java 开发环境里 Lucene 是一个成熟的免费开源工具。就其本身而言，Lucene 是当前以及最近几年最受欢迎的免费 Java 信息检索程序库。

在开源工具中，Lucene 是比较常用的基于 Java 的全文检索工具包。Lucene 并不是一个完整的搜索引擎，但是针对计算广告系统的需要，它可以方便地实现全文索引和检索功能。Lucene 能够为文本类型的数据建立索引，其主要功能是替文档中的每个关键词建立索引。另外，Lucene 还提供了一组解读、过滤、分析文档，编排和使用索引的 API。Lucene 除了高效和简单外，还允许用户对其中的关键环节自定义功能逻辑。

（4）跨语言通信接口 Thrift。Thrift 是一种接口描述语言和二进制通信协议，被用来定义和创建跨语言的服务。它被当作一个远程过程调用（RPC）框架来使用，是由 Facebook 为"大规模跨语言服务开发"而开发的。它通过一个代码生成引擎联合了一个软件栈，来创建不同程度的、无缝的跨平台高效服务。

Thrift 包含一套完整的栈来创建客户端和服务端程序。顶层部分是由 Thrift 定义生成的代码。而服务则由这个文件客户端和处理器代码生成。在生成的代码里会创建不同于内建类型的数据结构，并将其作为结果发送。协议和传输层是运行时库的一部分。有了 Thrift，就可以定义一个服务或改变通信和传输协议，而无须重新编译代码。除了客户端部分之外，Thrift 还包括服务器基础设施来集成协议和传输，如阻塞、非阻塞及多线程服务器。栈中作为 I/O 基础的部分对于不同的语言则有不同的实现。这给复杂的计算广告技术平台不同系统间的通信提供了很大的便利。

此外，Thrift 还提供了实践中非常有用的版本兼容性功能，即服务器端能在不影响现有的客户端的情况下增加数据结构、字段、服务方法和函数参数。这一特性使得大型工程中模块间的依赖性大为减弱，也能够显著降低开发成本。

（5）数据高速公路 Flume。Flume 是 Cloudera 提供的一个高可用、高可靠、分布式的海量日志采集、聚合和传输的系统，Flume 支持在日志系统中定制各类数据发送方，用于收集数据；同时，Flume 提供对数据进行简单处理，并写到各种数据接收方（可定制）的服务。

Flume-og 采用了多 Master 的方式。为了保证配置数据的一致性，Flume 引入了 Zookeeper，用于保存配置数据，Zookeeper 本身可保证配置数据的一致性和高可用性，另外，Flume 提供了从控制台（sonsole）、RPC（thrift-RPC）、文本（text）、Tail 操作（UNIX tali）、日志系统（syslog）以及命令执行（exec）等数据源上收集数据的能力。

（6）分布式数据处理平台 Hadoop。Hadoop 是一个由 Apache 基金会所开发的分布式系统基础架构。用户可以在不了解分布式底层细节的情况下，开发分布式程序。充分利用集群的优势进行高速运算和存储。Hadoop 实现了一个分布式文件系统，其中一个组件是 HDFS（Hadoop Distributed File System）。HDFS 有高容错性的特点，并且设计用来部署在低廉的硬件上；而且它提供高吞吐量来访问应用程序的数据，适合那些有着超大数据集的应用程序。HDFS 放宽了 POSIX 的要求，可以以流的形式访问文件系统中的数据。Hadoop 框架最核心的设计就是 HDFS 和 MapReduce。HDFS 为海量的数据提供了存储，而 MapReduce 则为海量的数据提供了计算。

（7）特征在线缓存 Redis。远程字典服务（remote dictionary server，Redis），是一个开源的使用 ANSI C 语言编写、支持网络、可基于内存亦可持久化的日志型 Key-Value 数据库，并提供多种语言的 API。

Redis 是一个 Key-Value 存储系统，和 Memcached 类似，它支持存储的 Value 类型相对更多，包括字符串（string）、链表（list）、集合（set）、有序集合（zset，sorted set）和哈希类型（hash）。这些数据类型都支持 push/pop、add/remove 及取交集并集和差集及更丰富的操作，而且这些操作都是原子性的。在此基础上，Redis 支持各种不同方式的排序。与 memcached 一样，为了保证效率，数据都是缓存在内存中，区别是 Redis 会周期性地把更新的数据写入磁盘或者把修改操作写入追加的记录文件，并且在此基础上实现了 master-slave（主从）同步。

Redis 是一个高性能的 Key-Value 数据库，它能提供高性能的键或值存储。Redis 的出现，很大程度补偿了 memcached 这类 Key / Value 存储的不足，在部分场合可以对关系数据库起到很好的补充作用。它提供了 Java、C/C++、C#、PHP、JavaScript、Perl、Object-C、Python、Ruby、Erlang 等客户端，使用很方便。

（8）高效的迭代计算框架 Spark。Apache Spark 是一个开源集群运算框架，最初是由加州大学柏克莱分校 AMPLab 所开发。相对于 Hadoop 的 MapReduce 会在运行完工作后将中介资料存放到磁盘中，Spark 使用了存储器内运算技术，能在资料尚未写入硬盘时即在存储器内分析运算。Spark 在存储器内运行程序的运算速度能做到比 Hadoop Map Reduce 的运算速度快上

100倍，即便是运行程序于硬盘时，Spark也能快上10倍速度。Spark允许用户将资料加载至集群存储器，并多次对其进行查询，非常适合用于机器学习算法。

使用Spark需要搭配集群管理员和分布式存储系统。Spark支持独立模式（本地Spark集群）、Hadoop YARN或Apache Mesos的集群管理。在分布式存储方面，Spark可以和Alluxio、HDFS、Cassandra、OpenStack Swift和Amazon S3等接口搭配。Spark也支持伪分布式（pseudo-distributed）本地模式，不过通常只用于开发或测试时以本机文件系统取代分布式存储系统。在这样的情况下，Spark仅在一台机器上使用每个CPU核心运行程序。

（9）流计算平台Storm。Apache Storm是一个分布式实时大数据处理系统。Storm设计用于在容错和水平可扩展方法中处理大量数据。它是一个流数据框架，具有最高的摄取率。它通过Apache Zookeeper管理分布式环境和集群状态。通过Storm可以并行地对实时数据执行各种操作。

Storm可以保证每个数据将通过拓扑至少处理一次，而且处理的速度很快，每秒可以处理上百万的数据，并且可以使用任意编程语言来进行开发。另外，Hadoop是强大的大数据处理系统，但是在实时计算方面不够擅长，Storm的核心功能就是提供强大的实时处理能力，但没有涉及存储。所以可以将Storm部署在全新一代的Hadoop计算调度引擎YARN上，这样可以高效便利地共享一个Hadoop集群的存储功能和计算资源。

9.5 本章小结

本章主要讲述了ERP系统集成与扩展的相关内容。包括ERP系统集成与扩展概述、ERP系统集成与扩展专题、企业集成和大数据时代技术四部分内容。

ERP系统集成与扩展概述讲述了ERP内部集成的扩展功能、ERP外部集成的扩展功能、大集成趋势相关内容。ERP系统集成与扩展专题讲述了基于RFID实现拉式生产、商业智能系统和企业电子商务系统规划。说明了企业集成的基本概念和企业集成化运行的相关方法，并列举了大数据时代出现的一些实用技术。

第 10 章
ERP 实施的 IT 治理

企业战略影响着组织，组织影响着企业 IT 服务的提供，IT 服务的提供又影响企业战略。ERP 实施的 IT 治理从组织管理这个崭新的视角审视了企业战略与 ERP 的关系。ERP 实施的 IT 治理是从体制和机制的角度来解决 ERP 实施的战略、方法、业务流程重组、企业控制模式、投资及其优先级等一系列重大的问题，以确保 ERP 实施的成功。

10.1 IT 治理

IT 治理之所以重要，主要有两个方面的原因。首先，随着 IT 在企业业务中发挥越来越大的作用，业务对于 IT 的需求和依赖也越来越大。当 IT 成为稀缺资源的时候，IT 投资就必须做出选择。选择实施一些项目，同时放弃一些项目。IT 治理为做出这些艰难、容易引起纷争的决策提供了一种有效的解决途径。其次，企业处于不断的发展变化之中，企业的战略必须随企业内外部变化而做出调整。随着竞争的加剧、时间的推移，企业的业务条件和目标很少能保持不变。这种变化对企业的 IT 服务提出了新的挑战和要求。IT 治理为 IT 服务适应企业的战略变化提供了一种连续的调整机制，在企业业务不断地调整变化中，其 IT 战略和服务可以通过一种快速但清晰、周全的方式做出调整。

10.1.1 IT 治理的定义

关于 IT 治理，中外学者给出了很多的定义，美国 IT 治理协会给 IT 治理的定义是：IT 治理是一种引导和控制企业各种关系和流程的结构，这种结构安排旨在通过平衡信息技术及其流程中的风险和收益，增加价值，以实现企业目标。

德勤事务所认为，IT 治理的主要任务是保持 IT 与业务目标一致，推动业务发展，促使收益最大化，合理利用 IT 资源，IT 相关风险的适当管理。

国际信息系统审计与控制协会（ISACA）和 IT 治理研究所（ITGI）则提出，IT 治理由高层管理机构负责，由领导、组织结构和过程构成，其目的在于确保 IT 能够支撑和扩展组织的战略和目标。

美国麻省理工学院的学者彼得·维尔和珍妮·罗斯在其所撰写的《IT 治理》一书中指出，IT 治理就是为鼓励 IT 应用的期望行为，而明确的决策权归属和责任担当框架。他们认为是行为而不是战略创造价值，任何战略的实施都要落实到具体的行为上。从 IT 中获得最大的价值，取决于在 IT 应用中产生期望的行为。期望行为是组织信念和文化的具体体现，它们的确定和颁布不仅基于战略，而且基于公司的价值纲要、使命纲要、业务规则、约定的行为习惯以及结构等。在不同的公司里，期望行为都各不相同。

综合这些定义可以得出，IT 治理就是要明确有关 IT 决策权的归属机制和有关 IT 责任的承担机制，确保 IT 目标和战略目标、业务目标相连接，对企业 IT 建设和运行的风险和进程进行管控，鼓励 IT 应用的期望行为的产生，从而使企业从 IT 中获得最大的价值。

10.1.2　IT 治理的领域

IT 治理的领域是业务和技术的重要交集，是 IT 治理的重点和需要进行决策的地方。IT 治理体系表明了需要由谁在 IT 准则、架构、基础设施、业务应用需求以及 IT 投资和优先级等五个领域做出决策。这五个领域描述如下：

1）IT 准则：企业处于不断的发展变化之中，企业的业务准则也在不断地调整和变化。相应的 IT 准则也需要改变。IT 治理的一个重要内容就是要认识到企业的 IT 准则要不断地随业务准则的变化而变化，并确定由谁来负责做出这些改变的决策，以及如何完成这些决策。

2）IT 架构：确定企业将使用什么样的 IT 技术和标准。IT 架构定义了那些引导企业满足企业业务需求的 IT 技术和标准，这些技术和标准能较好地满足企业的业务现状又考虑了企业未来业务的发展对企业 IT 系统的扩展的需求。

3）IT 基础设施：决定企业信息共享的本质和范围。IT 基础设施解释企业是否需要，为什么需求某项 IT 服务，以及如何创建并实现该项 IT 服务以支持和满足企业的业务需求。

4）业务应用需求：从业务的角度提出需要什么样的 IT 应用。这些 IT 应用必须通过开发定制或者实施才能满足业务部门的应用，而不是经过简单的安装和培训就可以使用。

5）IT 投资和优先级的确定：确定投资在企业的哪个业务方面，投资多少，以及如何评判和审批 IT 投资对业务的促进作用。

10.1.3　IT 治理机制

没有一种对所有企业都有效的 IT 治理机制。下面给出最通用的 IT 治理机制及其有效性原则。

通用的 IT 治理机制包括以下几个部分：

1）执行委员会：执行委员会包括企业的 CEO、COO、CFO、CIO 等企业的高层领导。执行委员会鼓励从企业全局的视角来评判和审议企业的 IT 有关问题,并对企业范围内的大多数战略问题做出决策。IT 执行委员会工作的有效性在很大程度上受到 CIO 提供的 IT 信息的质量的影响。

2)IT 领导层执行委员会:IT 领导层执行委员会通常包括企业内的大多数 IT 高管。IT 领导层执行委员会从企业全局的视角考虑企业的 IT 基础设施战略管理、IT 投资的重点、优先级。IT 领导层执行委员会对于大型、跨地域、多业务的公司的 IT 建设起非常核心的作用。

3)业务流程团队:业务流程类团队由企业各部门的业务骨干组成。流程团队从业务流程执行的合理、高效的角度考虑企业的业务流程重组并重点考虑各业务部门之间的业务衔接。在企业的流程团队中包括 IT 成员能为企业的业务流程重组及未来的 IT 建设带来非常大的益处。

4)业务——IT 关系经理:这些经理一般是业务团队中了解 IT 的人或者是 IT 团队中明白业务的人员。这些高管在业务部门和 IS 部门之间担任组织、协调和沟通的角色。他们帮助在业务和 IT 部门之间建立沟通的桥梁。

5)IT 委员会:IT 委员会同时包括业务高管和 IT 高管,执行委员会更关注企业的 IT 政策和投资,IT 委员会关注的重点是 IT 架构以及 IT 项目的可行性。

6)IT 审计委员会:IT 审计委员会由专门的 IT 人员和负责 IT 审计的人员组成,他们工作的重点是关注企业 IT 的服务水平、IT 项目的风险控制、IT 项目资源消费的追踪、IT 商业价值的追踪,并进行反馈,以满足企业不同的目的。

以下是三条关于 IT 治理的有效性原则:

1)CIO 在企业中的地位在很大程度上决定了企业 IT 治理的有效性。

2)由业务和技术高管密切合作进行 IT 治理的企业,其 IT 政策执行得较好。

3)由 IT 团队对企业的 IT 基础设施和架构进行决策非常重要。

10.2 ERP 实施的 IT 治理框架

基于 IT 治理的理论和 ERP 实施的特殊性,我们提出了 ERP 实施的 IT 治理框架,如图 10-1 所示。

图 10-1 ERP 实施的 IT 治理框架

ERP 实施的 IT 治理框架包括 IT 治理环境、战略与准则、组织结构、治理机制和重点关注等五个方面。

10.2.1 IT 治理环境

（1）组织的商业环境。埃森哲公司通过两个指标来对组织的商业环境进行分析：变化的速度和竞争的基础。

1）变化的速度。某些企业处在一个变化较快的行业，如半导体企业和电信企业。在这样的行业，消费者的需求和偏好经常改变，产业政策也时常推陈出新，时不时出现的新技术会一下子改变整个产业价值链；而另外一些行业的发展状态则相对稳定，不会有那么快的变化，如航空业，在这样的行业，消费者的需求、竞争格局、政府管制、技术及供应商等方面的变化都是缓慢发生的。

2）竞争的基础。从竞争的基础来看，企业可以分为两类。一类企业以运营效率为基础进行竞争，对于这类企业来说，重点在于降低成本，以及优化现有的商业模式以应对竞争；另一类企业以产品和服务的差异化为竞争的基础，这类企业创新能力强，力求先于竞争对手提供新的商业能力，或者是开创新的商业模式，以此获得竞争优势。

根据以上两个指标，可以将组织分为 4 类，如图 10-2 所示。

A 类组织处于变化速度不快的行业，以运营效率为竞争基础。
B 类组织处于变化速度不快的行业，以产品和服务的差异化为竞争基础。
C 类组织处于变化速度快的行业，以运营效率为竞争基础。
D 类组织处于变化速度快的行业，以产品和服务的差异化为竞争基础。

图 10-2　4 类组织的 IT 治理模式

这 4 类不同的组织因其业务特点的不同而对 IT 产生不同的需求。

A 类组织发展的关键在于严格控制成本，因此这类组织希望利用 IT 来保持低成本，通过如外包这类节省成本的方法来提供成熟的能力。

B 类组织的管理层期望利用信息来提高决策能力，并开发新的产品和服务，以高收入来抵消不断增长的 IT 支出。

C类组织按优先次序制订IT投资计划以及长期能力的路线图,它们在对成本进行有效管理的同时,根据路线图,运用IT来实现计划中的新能力,以满足市场不断变化的需求。

D类组织期望IT具有高度的灵活性,以满足迅速变化的商业策略和要求。这类企业倾向于提供创新的IT解决方案,以获得先发优势,因此它们的IT投资重点在于创造新的能力。

(2) 组织的运营状况。一个组织的运营状况深刻影响着企业的业务前景,这种业务前景对CIO的行为会产生深刻的影响并带来不同的挑战。

1) 维持生存型:企业的运营受到技术、市场、资金或政策等因素的制约,在短期内,企业的业务前景很难有大的突破和明显改善的现金流。这类企业的特点就是连续缩减业务和IT预算,取消新的项目和尝试,减少员工并不断寻找缩减业务和IT开支的方法。

在维持生存型的企业里,CIO要努力找到削减IT开支以及利用IT削减开支的方法,同时要在削减开支和避免因能力下降而给企业带来风险之间寻找平衡。如何利用IT降低成本是这类企业CIO的关注重点。

2) 保持竞争型:企业已有业务比较稳定,有比较稳定的现金流。企业能保证年复一年的基本预算,努力维护和保证现有项目和系统的建设,但对于开展大规模的新业务的建设(特别是相关IT建设)保持谨慎的态度。当企业的业务有所改善时,企业会对较新、较大规模的项目进行投资。

在保持竞争型的企业里,CIO要努力保证企业目前的IT项目的运营和支持现有业务的要求。同时,要做好准备,关注企业的业务新动向,一旦企业的业务有了新的开展,大规模的IT建设要能跟随企业的发展。

3) 力求突破型:力求突破型的企业主要表现为业务和IT预算明显增加,并计划采取激进的措施来超越对手,这些措施有可能主要是通过IT来实现。

在力求突破型的企业里,CIO要回答的问题是如何使企业的IT建设能满足企业在业务上激进的突破,使企业可以依靠IT来增加企业的创新能力、扩大市场或者降低成本,最终获取更大的利润。

(3) 组织的业务治理。在不同的企业里,由于其制定和执行业务决策的机制不同,形成了不同的IT治理。业务治理是企业IT治理的环境,最常见的业务治理有以下三种模式:

1) 协作型企业:协作型企业的各个业务单元之间实行标准化和统一化,各个业务单元间的协作被严格定义,各个业务单元的目标和整个企业的目标高度的一致。

这种企业的IT基础设施和IT服务尽量的标准化并在整个公司内部共享,在IT治理的决策方面要求企业的业务高管和IT高管紧密合作进行自上而下的IT规划,企业各个业务单元间有规范、高效的运营流程和IT服务流程,企业内的业务——IT经理积极活跃并在企业的IT治理中发挥重要的作用。

2）敏捷型企业：敏捷型企业强调企业组织结构的灵活和组建化、要求企业的组织结构可调整、并容易组合，整个公司都要适应一线的业务要求，公司的业务单元要在公司的统一部署下进行本地化的调整。

敏捷性企业的 IT 治理强调企业组织结构的组件化能力和 IT 架构的灵活性。在 IT 治理的决策方面强调在企业范围内进行合作和协作，并要求企业的业务和 IT 领导能为特定的目的而组合，业务在 IT 的建设方面起主导作用。

3）自治型企业：自治型企业强调各个业务单元的自治力，以增强其本地的变革和竞争力，公司的品牌、财务和风险是集中管理的，每个业务单元都有适合自己的 IT 基础建设。

自治型企业的 IT 治理中强调各个业务单元的本地决策制定，IT 治理主要通过社会化和平等的压力来实现标准化，企业 IT 建设的投资决策要实行一事一议。

10.2.2　ERP 实施的战略与准则

公司的 ERP 实施要与战略目标相一致，从而构筑必要的核心竞争力。因为企业目标变化太快，很难保证 IT 与商业目标始终保持一致，因此需要多方面的协调，保证 IT 治理继续沿着正确的方向走，这也是 IT 投资者真正关心的问题。对 IT 治理而言，要能体现未来 IT 与未来企业组织的战略集成。要尽可能地保持开放性和长远性，以确保系统的稳定和延续，但规划赶不上变化，再长远的规划也很难保证跟上企业所处环境的变化。

企业实施 ERP 时，必须在以下四个方面改变思想观念。

1）企业必须认识到通过信息系统可以获得竞争优势。

2）CIO 要进入企业的高层领导机构，做出影响公司所有经营活动的决策。

3）企业信息架构必须开始受到关注。

4）企业职能部门要参加企业 ERP 系统的实施。

一般来讲，企业的 ERP 实施的战略重点关注以下四个方面的问题：

1）明确的远景和业务战略。

2）ERP 实施战略与企业远景和业务战略匹配一致。

3）企业已有的 IT 资源是否被合理有效地利用。

4）ERP 实施的风险是否被有效地管理。

准则管理是将企业业务战略和 IT 战略联系在一起的关键。业务准则是用一系列简单的业务术语陈述企业的战略意图、业务战略、使命和顾客价值。IT 准则是表述如何设计和开发 IT 以配合企业的业务准则并实现企业的业务目标。准则和战略的不同之处在于战略描述企业的市场竞争模式，而准则表示如何成功地执行战略，对于具体的行为可以给出直接、明确的指导。业务战略和 IT 战略匹配的桥梁如图 10-3 所示。

图 10-3　业务战略和 IT 战略匹配的桥梁

10.2.3　ERP 实施的组织结构

ERP 实施的组织结构如图 10-4 所示，各个部门的职能描述如下：

1）ERP 战略委员会的职能：

①确保业务和 IT 的战略一致；

②明确 IT 对业务的贡献；

③揭示并控制 IT 的风险；

④优化 IT 成本控制；

⑤关注 IT 战略目标的实现。

2）ERP 管理委员会的职能：

①确定 ERP 系统是分布式还是集中式结构，并确定不同模式下相应的职责；

②对于企业 ERP 系统的战略计划提供指导和建议；

③批准 IT 架构；

④评估并批准 ERP 实施的计划、预算、优先级和里程碑；

⑤监控主要的项目计划并进行绩效考核。

3）ERP 执行委员会的职能：

①配置关键资源并确保其有效利用；

② ERP 项目和运作的 IT 治理；

③ ERP 主要模块的发起人和支持者；

④在应用层面上管理 ERP 系统的有效性；

⑤识别并获取 ERP 系统的新需求。

4）首席信息执行官（CIO）的职能：

①明确并演示 ERP 系统的作用；

② ERP 实施的日常管理和绩效考核；

③执行 ERP 实施的方案与策略。

5）ERP 架构委员会的职能：

① 识别支持 ERP 战略和系统的技术和标准；
② 建立 ERP 应用架构指南。

6）职能部门的职能：

① 对于职能部门信息化提出建议；
② 熟练使用 ERP 软件的相关功能。

图 10-4　ERP 实施的组织结构

10.2.4　ERP 实施的治理机制

为了实现企业的战略目标，ERP 实施时需重点治理以下五个领域：

1）战略匹配；
2）企业架构；
3）控制区域与控制模式；
4）业务流程重组和系统客户化；
5）投资决策与优先级。

企业 ERP 实施的决策机制用来分配 ERP 实施中重点治理领域的决策权并规范决策过程。我们提倡的一种 ERP 实施的决策机制见表 10-1。

表 10-1　ERP 实施的决策机制

组织	关键领域				
	战略匹配	企业架构	控制区域与控制模式	业务流程重组和系统客户化	投资决策与优先级
ERP 战略委员会	√	√	√		√
ERP 管理委员会	√	√	√	√	√
ERP 执行委员会			√	√	
CIO	√	√	√	√	√
ERP 架构委员会		√	√	√	
职能部门			√	√	

企业的 CEO 是 ERP 战略委员会和 ERP 管理委员会成员，从企业战略的高度参与和管理企业的 ERP 实施。

企业的 CIO 是企业 ERP 实施的所有高层组织成员，对从业务到技术的所有事务进行管理和控制，并领导企业的 ERP 实施走向成功。

规范、高效的决策机制不是一蹴而就的，而是通过不懈的努力和长期的信息化建设形成的。对于 CIO 来说，IT 治理最大的挑战莫过于形成规范的决策机制。在这个过程中，CIO 如何协调并改善与 CEO 的关系，并采用正确的方法管理利益相关者成为 CIO 工作的重点。对于要实施 ERP 企业的 CIO 来说，以下两点尤为重要。

1）改善与 CEO 的关系。CEO 与 CIO 的关系有四个明显的层次：敌对、业务、信任、联盟。这几个层次是由 CIO 在企业中的影响力和 IT 为企业带来的价值决定的。

在敌对型的关系中，CIO 在企业中处于较低的地位，IT 应用没有受到 CEO 的重点关注，CIO 无法提供可供接受的服务，CIO 与 CEO 的交互大多与 CEO 要查明事故有关，CIO 的预算提议及有关行动常常受到 CEO 的否定。在业务型的关系中，CIO 和其他职能部门经理一样在企业中处于中层经理的地位，是组织内 IT 服务的法定提供者，CIO 与 CEO 的交互主要是为了确认 CIO 及其团队如何完成随着企业的成长而开展的信息化任务，企业的 IT 预算根据企业的业务发展而定并基本稳定。在信任型的关系中，CIO 在企业中处于中层或高层的职位，CIO 及其团队已经明确了 IT 如何为企业的业务提供支持，并积极参与到 CEO 重点关注的业务事务中，CEO 对 CIO 的依赖和信任日益加强，双方交互主要是为了确认 CIO 及其团队的业务开展是否遇到困难，是否需要帮助，企业的 IT 预算稳步增长。在联盟型的关系中，CIO 在企业中处于高层领导的地位，IT 渗透到组织内各种重要的业务中，CIO 要参与企业的各种重要的决策，CIO 与 CEO 联合设定企业战略，能够 IT 成为企业战略的重要组成部分。

实施 ERP 的企业的 CIO 至少要和 CEO 处于战略信任的关系之中，并逐步过渡到联盟关系，ERP 的实施是这种关系转换的极好时机。

2）管理利益相关者。管理利益相关者的前提是细分利益相关者，通过利益相关者在 IS 事务中的能量和立场来细分，是一个非常好的方法。能量是利益相关者在 IS 事务中的影响力；立场是他们对一个 IS 事务是支持还是反对。

利益相关者的能量包括四个方面：权力、关系网络、迫切性和合理性。这四个方面和利益相关者的能量都是正相关的。权力是指利益相关者的政治或经济权势。关系网络是指利益相关者和核心决策权力的人际距离或关系的疏远程度。迫切性是指利益相关者需求的时间压力，时间越短，压力越大。合理性是指利益相关者在道德、法律、合同、业务等方面有多大的权力或讨价的余地。

利益相关者的立场是指一个利益相关者对一件 IS 事件的支持或反对程度。

通过以上两个维度可将利益相关者划分成四种类型：强反对者、强支持者、弱反对者和弱支持者。ERP 实施的利益相关者类型如图 10-5 所示。

图 10-5　ERP 实施的利益相关者类型

在实施 ERP 的企业，CIO 对利益相关者管理的关键就是通过沟通、交流以及决策的流程限制和转化反对者，鼓励和组织支持者。从管理的优先级来说，限制和转化反对者是 CIO 第一优先的要务。

10.2.5　ERP 实施的重点关注

一般而言，ERP 实施的 IT 治理要重点关注以下五个方面的内容：

1）战略一致（strategic alignment）。战略一致主要关注的是如何在 IT 计划与组织整体规划和业务计划之间建立关联，如何合理的描述并确认 IT 价值，以及如何使 IT 运作与组织的业务运作相一致。

2）价值交付（value delivery）。价值交付关注的是如何确保信息系统能够按照战略要求，实现组织提供承诺的价值，通过降低组织成本、提高业务效率等方式使组织受益。

3）资源管理（resource management）。资源管理是指如何对支持 IT 运作的关键资源进行最优化投资和最佳管理。对于一个组织的 IT 运作而言，这些关键资源包括四个方面的内容：应用系统、信息、技术架构和人力资源。

4）风险管理（risk management）。风险管理要求组织的高层管理者必须具备足够的风险意识，能够充分理解组织面临的主要风险，将风险作为组织管理工作的重点考虑问题，并在组织结构设计中划分和明确指派风险责任。

5）绩效度量（performance measurement）。绩效度量关注的是如何运用平衡计分卡等科学地对 IT 运作的战略目标实现程度、IT 资源的使用情况、IT 过程的执行情况以及 IT 服务的交付效果进行跟踪和监控。

IT 治理的这五个方面指明了组织中高层管理者为保证 IT 运作有效实施而必须重点关注的工作内容。而为了使这五个方面能够落实到具体的 ERP 实施工作中，IT 治理体系还必须能够保证总体战略目标从上而下的分解与执行，并且确保在组织的全部范围内深入推行。IT 治理对核心 IT 资源做出合理的制度安排，这将成为进入新的市场、进行有效竞争、实现总收入增长、改善客户满意度及维系客户关系的制度保障。

10.3　本章小结

本章主要讲述了 ERP 实施的 IT 治理相关内容。包括 IT 治理和 ERP 实施的 IT 治理框架两部分内容。

其中 IT 治理阐述了 IT 治理的定义、IT 治理的领域和 IT 治理机制相关知识。ERP 实施的 IT 治理框架讲述了 IT 治理环境、ERP 实施的战略与准则、ERP 实施的组织结构、ERP 实施的治理机制和 ERP 实施的重点关注五部分内容。说明了 ERP 实施 IT 治理所需要的知识与方法。

参考文献

[1] 霍灵瑜，刘丙午. ERP 实施的管理问题 [M]. 北京：机械工业出版社，2011.

[2] 霍灵瑜，刘丙午. ERP 实施方法与技术 [M]. 北京：兵器工业出版社，2010.

[3] 陈启申. ERP：从内部集成起步 [M]. 3 版. 北京：电子工业出版社，2012.

[4] KHAN A. 企业资源计划（ERP）实施方法论：SAP 加速实施篇 [M]. 倪颢，冉晖，译. 北京：中国标准出版社，2005.

[5] 付晓岩. 企业级业务架构设计：方法论与实践 [M]. 北京：机械工业出版社，2019.

[6] 罗鸿. ERP 原理·设计·实施 [M]. 5 版. 北京：电子工业出版社，2020.

[7] 刘鹏，王超. 计算广告：互联网商业变现的市场与技术 [M]. 2 版. 北京：人民邮电出版社，2021.

[8] 曾经鸣. 智能商业 [M]. 北京：中信出版社，2018.

[9] 于海澜，唐凌遥. 企业架构的数字化转型 [M]. 北京：清华大学出版社，2019.

[10] 曼德勒维奇，斯特拉，伊德理恩. 数据科学与大数据技术导论 [M]. 唐金川，译. 北京：机械工业出版社，2018.

[11] PARKER M M, BENSON R J.Enterprise wide information management: sytate of the art strategic planning[J]. Journal of information systems management, 1989（Summer）：14-23.

[12] SCOTT-MORTON M. The corporation of the 1990s: information technology and organizational transformation[M]. Oxford: Oxford University Press, 1991.

[13] HENDERSON J C, VENKATRAMAN N.Strategic alignment：leveraging information technology for transforming organizations[J]. IBM systems jouranl，1993，32（1）：4-16.

[14] LUFTMAN J·N, LEWIS P·R, OLDACH S·H. Transforming the enterprise:the alignment of business and information technology strategies[J]. IBM systems journal, 1993, 32（1）：198-221.

[15] HENDERSON J C, VENKATRAMAN N.Strategic alignment: leveraging information technology for transforming organizations[J]. IBM systems journal, 1999, 38: 472-484.

[16] PROPER H A, BOSMA H, HOPPENBROUWERS S J B A. An alignment perspective on architecture-driven information systems engineering[C]//Amsterdam: Proceedings of the Second National Architecture Congres, 2000.

[17] PORTER M E. Competitive strategy: techniques for analyzing industries and competitors[M]. Florence: Free Press, 2004.

[18] KIM W C, MAUBORGNE R. Blue ocean strategy: how to create uncontested market space and

make the competition irrelevant[M]. Boston: Harvard Business School Press, 2005.

[19] SHANG S, SEDDON P. A comprehensive framework for classifying the benefits of ERP systems[J]. Proceedings of AMCIS'2000, 2000, II: 1005–1014.

[20] VENKATRAMAN N. IT enabled business trasformation: from automation to business scope redefinition[M]. Cambridge: Sloan Management Review, 1994.

[21] 达文波特. ERP 必备指南 [M]. 宋学军，译. 北京：机械工业出版社, 2002.

[22] MASINI A. The frugal, the radical, the adaptive and the stratjacket: configurations of ERP adopters in the European and US manufacturing sector[M]. Cambridge: Working paper, 2010.

[23] 安德鲁，西尔金. 回报：让创新收益最大化 [M]. 焦银禾，王晓刚，肖东光，译. 北京：商务印书馆, 2009.

[24] 范玉顺. 企业信息化整体解决方案的内涵和实施途径 [J]. 计算机集成制造系统，2004，10（5）：481-486.

[25] BROADBENT M, KITZIS E. IT governance: how top performers manage IT decision rights for superior results[M]. Boston: Harvard Business Press, 2004.

[26] 布罗德本特，基齐斯. 新型 CIO 领导 [M]. 杨波，译. 北京：商务印书馆, 2010.

[27] BOONSTRA A. Interpreting an ERP implementation project from a stakeholder perspective[J]. International journal of project management, 2006（24）：38-52.